JN187073

"私"を選択する女性心理

Female Psychology

武田 圭太
TAKEDA Keita

学文社

はじめに

　時間と空間の座標軸を設定し，両軸にそって人の心の状態や動き，人の行動を微視水準から巨視水準まで任意に焦点を合わせて見てみたい。本書の枠組みは，そのような思いから構成した。身の程知らずの壮大な試みであることは承知しているが，やってみたかった。時間と空間の連続性は，線や面でとらえられないので，僅かな点で観察された人の心や行動をつないで記述するしかないだろう。それでも，記述の断片を集め，座標軸内に付置して眺めると，個別の事実に空いた穴や事実間の空白をあれこれと想像して補完し，全体像の輪郭を思い描こうと心が動くかもしれない。

　時間と空間の軸設定は，人の心や行動の変化を環境との相互作用をとおして考えるためである。人は身の周りのものごとや他人とかかわることで，身体や心理や精神に欠かせない栄養素を吸収し生きている。環境内のかかわりの質と量は，人の心身の基本的な健康状態を保つだけでなく，心身の発達も促進する。

　人が環境内のものごとや他人とかかわり続けているあいだ，両者は不足しているものを補充し合う共生関係にあると考えられる。互いに与え与えられることによって，相補関係は維持される。人は環境から吸収した栄養素を心身の発達に活用するが，心身の発達にともなって必要な栄養素は変わり，ものごとや他人との共生関係も変わっていくだろう。

　変化する共生関係を維持し，環境内に居場所を確保して存在し続けるため，自身と環境との均衡をはかりつつ相補関係を維持する（Ashby 1956；Wiener 1961）だけでなく，人は自ら成長し発達するように，自己と環境との共生関係を絶えず再組織化することを試みるだろう（武田 1993）。所属する社会集団を自発的に変えるたびに，一般化された他者（generalized others）の態度を再学習し自己の統一性を保持しようとする（Mead 1934）。また，所属する社会集団を変えても適切に行動できる人は，新たに参加した集団で求められる知識や学

習は関係的であり，意味は交渉でつくられるというような活動の状況性に自己を適応させられるのだろう（Lave & Wenger 1991）。人の生涯発達を仮定すると，心身の健康を保ち発達を持続するには，加齢にともなう心身の変化に適合するように，環境内のものごとや他人とのかかわりを能動的に変えていく行為の解明が重要といえよう。

　かかわりの現状を能動的に改める行為は日常への違和感がきっかけになるかもしれない。日常生活がしっくりいかないという感覚は，毎日の繰り返しに心身を委ねて，ものごとや他人に自動反応している生活者にはわかりにくいだろう。こうした経験を男女で比べると，日常が仕事や職場で占められがちな日本の男性に対して，女性は，働くこと以外に家庭も日常の生活領域となっている。

　一般に，男性については，働くこと自体が定型化され，学卒後に仕事や職場にかかわることに迷う余地はないだろう。一方，女性は，働くことが未だ定型化されていないため，仕事と家庭の両方を見据え，環境内のかかわりについて考える余地が大いにありそうである。男性以上に女性は，仕事と家庭が調和するように試行錯誤し，自身の居場所を見つけ出そうとするのではなかろうか。

　もっぱら働くことや仕事や職場に関心が集中している男性より，家庭にもかかわる女性のほうが，日常の生活全体に目が行き届いているし，生活の諸問題にも敏感になるだろう。今のままではだめになるという不安から新しい生活環境を模索し，そこにかかわるべきものごとや他人を探し求める女性の行為は，キャリアの発達をめぐる論議に資することが多いように思える。日常の生活を見直して新たに組み立てる作業は，ものごとや他人にかかわろうとする女性の原動力を参考に進展させられるかもしれない。

　本書では，ものごとや他人との定型化されたかかわりから比較的に自由で，また，それだけにより困難な状況下の女性が，生活環境から必要な栄養素を吸収し，活動の状況に"私"を適応させている実情について考えてみたい。

2016（平成28）年7月

武田　圭太

目　次

はじめに ……………………………………………………………………………ⅰ

第1章　家事を手伝う選択 ……………………………………………………1
1. 家事をするのは誰か　1／2. 夫のために働く妻　5／3. なぜ，母親は娘に家事をさせるのか　7／4. なぜ，娘は家事を手伝うのか　10

第2章　母娘がつながる選択 …………………………………………………18
1. 母親に期待される役割　18／2. 母親の影響力　21／3. 親の役割　24／4. 母娘の絆　28

第3章　大学に進学する選択 …………………………………………………31
1. 大学進学の経済的利得　31／2. 大学進学の費用　35／3. 学歴の有効性　40／4. 高卒と大卒のキャリア　42

第4章　仕事に就く選択 ………………………………………………………49
1. 雇用の性差別の改善　49／2. 希望業種の変化　52／3. 応募から配属まで　55／4. 職場の現実　58

第5章　仕事を続ける選択 ……………………………………………………65
1. 入社後5年間の仕事内容　65／2. 成功体験による仕事の自信　69／3. 仕事への期待　74／4. 仕事を続ける迷い　77

第6章　生活を変える選択 ……………………………………………………81
1. 組織社会化の進展　81／2. 入社後10年目の転機　83／3. 中級管理職への昇進　88／4. 仕事と結婚　94

第7章　田舎で暮らす選択 ……………………………………………………96
1. 生活の見直し　96／2. 田舎暮らしへの挑戦　101／3. 田舎暮らしの感想　107／4. 自己の探索と居場所の希求　110

第 8 章　結婚する選択 115

1. 結婚に関する法律　115／2. なぜ，結婚するのか　119／3. 結婚と出産の現状　122／4. 結婚生活の見通し　125

第 9 章　親になる選択 130

1. 子をもつことの社会的位置づけ　130／2. 離婚と再婚　133／3. 夫婦関係の再形成　136／4. 働き方の修整　139

第 10 章　仕事を辞める選択 143

1. 仕事と結婚　143／2. 家族との調和　148／3. 子育ての考え方　150／4. 職場との調和　157

第 11 章　専業主婦になる選択 165

1. 専業主婦の出現　165／2. 子育ての障害　168／3. 兼業主婦の現実　171／4. 専業主婦の生きがい　174

第 12 章　隣近所と共生する選択 181

1. 気持ちよい暮らし　181／2. 商店街のおかみさんの活動　186／3. 専業主婦のネットワーク　189／4. ずっと続けられるように　192

第 13 章　子のための選択 197

1. 子の教育をめぐる夫婦の考え　197／2. 山中の過疎集落への移住　201／3. 集落の生活環境　205／4. 余所者の居場所　208

第 14 章　親のための選択 211

1. 老人保健施設がある山村　211／2. 移住の意思決定と新しい社会環境　214／3. 土地と墓の守り役　218／4. "私"の幸福　224

むすびに　231

引用文献　234

人名索引　244

事項索引　245

第1章
家事を手伝う選択

　おとなになるまで，子は家族や家族のような人たちに扶養され保護されて育つ。家族は社会を構成する基礎集団であり，子は家族を緩衝材にして社会と間接的にかかわりながらおとなになる準備をする。

　子のしつけは，親が認知した社会規範にしたがって，主に子の行動の規律面を中心に行われる。子は親にしつけられておとなになる。

　本章では，親はどのように家事を子にしつけているかについて，家庭生活の性役割をめぐる母子の価値観の違いを文脈に，娘が家事を手伝う選択をする行動について考える。

1. 家事をするのは誰か

　第二次世界大戦が終結するまで，日本の社会は個人ではなくイエを基礎にしていた。戸籍，つまり，親族にかかわる身分関係をはっきりさせるための単位を，戸主が統率する家族で構成される「家」と規定した1898（明治31）年公布の旧民法第4編「親族」および第5編「相続」は，敗戦後の1947（昭和22）年12月，個人を戸籍の単位とし，家庭生活において男女は平等とする新民法に改められ，1948（昭和23）年1月に施行された（星野 1968）。

　星野（1968, pp.266-270）は，民法旧規定における「家」を次のように説明している。「家」は，家督相続によって引き継がれていく戸主権をもつ戸主が統率する家族集団である。その特色は，① すべての国民は，必ずある「家」に属し，家長である戸主か家族構成員かの身分に分かれること，②「家」は，

観念的に多くの構成員を含みうる同じ氏の集団で，「家」の出入には戸主の同意が必要であり，戸主は祖先の系譜，祭具，墳墓の所有権を前戸主から承継し，「家」の統一性と継続性を象徴したこと，③戸主は，「家」を空間的・時間的に維持し存続させるために，戸主権という強い権能をもち，家族構成員を扶養する義務を負うが，戸主権を行使して家族構成員の居所を指定したり，婚姻や養子縁組に同意したり，所有者があいまいな「家」の財産を所有できたりしたこと，④「家」の継続・維持をはかるために，戸主権は特殊な相続対象として家督相続が行われ，通常は長男が家督相続人になり，前戸主に属した「家」の財産を単独相続したこと，⑤「家」においては，たとえば，家督相続は男性が優位，夫による妻の財産管理，婚姻による準禁治産者とほぼ同じ地位にあたる妻の無能力者化，姦通に関する妻の不利，親権，つまり，子の肉体的精神的財産的なめんどうをみる権利義務は「家」を同じくする父がもつのが原則，婚姻外で認知した夫の子，つまり，庶子と妻とは親子に準じた関係など，男性に対して女性が劣位だったことである。

　敗戦後に民法が改正され，イエを単位とした社会秩序が廃止されるまで，個人は家族集団の構成員として存在し，その家族を構成する男女は不平等に社会統制されていた。

　一般に，戦前の農林水産業による暮らしは貧しく，直系家族主義のイエのなかで，女性の地位は低かった。農家の嫁は，田畑の仕事や子育てなどに関して家族への発言力は小さく，角のない牛と呼ばれ，朝は誰よりも早く起き，夜は誰よりも遅く寝る労働力にすぎなかった（天野 2001，p.7）という。そのため，嫁や婿探しのきっかけは，主にイエの労働力不足だった。

　また，イエに関連する「忠」「孝」の道徳は，親子の情愛より目上の人に対する目下の人の服従，礼儀，恭順を強調し，夫婦間の愛情の発露を妨げ，「妻は，結婚により夫との深い愛情関係に入るというよりは，夫の家に入り，戸主であるしゅうとや，その妻であるしゅうとめ，その子である小じゅうとに仕えることが要求され，夫婦が仲良くするような姿を示すことはかえって好まれなかっ

たのである。そこで、妻はもっぱら子供に愛情を注ぎ、子供を生きがいとした。その結果、子供を自分の私物のように考えるに至り、親子心中など、世界に例が少ないことが多く行なわれた」（星野 1968, pp.273-274）。戸主に服従して、イエのために農作業も家事も育児もする母親は、自己を犠牲に滅私奉公する働き方を体現していたといえよう。そのため、内集団であるイエに関する母親の帰因は、自己概念や自尊心との関連が深いと思われる（村本・山口 1997）。

旧民法が改正され夫婦や親子の関係を規制する法律の役割が変わって半世紀以上を経たが、女性が家族のために働くことを肯定する人は、今でも少なくない。内閣府政府広報室（2004）が行った「男女共同参画社会に関する世論調査」によると、全国20歳以上の人を母集団とし5,000人を層化二段無作為抽出した標本から得た資料（$n=3,502$）を集計した結果、「女性は結婚したら、自分自身のことより、夫や子どもなど家族を中心に考えて生活したほうがよい」について、賛成（17.6％）、どちらかといえば賛成（34.7％）と答えた人は半数を占めた。夫や子ども中心の家族生活観を支持する意見は、時系列の変化をみると漸減しているが、依然として根強い。また、共働き・共稼ぎする女性の実態も、働くことによる自己実現など、個人本位の理由より家計を支えるためという経済的動機のほうが強い（Aryee & Luk 1996；時子山 1996）。

このように、母親にはなるべく家庭生活の領域で働いてもらいたいと思っている人が未だに多い。さらに、家事や育児ばかりか老親の世話・介護も、もっぱら母親がこなしている（内閣府政府広報室 1992）。こうした現状から、戦前と同様に戦後の家庭でも、母親は家族のために自己を犠牲にして働いているようにも思える。母親の家族に対する利他的な献身に、息子は同情し娘は共感するようである。

戦前の日本の母子関係、とりわけ母と息子は、強い感情の絆で結ばれているのが特色とされ、その主な理由は、①母親の社会的役割、つまり、子ども、特に男子を産んで母親になること、②息子との同一視による母親の社会的に満たせない成就欲求の代償的満足、③子育てに関する母親のモラル・マゾヒ

ズム傾向が形成する子どもの罪悪感，つまり，心ならずも母親を傷つけて育ったと子どもが自己に対して抱く罪の観念と考えられた（原・我妻 1974, pp.197-198）。

　原・我妻（1974, pp.170-179）は，戦前の日本の母親にはモラル・マゾヒズムの傾向があり，母親の傷つきは，子どもにとって特別の意味をもち，子どもに罪悪感を覚えさせやすい事情があったと主張している。また，戦前の修身教育の主題だった親の恩の教えについても，モラル・マゾヒズムの態度が指摘されている。つまり，子どもを育てるのに親がさんざん心配し苦労するということを強調して，子どもが育つ過程は，そのまま親が苦労し傷つく過程だと子どもに自覚させ，罪悪感から逃れられないようにしているという見方である。

　そして，子の親への報恩は，たとえば，親が老いたときに，子が親を世話し介護する行為の期待となってあらわれる。実際に，親から離れて暮らしていた子が，老親を世話・介護するために，それほど不満があるわけでもない仕事や都会生活を諦めて，家族を連れふるさとへUターンする人口の還流移動（reverse migration）は，経済情勢の変化や雇用変動にかかわらず常に一定の比率で確認されている（日本人口学会 2002；武田 1993, 2008a）。

　こうしてみると，家族のために働きつつ子育てに生きがいを感じるという価値観は，母親であることの基本として，戦前の親から戦後の子へ少なからず継承されてきたのかもしれない。性差以外に，家族内地位がタテに階層化された日本の伝統的な拡大家族では，父母や祖父母が子をしつける過程で，父母や祖父母の価値観を基準に子の道徳性や価値観が社会化されるだろう。ベングッソン（Bengtson 1975）が示唆したように，歴史的に異なる社会経済状態を背景に，働くことの意味，勤労観，働き方の選択，生きがい，親子の関係，加齢の感情などを，子は家族との相互作用をとおして学習する（武田 1996, 1997, 2003）。子は，幼い頃から身近な日常を観察して，家事をするのは母親をはじめ女性だという役割分担を内化すると思われる。

　ところが，近年，家事の分担や平等が主張されるようになったのに，母親は

息子と娘に対して，家事を平等に分担し手伝うようにしつけてはいないようである。母親は，どうして息子より娘に家事の手伝いを要請するのだろうか。この疑問を考える前に，まず，夫のために献身する妻の行動をみておこう。

2. 夫のために働く妻

　1999（平成11）年5月15日付の朝日新聞に，東京都大田区に住む主婦たちが，地元の町工場や元漁民などを訪ねて取材し自費出版した女性史誌の内容を紹介した記事が掲載された。その『働いてきた女性たち―農業・海苔漁業・工業―』は，東京都大田区在住の30〜70歳代の主婦13人が，夫を支援しながら生きてきた60〜70歳代の女性を中心に取材した記録である。この記事のなかで引用されていた「町工場で働く女性たち・独立は男の夢」の一部を話題として，大学生に集団討論してもらった。それは次のような記述である。「夫の夢は自分がどうしても工場をやりたいということ。お金がなくて困っていた夫に，生命保険の外交員をしながら小金をためて，お祝いに120万円をあげた。夫の驚き喜ぶ顔が忘れられない」（蒲田の町工場の妻）。

　集団討論は，①なぜ，妻は夫のために働くのか，②なぜ，母親は子どものために働くのか，③もし仮に，あなたの母親が新聞記事で紹介されたような人だったとしたら，あなたは母親についてどのように思うかの3つの論題について，男女大学生が意見を交わした後，一人ひとりが自身の意見を発表した。3つの論題への各自の意見は，集団別に所定用紙に箇条書きされ，その記述内容を大学院生の男女2人が個別に読んで，それぞれの意見を「肯定的／否定的／どちらともいえない」のいずれかに評定した。ここでは，男女2人の大学院生の評定が一致した意見を用いて，夫のために働いて支援する妻の行為を青年後期の大学生がどのように考えるかについて検討する。

　夫の夢をかなえるために働いて支援した妻の事例について，男女の意見をまとめたのが表1-1である。夫のために妻が働く理由，子どものために母親が働

表 1-1　夫のために働く妻についての青年後期の男女の認知

	肯定的意見	否定的意見	どちらともいえない
なぜ、妻は夫のために働くのか？	43 「夫を愛しているから」 「夫の夢は妻の夢だから」 「夫婦は支え合い生きていくから」など	9 「女性の地位が低いから」 「自己満足のため」 「経済的な理由のため」など	4
なぜ、母親は子どものために働くのか？	23 「子どもを愛しているから」 「子どもを立派に成長させたいから」 「働く姿を見せたいから」など	10 「子育てにはお金がかかるから」 「老後のめんどうをみてもらうため」 「引け目を感じさせないため」など	9
あなたの母親だとしたらどう思うか？	34 「尊敬する」 「感動する」 「誇りに思う」など	19 「体をこわさないかと心配になる」 「夫のためにすべてを捨ててほしくない」 「父の夢であって母の夢ではない」など	2

（注）夫のために働く妻について、青年後期の男女が3つの論題を集団討論した後に、集めた各自の意見を評定者が判別した結果である。表中の数値は頻度、文章は回答例である。

く理由、当該の女性を母親と想定した場合の意見について討論した結果は、3つの論題すべてに肯定的な考えが多かった。この女性は、青年後期の男女にも好ましい妻や母親として認知された。

　夫のために妻が働く肯定的な理由には、愛情や夢の共有や互いの支え合いなど、利他的な意味合いが多かった。反対に、否定的な理由としては、女性の地位の低さ、自己満足、経済的な貧窮など、女性が働くことの社会経済的要因を認知する傾向がみられた。

　また、子どものために母親が働く肯定的な理由は、子どもへの愛情や成長の期待以外に、「働く姿を見せたいから」が比較的に多かった。母親は子どもに働く姿を見せたいと、子どもが認知したその肯定的な意味は把握できなかったが、母親が意図して働く姿を子どもに見せたいと思っていると、子どもが考え

ていることは興味深い。そうした認知から子どもは，母子関係に父子関係とは異なる意味づけをするだろう。子どものために母親が働く否定的な理由は，子育ての出費，老後のめんどう，子どもに引け目を感じさせないためなどである。老後のめんどうを託すつもりで，母親は子どものために働いていると認知する子どもがいる。このような否定的な認知については，母親は子どもに働く姿を見せたいと肯定的に認知した心理との関連性を検討する必要がありそうである。父親と違い母親は，働く姿を見せたいのだろうと子が認知する場合，一部の子どもたちは，母親の示威行動の意図を彼女自身にとっての利得目的と推察しているのかもしれない。

さらに，当該の女性が母親だとしたら，尊敬や感動や誇りに思うだろうと肯定的な認知が多かった。否定的な認知も，健康への配慮，夫中心ではなく自分本位の考え方の勧めなど，この女性をいたわる内容だった。

全体的には，夫の夢を実現するために働いて支援するような妻の態度や行動は，青年後期の男女に肯定視され，利他的な母親としても尊敬され誇りに思われる。しかし，夫への利他的行為に共感する青年後期の男女も，母子関係については，母親が子どものために働く行為から愛情だけでなく別の何かを感じ取っている。子は，母親の働く行為から母親の利己性を認知しているのかもしれない。

3. なぜ，母親は娘に家事をさせるのか

家族のなかで家事や育児をもっぱら一人でしている母親が，父親や子の家事・育児への関与をどのように思っているかをみてみよう。息子をもつ母親22人と娘がいる母親26人から集めた資料を検討した結果，子の性別によって，夫の家事手伝いと，将来，結婚した子から家事や育児を依頼されたときの態度について，母親の認知に違いがみられた（武田 2015a）。女子に比べ男子の母親は，家庭生活で夫は家事を手伝っていると感じているが，息子が結婚後に家事・育

児を依頼してもあまり積極的に応じるつもりはない。夫の家事手伝いは5％水準の有意差，結婚後の子どもによる家事・育児依頼への態度は1％水準の有意差をそれぞれ示した。息子だけの母親は，娘だけの母親よりも，結婚した後は息子の家庭生活に関与する態度の平均値は低い。ただし，標準偏差の値は高いので，個人差が大きいと思われる。将来，結婚した息子の家庭生活に関与しようとする母親は，息子との同居を考えているのかもしれない。

　また，息子をもつ母親に比べて息子と娘をもつ母親（$n=45$）は，子が結婚後に家事・育児を依頼したときには積極的に応じるつもりである。結婚後の子どもによる家事・育児依頼への態度は5％水準の有意差を示した。息子と娘がいる母親は，息子だけの母親よりも，結婚した子どもの家庭生活に関与する態度の平均値が高く標準偏差値は低いので，みな同じような意見なのに，息子だけの母親は個人差が大きい。この結果から，息子と娘がいる母親も，どちらかといえば息子より娘の家庭生活への関与を意識しているようである。また，夫への尊敬や子育てにかかわる夫の貢献は，平均値に有意差はないが標準偏差値に違いがみられ，息子だけの母親の個人差が大きいことがわかる。

　さらに，娘をもつ母親に比べて息子と娘をもつ母親は，子育てに関して夫の貢献を感じている。子育てへの夫の貢献は，両者のあいだに5％水準の有意差を示した。息子と娘がいる母親は，娘だけの母親よりも，子育てにかかわる夫の貢献について肯定的な認知の平均値が高く標準偏差値は低いが，娘だけの母親は個人差が大きい。息子に対しては，母親よりも父親のほうが子育ての役割を遂行することが多いのかもしれない。また，女性が仕事をしないで，家事や育児に専念することについては，息子と娘がいる母親の意見が分かれるようである。しかし，子育てが生きがいになっているかについては，娘だけの母親の意見が分かれる。息子に比べて手がかからない娘だと，母親は生きがいの対象を他に見つける余裕があるのだろうか。

　全体的にみると，どうやら母親は娘には家事を分担させるが，夫や息子には家事の手伝いをあまり要請しないようである。そのため，家事を手伝う娘と母

親との結びつきは強まり，母親は，結婚後も娘の家事や育児の依頼には応えるつもりである。

近年，共働き世帯数は増加しているが，1960年代半ば（昭和40年）以降に都市勤労者世帯が出現するまで，日本の女性は家の内外で働いていた。現在，議論されている共働き世帯は，妻あるいは母親が雇用者として就業している世帯である。1960年代半ば（昭和40年）頃までの働く女性は，農林水産業や家族従業者が大半だった。雇用されて働く女性は，家庭の外で就業するから，両親が家にいない一定の時間帯が共働き世帯の日常生活に含まれる。

そこで，既婚男女を対象に，母親が働くことが子にどのように影響すると思うかを質問したところ，次の設問で男女間に5％水準の有意差が認められた（武田 2015a）。「子どもとすごす時間が短い働く母親は，つい子どもを甘やかすのでしつけが行き届かない」については既婚男性が，また，「夫は外で働き，妻は内で家事をするという結婚形態を子どもは好まなくなる」「母親が仕事で外に出るから，子どもは，母親をとおして世間を知るようになる」「働いているあいだ母親は家にいないので，子どもは自由で気楽にいられる」については既婚女性が支持した。しかし，「夫は外で働き，妻は内で家事をするという結婚形態を子どもは好まなくなる」については，父親がどちらかといえば否定的な認知でまとまっているのに対して，母親の意見は分かれていて，一様に肯定的な認知でもない。「子どものために働いているという母親の感情が，子どもに負い目を感じさせることがある」「母親が働くことで，子どもの自立心が養われるとはかぎらない」「仕事をとおした社会への貢献について，子どもは父親より母親から多くを学ぶ」についても，父母間で平均値の有意差はみられなかったが，いずれも母親の標準偏差のほうが大きく個人差が認められた。

全体としては，調査対象者自身も働く母親であるが，彼女たちは，母親の就業が契機になって，仕事や家事にかかわる伝統的な性別役割を子が再考するようになると思っている。また，母親が家の内に不在の状態を，子のしつけが行き届かなくなると父親は否定的にみているが，母親は，子が自由にすごせると

肯定的に考えている。父親は，家庭での子のしつけは母親の役割と考えているようである。しかし，働くことの子への影響に関する母親の認知にも個人差がある。

4. なぜ，娘は家事を手伝うのか

　母親が雇用者として家の外で働く場合，帰宅した子は一定の時間帯に母親とは接触できない。そうした生活をこれまでに経験した母子を対象に，働くことが与えた影響について，大学生になった息子に語った母親の意見と，母親の就業から受けた自分自身への影響に関する息子の意見とを関連させたのが表1-2である。母子の意見は，肯定的な記述内容を良い影響，否定的な記述内容を悪い影響と区分して，母親の意見に息子の意見を対応させるようにした。同様に，母娘についてまとめたのが表1-3である。

　表1-2によると，母親が考える息子への良い影響は，働く模範になることと自立心の育成である。良い影響を与えると考えている母親の息子が認知した良い影響は，母親への恩や人生の先輩としての信頼，女性の社会性の自覚であり，悪い影響は，仕事で疲れた姿から感じる悲哀感，母親が期待するほど養われていない自立心である。また，母親が考える息子への悪い影響は，愛情や世話や情緒交流の不足である。悪い影響を与えると考えている母親の息子が認知した悪い影響は，愛情や家族の会話の不足，不充分なしつけであり，良い影響は，働くことの困難の自覚，精神的な解放，人生の先輩としての信頼である。

　子には良い影響があると考えている母親は，働く姿を息子に見せることを強調する。母親の働く姿を見た息子は，人生の先輩として母親を信頼し恩を感じる。しかし，それは家の外で働いた後に家の内で見せる姿であり，実際に賃労働している姿ではない。つまり，子に良い影響を与えると考えている母親は，家の外で働いた後に家の内でも働くような頑張り，まじめ，前向きに生きている姿勢，忍耐力を，息子が暗黙に感じ取ることを期待するのかもしれない。そ

表 1-2　母親の就業に関する母親と男子の認知

母親が認知した 「与える良い影響」	男子が認知した 「受ける良い影響」	男子が認知した 「受ける悪い影響」
働く模範の体現教示 「後ろ姿を見たあなたたちの頑張りを期待しているのよ」「まじめに仕事することの大切さを教えたつもりでいるよ」「働く姿を見せ前向きに生きている姿勢を見せることは大切だ」「働いてお金をもらう大切さを知り，そのためには忍耐力が必要だと感じ取ってもらいたい」「親の働く姿を見て労働の大切さを知る」など **自立心の育成** 「自分のことは自分でやるという自立心が育つのではないか」「子ども以外に生きがいをもっているので，互いに自立しやすい」「分別がついて，しっかりしたと思う」「子どもに干渉しすぎることがない」「母親がべったりしないから，なにかとやりたいことができる。それが自立心につながると思う。親がついていても，だらだらとした母親を見せるほうが悪い影響を与えると思う」など	**感恩の自覚** 「懸命な姿は子どもにいい影響を与える」「疲れた顔で帰ってきて，すぐ夕食の用意をする姿を見て，この人のおかげで自分たちは生活していけるんだなと思った」「忙しいときも，運動会や学芸会に来てくれると本当に嬉しかったという記憶がある」など **女性の社会性についての自覚** 「夫が働き，妻が家事をするという結婚スタイルはあまり好きではない」「女性も社会での経験を積んだほうが子どもに良い影響を与えられる」など **人生の先輩** 「いつまでも若々しく人生の先輩としてみることができる」「父親より母親から仕事による社会への貢献を考えはじめた」「仕事を終えて疲れているだろうにもかかわらず，たとえば，ときにはより優しく，また，じっくり話に耳をかたむける姿を子ども自身が自分の目でみることによって，やがて将来家庭をもったときに，それは生きた字引になると思う」「生きていくうえでのお手本になったり，さまざまな疑問を与えるだろうし，子どもの社会教育もそこからできあがる可能性もあると考えられるだろう」など	**悲哀感** 「疲れたようにしていたのを見て寂しい思いをした」など **自立心の無自覚** 「母親が働くことで自立心が養われたとはそんなに思わない」など

母親が認知した「与える悪い影響」	男子が認知した「受ける良い影響」	男子が認知した「受ける悪い影響」
愛情の不足 「幼い子どもにとって親の存在はなくてはならない」「小さい頃は自分がいないことで淋しい思いをさせたと思う」「やはり、女性が働きに出るのは、ある程度子どもが大きくなるまでは（小学生になるくらいまでは）、待ったほうがいいと思う。母親が仕事を持つことは悪くはないが、あまり子どもを放っておくと、子どもが精神的に寂しい思いをすると思う」など **情緒交流の不足** 「手作りのおやつなど、手をかけなくなる」など **世話の不足** 「母親が働きに出れば、それだけ子どもへの世話もおろそかになり、また、責任を学校など他に頼りがちになる面も出てくると思います」「忙しいことにかこつけて、子どもの話を聞けなかったことがあった。子どもが悩んでいることに気づいてあげられないことがあった」など	**働くことの困難の自覚** 「労働の大切さよりむしろ労働の大変さを強く感じた」など **精神の解放** 「母親がいないことを自由、気楽と感じるようになった」など **人生の先輩** 「母親が仕事に出ることで、母親をとおして『世間』を知ることができ、さまざまな価値観を知ることができる。母親の失敗を見て、それを反面教師にすることができるし、社会に出てからもそういう経験は役に立つであろう」など	**愛情の不足** 「両親のうちどちらかは、子どもが4歳くらいまではできるだけ長く傍らにいたほうが良いと思う」「やはり家の玄関を自分が開けるというのは寂しい。家事をするってことにすごい意味があると思う」など **家族の会話不足** 「家族どうしで必要な会話以外はないに等しい。家族に話しても有効な答えや情報は得られないと考えた時期もあった」など **しつけの不行き届き** 「しつけが行き届かないので、子どもが甘やかされて育つ」「幼児期の子どもにしてみれば、まだ物事に対する理解や現実の把握が何もできてはいない時期に、もっとも頼りにしているはずの存在がそばにいなかったりしたら、困惑し、自分はどういうことをすれば正しいのか、何をしてはいけないのかという善悪の正確な判断をすることが困難にもなりかねない」など

（注）自由記述による主要な回答例である。また、標本の大きさは、子が小学校入学前から有職だった母親とその大学生になった息子11組と、同じく小学校入学後から有職だった母親とその大学生になった息子14組だった。

表 1-3　母親の就業に関する母親と女子の認知

母親が認知した 「与える良い影響」	女子が認知した 「受ける良い影響」	女子が認知した 「受ける悪い影響」
働く模範の体現教示 「幼い頃は，働くことで寂しい思いをさせていたと思うが，親が一生懸命働いているのを見ているのは必ずしもマイナスではないと思う」「親が働く姿を見て自分も頑張ろうという気持ちを持ってほしい」「母親の働いている姿を見て，お金を稼ぐことの大変さを子どもが認識することができると思う」「また，自分の働く姿をとおして，自分の時間を持ち，楽しみ，仲間をつくることの大切さを感じてほしい。家庭を大切にして，外の世界ともつながりを持てる生き方をしてほしい」など **自立心の育成** 「だけど，そんな心配をよそに子どもは着実に自立していった。これは，低学年の頃から家事の手伝いをさせたこと，自分のことは自分でさせる躾をしたことなどにより，早くから"両親が苦労して働いている"ことを子どもながらに理解してがんばってくれたのだろう」「どんなに努力しても，専業主婦に比べて時間的に埋められないものがある。子どもが必要だと思うときに，すぐに対応できないこともあると思う。しかし，その分，子どもの自立が早まると思う」「子どもが小さい頃（小学校入学前）は，専業主婦のほうが良いと思うが，子どもが成長するにつれて自主性を持ちだしてきたら，その頃には親離れをしようとしている子どもの独り立ちのためにも，	**自立の自覚** 「母が働いていたため，私は母に悩みを打ち明けたことはほとんどなかった。何事も自分自身で考え行動した。そして，経済的にも精神的にも早く一人で自立したいという気持ちが強かった。それは今でも変わらない。母との関係は，親が子を養うという子が親に一方的に依存した親子関係ではなく，依存のない友人関係でありたいからだ」「自分としては，母が働いていたことで，父だけでなく自分も何か家のことを手伝わなくてはならなかったことを，最初はすごくいやだった。しかし，今思うとそれはかえって良かったのではなかっただろうかと思うことができる。母親も忙しいのだから，あまり迷惑がかからないように，できることは自分でしようということを，子どもなりに考えていたように思う」など **精神の解放** 「母は，（子どもが）幼児期のときに働くことで子どもに寂しい思いをさせたと考えているが，正直なところ，私は（病気のときは例外だが）寂しいとは思わなかった。それは母親以外の人と接する機会が多かったことがあ	**家事の強要** 「母親が働くことについて嫌なことは，家事が子どもの私にしわ寄せがくることである。しかも，私が"女"というただそれだけの理由で家事を手伝わなくてはならないのだ。弟は何もしなくても何も言われないのに，私が暇そうにしていると怒られる。そのときに，パートで嫌なことがあるとその感情も手伝ってよけいに怒られるのだ」など **負い目の感情** 「子どもとしての率直な感想を言うと，自分のために苦労して働いてくれていると考えると，負い目を感じてしまうが，母の自己実現のためという理由で望んで働いているのなら，多少気持ちも楽になる」など **生活時間の乱れ** 「それに，仕事が忙しいので，帰宅する時間が遅くなって，それから夕食の支度をするので，夕食を食べる時間が毎日8時や9時になることがしばしばあった。昼食から夕食までの時間が長いので，私はお腹がすいていらいらすることが多かったけれど，私たちの学費を稼ぐために働いてくれるのだと思うと，『仕事を辞めてくれ』

母親は働いていたほうが良い」など

人生の先輩
「人生の（生きていくための）手本となるだろう」など

女性の社会性についての自覚
「自分が働くことをとおして，社会や人のために役立つことのすばらしさが（子どもが）わかる」「自分も働きに出たいと思ったときに，たとえ結婚しても家事ばかりしていなくてもいいのだと，外に出ることに対してそれほど罪悪感をもつこともなく，働きに出られるのではないか」など

家事の分担
「母親が働くことによって，家族の分担した仕事をつくるなどの子どものお手伝いが必要になってくる」など

社会的比較による学習
「他人の家庭に入る仕事のため，自分が幸せであると感じることが多くあり，自分の子どもを一歩離れたところから見ることができたと思う。子どもも同じように感じていると思う」など

るし，自分の好きなことができたということもある。母が働いて家を空けることで悪い影響を与えられたとも思わないし，実際に非行にだって走っていない。母親が気負うほど子どもに迷惑をかけてはいないのではないだろうか」「あまりしつこく干渉されなくていい」「母親がいないということにも慣れてきていたので，寂しいというよりも規制されないということが楽であったし，自分にとっても良かったと思う」など

働く姿勢への尊敬
「そのようななかでも，私が好意的に受け止められた主たる原因は，母親の仕事への姿勢を誇りに感じていたためである」など

人生の先輩
「特に思い起こす母から受けた影響は，子どもを大切にすること，質素で静かな暮らしの良さなどです」など

自己抑制の学習
「仕事で疲れた母親に対して子どもはあまりわがままなことは言えないと思うし，我慢するということを学ぶことができるのではないかと私は思う」など

とは思っていても言えなかった」など

母親が認知した 「与える悪い影響」	女子が認知した 「受ける良い影響」	女子が認知した 「受ける悪い影響」

他者への過敏性
　「子どもは親の気持ちを敏感に感じ取る。だから,仕事で少しでも嫌なことがあり気持ちにゆとりがもてなくなると,それを感じ取った子どもは,親の顔をうかがうようになってしまうのではないか」「母親が多忙なため,(子どもが)言いたいことを話す時間がなく,母親に気を使い,話したいことが話せなくなることがある」など

情緒交流の不足
　「3歳までは四六時中,母親は子どものそばにいたほうがいい。母親がいないと不安になるし,寂しくても甘える人がいないと情緒不安定になる。ある期間は,自分で生んだ子どもなのだから,自分を犠牲にしても育てていかなくてはならない。小さいうちは,経済的ゆとりより精神的ゆとりのほうが大切で,あまりぜいたくをしなければ夫の給料だけで暮らしていけるのではないだろうか」など

ストレス状態による八つ当たり
　「家事も育児もやらなければいけないと,心のゆとりもなくなり,仕事でのストレスで子どもにあたったりする親もでてくるかもしれない」「働いていても,生き生きとしていればよいが,働いていて,帰ってきてから仕事のストレスを子どもにあたっていては良い影響は与えないと思う」など

孤独感
　「仕事をしているあいだ子どもといっしょにいることができないた

自立の自覚
　「勉強も進んでしたし,家事の手伝いもいやいやながらして,小学校の高学年には自分で食事もつくって,兄と父に食べさせていた。そのことだけを考えると,母親が働いていたことは,今思えば,私にとってはプラスになっていると思う」など

愛情の不足
　「子どもが中学生や高校生ならともかく,まだ小学生,またはそれより幼い場合,母親はやはり家にいるべきだと思う。たとえ金銭的に苦しいからというのが理由だとしても,幼い子どもには親の愛情が必要だと思う」など

孤独感
　「子どもの頃は,『絶対家にいてほしい』と思っていた。ふだんもそう思っていたが,運動会などのとき母親が来られない場合や,母親が疲れていて話があまりできないとき,特に仕事を辞めてほしいと思ったりした」「その頃私は,母親が働くことはしょうがないこと,甘えたくても我慢しなければいけないと思っていた。いつも外を見て,母親が迎えにくるのを待っていた。私からみた母親は,仕事ばかりで,あまり子どもにかまわなかったように思う。私の少女時代には,母親はいつも仕事で家にはいなかった。そのことで,私はすごく寂しい思いをしていた」など

しつけの不行き届き
　「私の従兄弟は,母親が働いていたために祖母に育てられたのですが,祖母は保育園の園長をやっていたこともあり,育児に問題はな

第1章●家事を手伝う選択

め，子どもとの会話が少なくなり，寂しい思いをさせてしまう。また，それは子どもの精神面に影響してくるのではないか」「朝起きたときや夕方帰ったときに，家にだれもいなくて寂しい思いをさせる」など

かったのですが，やはり，親とは違うので，寂しさからか，どんどん考え方がひねくれていってしまったように私には思えました。これは，いっしょにいない親が，帰ってきたとき，子どもが何をしても叱らないことも影響したのかもしれません」など

（注）自由記述による主要な回答例である。また，標本の大きさは，子が小学校入学前から有職だった母親とその大学生になった娘18組と，同じく小学校入学後から有職だった母親とその大学生になった娘11組だった。

して，実際，そのように感じた息子は母親のおかげと感謝する。

　母娘についてまとめた表1-3によると，息子と違って人生の先輩，女性の社会性，家事の分担などが，母親が考える娘への良い影響となっている。良い影響を与えると考えている母親の娘が認知した良い影響は，経済的および精神的な自立の自覚，精神的な解放，働く姿勢や人生の先輩としての尊敬と信頼，自己抑制の学習であり，悪い影響は，家事の強要，苦労して働く母親への負い目，遅い夕食などの生活時間の乱れである。また，母親が考える娘への悪い影響は，他者の心理への過敏性，情緒交流の不足，仕事のストレス状態による八つ当り，孤独感である。悪い影響を与えると考えている母親の娘が認知した悪い影響は，愛情の不足，孤独感，不充分なしつけであり，良い影響は，自立の自覚である。

　娘に与える良い影響を認知している母親は，家の外で働く姿を示すことで，社会や人のために役立つことのすばらしさを娘が理解して，人生の（生きていくための）手本にするだろうと考えている反面，家の内の家事を分担して手伝わせるのも娘には良い影響を与えると思っている。しかし，おそらく息子には家事を手伝うようにさせない母親の態度から，家庭の内の仕事である家事の分担について，娘は性別役割分業を強要されていると認知している。家事を娘に分担させることで母親は家の外で働くことができるので，娘には精神面だけで

なく身体面でも実質的な労力の提供が要請される。そのため，娘は母親の影響力からその要請に応えながらも，そうした家族関係から精神的に解放され早く自立したいと自覚することを，働く母親から受けた良い影響として認知する傾向がある。したがって，働く母親の姿勢を尊敬し人生の先輩として信頼しても，家の内の仕事を分担しない息子が家の内外で働く母親に抱くような恩を，娘はまったく感じないのである。

　全体的には，子の性別にかかわらず，働くことが良い影響を与えると考えている母親の子は良い影響を受けると考え，反対に，悪い影響を与えると考えている母親の子は悪い影響を受けると考える傾向がややみられる。しかし，結局，母親が働くことが子に与える身体的および精神的負荷を，子がどのように感じて対象化し，それによって，母親が働くことに関する認知をどのように再構成するかの個人差が，自立の自覚を促進させる場合もあれば，ときには心的外傷になることもあるのだろう。

第2章
母娘がつながる選択

　娘は，兄や弟に比べ家事を手伝うように要求されるらしい。母親は，将来，きっと役立つから家事をやっておいたほうがいいと娘を諭すが，娘は，どうして私ばかりなのかと反発する気持ちを抑えがたいようである。母親は，無意識に性別分業を子にしつけている。

　しかし，両親が共働きの場合，帰宅後に家事をする母親に娘は共感し，家事を手伝う。こうして，家事の性別役割分業は母娘の世代間で継承されるのかもしれない。

　本章では，家事労働の性別分業を文脈とし，女性が家事をするという日常をとおして，母娘間に形成される相互支援の関係性について考える。

1. 母親に期待される役割

　家庭で遂行される親役割の性差には，家族集団の分化された機能要件を伝統的に継承してきた様式が反映されている。家庭はそれぞれ好みの生活様式を形成し，親は親としての態度や行動を様式化している。親役割の遂行を方向づける各家庭の固有の価値や規範は，子が親の行動を学習し内化することによって世代間で継承される。これまで引き継がれてきた親役割は，一般に，家事労働を性別分業して分担するという考え方にそっていた。家事を性別役割分業することについて，父親と母親はどのように考えているのだろうか。

　表2-1をみると，従来の性別役割分業を反映した項目8, 16などは既婚男性が，また，家庭生活を支える女性の働きを記した項目18, 22などは既婚女性

表 2-1　親役割に関する既婚男女の認知

		既婚男性（n=82）		既婚女性（n=54）	
		M	SD	M	SD
1.	夫婦の共働きは，家事や育児など家庭生活の負担が重くなるので良くない	1.902	0.938	1.796	0.998
2.	将来，娘は家事や育児に専念し，息子は仕事主体に励むように育てるほうが良い	1.585	0.736	1.352	0.731
3.	自分自身の欲求は我慢してでも，親は子どものために尽くしてやるほうが良い	2.488	0.906	2.222	0.925
4.	ゆとりのある家計収入でも，女性は働いたほうが良い	2.268	0.982	2.759	0.910**
5.	かりに子どもが望むなら，母親は仕事をやめたほうが良い	2.707	0.975	2.389	1.071
6.	親にとって子どもは，何よりも生きがいである	3.110	1.006	3.074	1.025
7.	息子にたいしては，母親はできるだけ働かないで，息子の世話をするほうが良い	1.683	0.815	1.278	0.492**
8.	母親が働いている家庭では，息子より娘は家事を手伝うほうが良い	1.951	0.874	1.315	0.577**
9.	働く妻は，内心では夫に気兼ねしている	1.659	0.835	1.815	1.065
10.	親は，子どもの成長にもっとも喜びを感じる	3.439	0.803	3.611	0.685
11.	母親が働くことは，母親と娘との感情的な結びつきを強める	2.085	0.789	2.074	0.968
12.	親は，できるだけ親の考えるように子どもにさせたほうが良い	1.720	0.893	1.519	0.841
13.	女性にとっては，仕事で成功するよりも良い妻であり母であるほうが幸福である	2.232	0.998	2.000	0.932
14.	子育ての苦労は，将来，子どもからめんどうをみてもらって報われる	1.415	0.753	1.296	0.717
15.	娘にたいしては，母親はできるだけ働かないで，娘の世話をするほうが良い	1.634	0.746	1.278	0.529**
16.	家庭では，父親がすべて取り仕切るほうが良い	1.707	0.809	1.352	0.649**
17.	男性と同様に女性も，責任のある地位でリーダーとして重要な仕事を遂行できる	3.220	0.817	3.185	0.803
18.	親は，子どものためにではなく，自分自身のために生きるほうが良い	2.366	0.988	2.852	0.960**
19.	夫は，妻が働くことで負い目を感じている	1.622	0.764	1.537	0.818
20.	子育てにかかわる伝統や習慣は，尊重するほうが良い	2.354	0.973	2.444	0.945
21.	母親が働くことは，母親と息子との感情的な結びつきを強める	1.866	0.813	2.000	0.932
22.	働く母親は，実際には父親よりも家族の大黒柱になっている	1.671	0.832	2.000	0.991*
23.	子どもは，親の老後のめんどうをみるほうが良い	2.207	0.939	2.185	0.973

*$p < 0.05$, **$p < 0.01$

のほうが強く支持した。項目7，8，15，16への母親の回答は否定的なのに，父親は母親より肯定的である。ただし，標準偏差値が高いので個人差が大きいのだろう。また，項目9，11については，母親の意見は父親より分かれている。

しかし，全体的に，母親はできるだけ家の内で子の世話に専念し，外で働く場合は，娘に家事を手伝うようにしつけて，そうした家庭を父親がすべて取り仕切るという生活の様式がよいと，父親は思っている。一方，母親は，ゆとりのある家計でも働いたほうがよいと考え，子より自分自身のために生きるほうがよいと思っている。そして，父親より母親のほうが家族を支えているという自負を，働く母親はもっている。

このように，既婚男性が親役割の伝統的な考えに固執するのに対して，既婚女性は家庭のなかで役割遂行しながら，個人としても自立しようと考えている。

次に，働く母親の子への影響を父親がどのように認知しているかについて，子の性別に一元配置分散分析した。その結果，母親が働くことで，子どもの自立心が養われるとはかぎらないという見方に有意差がみられた。多重比較の結果，息子だけをもつ父親（$n=25$，$M=3.24$，$SD=0.66$）と娘だけをもつ父親（$n=14$，$M=2.57$，$SD=0.94$），娘だけをもつ父親と息子・娘をもつ父親（$n=43$，$M=3.21$，$SD=0.80$）とのあいだにそれぞれ5％水準の有意差がみられた。息子をもつ父親は，母親が働いても息子の自立心は養われないと思っている。

同様に，親役割に関する父親の認知が子の性別によって違うかについて，一元配置分散分析を行った結果，男性と同様に女性も，責任のある地位でリーダーとして重要な仕事を遂行できるという見方に有意差がみられた。多重比較の結果，息子だけをもつ父親（$n=25$，$M=2.88$，$SD=0.97$）と息子・娘をもつ父親（$n=43$，$M=3.42$，$SD=0.70$）とのあいだに1％水準で有意差が認められた。息子と娘をもち，息子と娘とを対比できる父親は，息子以上に娘は，人をまとめる潜在能力があると思っている。

次に，既婚女性についても同じ分析を行った。その結果，仕事をとおした社会への貢献について，子どもは父親より母親から多くを学ぶという見方に有意

差がみられた。多重比較の結果，息子だけをもつ母親（$n=17$, $M=1.53$, $SD=0.72$）と息子・娘をもつ母親（$n=24$, $M=2.54$, $SD=1.10$）とのあいだに1％水準で有意差が認められた。また，親役割に関しては，母親が働くことは，母親と娘との感情的な結びつきを強めるという見方に有意差がみられた。多重比較の結果，息子だけをもつ母親（$n=17$, $M=1.65$, $SD=0.79$）と息子・娘をもつ母親（$n=24$, $M=2.42$, $SD=0.97$）とのあいだに5％水準で有意差が認められた。

　父親と同様に，息子と娘とを比較できる母親は，息子より娘のほうが，家の外で働いている母親から社会貢献について多くを学ぶと考えている。母親は，自身の働く姿を娘が見ることの効果を期待するのだろう。

2. 母親の影響力

　2000（平成12）年のシドニー五輪で優勝した日本人の柔道選手が，表彰式で亡くなった母親の遺影を掲げて，世界一の母をお見せしたかったと語った。1998（平成10）年の長野五輪でもスピード・スケートの日本人選手が，母親のところに駆け寄り獲得した金メダルを彼女の首にかける光景が放映された。どちらも男性選手で，報道陣の取材のなかで五輪での素晴らしい成果を母親の支援に帰因させた。五輪ばかりでなく，第96回全国高校野球選手権大会に初出場し，16強に勝ち進んだチームで活躍した選手に注目し，母子家庭で決して裕福ではなかったのに進学させてくれた母親に，試合で活躍する姿を見せて恩返ししたという記事もある（朝日新聞 2014a）。母親は，息子を目標達成に向けて動機づけるような影響力をもつ。

　また，女性選手にとっても母親の存在は特別な意味をもつようである。2000（平成12）年9月27日付の中日新聞の1面には，「『厳しい』頼れるお母さん」と見出しがつけられ，女子ソフトボールの宇津木監督について，厳しく指導するが頼りになるお母さんと表現し，監督と選手たちとの関係にそれぞれの役割を超えた特性を付与した。

五輪での勝利を目指して努力するように個人を動機づける要因はいくつか思い浮かぶが，母親の影響力は，外発的ではなく内発的に作用すると考えられる。チャルディーニ（Chialdini 1988）は，個人が何かの要請を受け入れる傾向に影響を与える基本的な心理学の原理を，返報性，一貫性，社会的証明，好意，権威，希少性とした。これらの原理は，特定の利害関係が明確な前提条件となって，たとえば，五輪で勝利するための努力を個人に要請するような場合に適用できる。特に，他人から受けた恩恵に対して，その恩人が同じように利得を得られる行為をすることを意味する返報性（reciprocity）の原理は，日本の恩返しと同義と考えられる。グールドナー（Gouldner 1960）は，返報性に関する規範があると主張し，その社会的機能として，返報を信じて他人に恩恵を施すことで対人関係は形成され，返報によって互恵的に相互作用した人どうしの結びつきが強化されることを指摘した。

　しかし，一般に日本人の場合，母親の支援をこのような原理で説明することには違和感があるだろう。つまり，五輪での勝利を目指す子を支援する母親の行為は，利害意識を含まないと仮定するほうが表面上は妥当と思われる。山村（1971）は，①テレビ・ドラマ『おかあさん』の1959（昭和34）～1963（昭和38）年に放映された物語の台本，②1961（昭和36）～1964（昭和39）年に放送されたラジオ番組『母を語る』の録音テープ，③非行少年を対象に1962（昭和37）年1～5月に行った内観法による調査の結果，④第二次世界大戦前の小学校の国定教科書を分析して，1960年代頃（昭和40年代半ば）までの日本人にとって母がどのような意味をもつか，つまり，母の観念の基底には，自身を犠牲にして子を生きがいに苦労しながら生きる母の姿があると主張した。

　そして，子を生きがいに苦労する母に子が共感すると，母は子にとって目標達成の内発的動機づけ要因となる。山村（1971）によると，目標達成に向けて努力する子を母は支援し，中途で子が困難な事態に遭遇し挫折しても，母だけは最後まで子を信じて許す。このような母子関係のなかで成長し目標を達成した子は，母の愛と期待の大きさに報いられないという罪の意識を感じる。こう

した母の観念は日本人の心情の深層で堆積され，美徳化されながら継承されて，日本人の生き方や行動様式に影響している。個人の目標に向けた努力には，母の幸せのためにという意味合いが含まれているという。母子関係や母親の就業の表層的な実態ではなく文化特性として母の観念を考えると，今日でも同じような母親の影響力と母親への共感がみられるかもしれない。

　子が母親に強く感化されるひとつの理由は，母親の支援について，自己犠牲をともなう利害の非合理性を子が認知するからである。母親が働く姿を見ながら，子は父母の関係，母子の関係，父子の関係，未来の自身の結婚，女性が働くことの意味，性役割などについて自身の考えをもつようになる。母親の仕事にかかわる豊富な知識や経験を知ったり，働く母親のようになりたいという感情を抱いたりした子は，母親の影響を受容するだろう（今井 1986）。人間の生涯発達で青年後期は，成人への移行を目前に性役割をほぼ内化し終える時期である（Newman & Newman 1984）。母親の就業期間や就業形態は多様であるが，子が小学校入学前後に母親が働くことと女性の就業に関する青年後期の子の考えとのあいだには，男女子の差異（武田 1996）や，女子の大学就学年数による違い（武田 1997）が報告された。しかし，母親が働くことの子への影響の内容は未だ明らかではない。

　子が青年後期に成長するまで母親が働くことの子への影響について，母親はどのように考えていたか。母親が働くことの子への影響について，母親の考えを聞いた青年後期の子は，母親が働く姿の記憶をたどりながら，自分自身への影響について，現在どのように考えているか。夫のために働く妻について，青年後期の男女はどのように考えるか。家事や育児について，母親は子にどのような態度や期待をもっているか。家事や育児について，妻は夫をどのようにみているか。母親が働くことの子への影響について，父親と母親それぞれの考えはどのように違うか。親としての役割に関する価値や規範について，父親と母親それぞれの考えはどのように違うかなどの疑問は，夫婦や親子が共生する家族集団のなかで，主に性別役割分業の標準型として世代間で継承されてきた日

本人のキャリアの家庭生活領域における主観的な側面，つまり，家庭生活の態度に関連する（武田 1993, 2004）。そこで，家庭生活の態度をめぐる親子や夫婦の考えを比較し，母親に共感し結びつこうとする娘の心理を考えてみよう。

3. 親の役割

　母親が家の外で働く場合，彼女自身が家事や育児をすることは制約されるため，他の人に働きかけて対処しようとするだろうが，とりわけ子へのかかわりに注目したい。母親が有職か無職かという就業状態の違いに加えて，母親の年齢も子への影響を考えるうえで考慮する必要があるだろう。母親の年齢は，子の発達段階と関係する。ここでは，次の2つの疑問について検討してみよう。

　① 年齢を統制した場合，働く母親の子への影響および親役割について，母親の意見が就業状態によってどのように異なるか。

　② 働く母親の子への影響および親役割に関する母親の意見に，年齢と就業状態がどのように影響するか。

　表2-2によると，全体では，項目11が1％水準の有意差を示し，第一子が小学校入学前に有職の母親のほうがより支持した。

　年齢別にみると，母親が35歳以上の場合，5％水準で有意差がみられ，第一子が就学前に有職の母親のほうが，「11. 母親が仕事でソトに出るから，子どもは，母親をとおして世間を知るようになる」と考えているのに対して，無職の母親は，「12. 仕事が忙しく母親の気持ちにゆとりがなくなると，子どもは親の顔色をうかがうようになる」と思っている。一方，母親が34歳以下の場合は，どの項目にも有意差はみられなかった。

　第一子が就学前に母親が働くことを肯定視する意見として，実際に就業していた母親は，仕事で外に出る母親に誘導されて，子が家庭の外を認知するようになる効果をあげた。他方，母親が多忙で気持ちにゆとりがなくなることの子への悪影響のような，働くことを否定視する意見は，実際に就業していなかっ

表 2-2 働く母親の子への影響に関する既婚女性の認知

	全体 ($n=75$)				～34歳 ($n=29$)				35歳～ ($n=46$)			
	有職 ($n=47$)		無職 ($n=28$)		有職 ($n=14$)		無職 ($n=15$)		有職 ($n=33$)		無職 ($n=13$)	
	M	SD	M	SD	M	SD	M	SD	M	SD	M	SD
年　齢	38.70	7.52	35.96	10.14	30.36	3.13	28.27	2.66	42.24	5.83	44.85	7.98
1. 働いている母親は子どもに干渉しすぎないため，子どもの自立心が育つ	2.43	1.02	2.04	0.96	2.43	1.02	2.13	0.92	2.42	1.03	1.92	1.04
2. 母親の働く姿を見て，子どもは仕事の大切さを知る	2.68	1.00	2.36	1.10	2.79	1.05	2.47	0.83	2.64	0.99	2.23	1.36
3. 子どもが小学生になるまでは，母親が働くことで子どもに寂しい思いをさせないほうが良い	2.96	1.22	3.25	1.00	2.57	1.40	3.27	0.70	3.12	1.11	3.23	1.30
4. 「夫はソトで働き，妻はウチで家事をする」という結婚形態を，子どもは好まなくなる	1.87	1.03	1.82	0.94	1.79	0.98	1.80	0.86	1.91	1.07	1.85	1.07
5. 子どものために働いているという母親の感情が，子どもに負い目を感じさせることがある	2.02	1.07	2.07	1.05	2.00	1.04	1.87	0.74	2.03	1.10	2.31	1.32
6. 仕事に疲れた母親の様子を見て，子どもは悲哀を感じる	2.11	0.98	2.11	0.88	2.14	1.03	2.07	0.88	2.09	0.98	2.15	0.90
7. 母親が熱心に仕事にとりくむ姿勢を，子どもは誇りに思う	2.94	0.89	2.54	0.92	3.07	0.83	2.47	0.83	2.88	0.93	2.62	1.04
8. 仕事を終え帰宅して家事をする母親にたいして，子どもはその労苦に恩を感じる	2.19	0.97	1.93	0.86	2.07	1.00	2.07	0.80	2.24	0.97	1.77	0.93
9. 仕事が忙しいときは，母親は子どもの悩みに気づかないことが多い	2.91	1.08	2.93	0.86	2.64	1.01	2.60	0.91	3.03	1.10	3.31	0.95
10. 母親が仕事で家にいないので，家族のあいだに必要最小限の会話以外は交流がない	1.81	0.97	2.04	1.07	1.71	0.99	2.00	1.00	1.85	1.03	2.08	1.19
11. 母親が仕事でソトに出るから，子どもは，母親をとおして世間を知るようになる	2.47	0.93	1.86	0.85**	2.36	0.84	1.87	0.92	2.52	0.97	1.85	0.80*
12. 仕事が忙しく母親の気持ちにゆとりがなくなると，子どもは親の顔色をうかがうようになる	2.87	1.01	3.32	0.86	3.07	0.92	3.20	0.86	2.79	1.05	3.46	0.88*
13. 母親の仕事が忙しくて帰宅が遅くなると，食事など家族の生活時間が乱れがちになる	3.09	0.90	3.18	1.06	3.21	0.70	3.13	1.13	3.03	0.98	3.23	1.01
14. 母親が働いているので，子どもは家事を分担してやるようになる	2.77	0.87	2.39	1.10	2.86	0.77	2.60	0.91	2.73	0.91	2.15	1.28
15. 仕事と家事・育児とが重なってイライラした母親が，子どもに八つ当たりすることがある	3.15	0.86	3.39	0.74	3.21	0.98	3.33	0.62	3.12	0.82	3.46	0.83
16. 母親が働くことで，子どもの自立心が養われるとはかぎらない	3.04	1.04	3.11	0.96	3.00	1.11	3.07	0.88	3.06	1.03	3.15	1.03
17. 子どもとすごす時間が短い働く母親は，つい子どもを甘やかすのでしつけが行き届かない	2.00	0.93	2.04	1.00	1.86	0.95	1.87	0.83	2.06	0.93	2.23	1.17
18. 仕事で疲れた母親にたいして，子どもはあまりわがままを言えず我慢することを学ぶ	2.45	0.88	2.18	0.94	2.36	0.93	2.07	0.70	2.48	0.87	2.31	1.18
19. 働いているあいだ母親は家にいないので，子どもは自由で気楽にいられる	2.19	0.92	2.18	1.12	2.00	0.96	2.00	0.93	2.27	0.91	2.38	1.33
20. 仕事をとおした社会への貢献について，子どもは父親より母親から多くを学ぶ	2.21	1.04	2.04	1.04	2.43	1.16	1.93	0.80	2.12	0.99	2.15	1.28

*$p < 0.05$，**$p < 0.01$

た母親に支持された。

　表2-3によると，全体では項目11，22に1％水準で有意差がみられた。第一子が小学校入学前に無職の母親と違って，有職の母親は家族の大黒柱を自負し，そうした事情を娘は理解し母娘は強く結びつくと母親は思うようである。

　年齢別では，母親が34歳以下の場合，1％水準の有意差がみられ，第一子が就学前に有職の母親は，「20．子育てにかかわる伝統や習慣は，尊重するほうが良い」と思っている。また，項目7，15に5％水準の有意差がみられ，第一子が就学前に無職の母親のほうが，どちらもより肯定した。

　他方，35歳以上についても，1％水準で有意差がみられ，有職の母親のほうが，「22．働く母親は，実際には父親よりも家族の大黒柱になっている」と考えている。さらに，5％水準でも有意差がみられ，「11．母親が働くことは，母親と娘との感情的な結びつきを強める」「17．男性と同様に女性も，責任のある地位でリーダーとして重要な仕事を遂行できる」について，いずれも有職の母親のほうが支持した。

　家庭の内外で働く母親に共感する娘は，家族の基盤を支える役割を母親との相互作用から学習し，将来，母親になることへの社会化を先取りしているのかもしれない。また，母親が34歳以下の場合，第一子が就学前に有職の母親は，無職の母親に比べて子育てには保守的な態度のようにみえるが，それは育児の伝統や習慣を軽視せず仕事と両立させようという考えによるのだろう。34歳以下の母親は，第一子が小学校に入学するまでは子育てに努めてかかわろうとしている。それは，無職の母親（$n=15, M=1.07, SD=0.96$）より有職の母親（$n=14, M=2.00, SD=1.04$）のほうが，子どものしつけ方に自信をもっている（$t=1.878, df=73, p<0.05$）ことからもうかがえる。なお，子どものしつけ方について，全体および母親が35歳以上の場合には，有職と無職の母親のあいだに有意差はなかった。

　一方，無職の母親は，できるだけ家庭の外で働かないで，息子や娘の世話をしたほうが良いと考えているが，両者の違いは，35歳以上になったときの自

表 2-3　親役割に関する既婚女性の認知

	全体 ($n=75$)				～34歳 ($n=29$)				35歳～ ($n=46$)			
	有職 ($n=47$)		無職 ($n=28$)		有職 ($n=14$)		無職 ($n=15$)		有職 ($n=33$)		無職 ($n=13$)	
	M	SD	M	SD	M	SD	M	SD	M	SD	M	SD
1. 夫婦の共働きは，家事や育児など家庭生活の負担が重くなるので良くない	1.94	1.01	1.93	0.94	2.07	1.14	1.80	0.56	1.88	0.96	2.08	1.26
2. 将来，娘は家事や育児に専念し，息子は仕事主体に励むように育てるほうが良い	1.68	0.96	1.64	0.78	1.79	1.25	1.53	0.52	1.64	0.82	1.77	1.01
3. 自分自身の欲求は我慢しても，親は子どものためにつくしてやるほうが良い	2.15	0.83	2.25	0.93	2.07	0.73	2.27	0.70	2.18	0.88	2.23	1.17
4. ゆとりのある家計収入でも，女性は働いたほうが良い	2.45	1.08	2.14	0.93	1.93	1.07	2.07	0.70	2.67	1.02	2.23	1.17
5. かりに子どもが望むなら，母親は仕事をやめたほうが良い	2.81	1.12	3.18	0.77	2.86	1.10	3.00	0.76	2.79	1.14	3.38	0.77
6. 親にとって子どもは，何よりも生きがいである	3.28	0.85	3.00	1.09	3.00	0.96	3.07	1.03	3.39	0.79	2.92	1.19
7. 息子にたいしては，母親はできるだけ働かないで，息子の世話をするほうが良い	1.47	0.65	1.57	0.69	1.21	0.43	1.80	0.68*	1.58	0.71	1.31	0.63
8. 母親が働いている家庭では，息子より娘は家事を手伝うほうが良い	1.81	0.92	1.71	0.76	1.86	1.17	1.73	0.59	1.79	0.82	1.69	0.95
9. 働く妻は，内心では夫に気兼ねしている	2.00	1.08	1.68	0.90	2.36	1.15	1.87	0.99	1.85	1.03	1.46	0.78
10. 親は，子どもの成長にもっとも喜びを感じる	3.64	0.53	3.43	0.79	3.50	0.65	3.33	0.90	3.70	0.47	3.54	0.66
11. 母親が働くことは，母親と娘との感情的な結びつきを強める	2.34	1.01	1.71	0.81**	2.29	0.99	1.80	0.76	2.36	1.03	1.62	0.87*
12. 親は，できるだけ親の考えるように子どもにさせたほうが良い	1.53	0.72	1.57	0.88	1.29	0.47	1.40	0.63	1.64	0.78	1.77	1.09
13. 女性にとっては，仕事で成功するよりも良い妻であり母であるほうが幸福である	2.45	1.00	2.64	1.03	2.64	1.08	2.73	0.96	2.36	0.96	2.54	1.13
14. 子育ての苦労は，将来，子どもからめんどうをみてもらって報われる	1.47	0.78	1.29	0.66	1.21	0.58	1.27	0.46	1.58	0.83	1.31	0.86
15. 娘にたいしては，母親はできるだけ働かないで，娘の世話をするほうが良い	1.47	0.65	1.64	0.73	1.21	0.43	1.80	0.68*	1.58	0.71	1.46	0.78
16. 家庭では，父親がすべて取り仕切るほうが良い	1.64	0.76	1.43	0.69	1.71	0.61	1.60	0.83	1.61	0.83	1.23	0.44
17. 男性と同様に女性も，責任のある地位でリーダーとして重要な仕事を遂行できる	3.26	0.92	2.89	1.03	2.93	1.14	3.20	0.78	3.39	0.79	2.54	1.20*
18. 親は，子どものためにではなく，自分自身のために生きるほうが良い	2.64	0.82	2.46	1.10	2.79	0.80	2.80	1.08	2.58	0.83	2.08	1.04
19. 夫は，妻が働くことで負い目を感じている	1.55	0.77	1.54	0.74	1.71	0.91	1.80	0.86	1.48	0.71	1.23	0.44
20. 子育てにかかわる伝統や習慣は，尊重するほうが良い	2.57	0.85	2.46	0.96	2.79	0.58	2.13	0.52**	2.48	0.94	2.85	1.21
21. 母親が働くことは，母親と息子との感情的な結びつきを強める	2.04	0.91	1.71	0.81	1.93	1.00	1.67	0.62	2.09	0.88	1.77	1.01
22. 働く母親は，実際には父親よりも家族の大黒柱になっている	2.02	1.09	1.36	0.68**	1.93	1.27	1.60	0.83	2.06	1.03	1.08	0.28**
23. 子どもは，親の老後のめんどうをみるほうが良い	2.06	0.87	1.93	0.94	1.86	0.86	1.93	0.88	2.15	0.87	1.92	1.04

*$p < 0.05$, **$p < 0.01$

尊心にあらわれている。つまり，有職の母親は，家庭の内では家族の大黒柱として，また，家庭の外でも責任のある地位でリーダーとして重要な仕事を遂行できるという有能感をより強く自覚している。

4. 母娘の絆

　母親が家庭の外で働く場合，家庭の内の仕事を誰がすることになるかが，女性のキャリア形成・発達について議論するときのひとつの基本的な論点である。アンドレ（Andre 1981）は，家事をするのは男性ではなく女性であり，女性が仕事としての家事から得られる保証は最小で，退職もはっきりしない，報酬や昇進や社会的相互作用などの労働条件は最低基準にさえ達しないと主張した。アンドレは主婦業（home making）の対価の実態に注目した。

　また，ホックシールド（Hochschild 1989）は，ほとんどの共働きの女性は，事務所や工場で第一の勤務をこなすと，帰宅後には家事や育児の第二の勤務（the second shift）が待っていると指摘した。ホックシールドによると，共働きの夫に比べて一年間に1ヵ月も超過勤務しながら，しかし，家庭づくりを勤務と考えたくない妻は，疲労し感情が擦り切れてしまったと訴えつつ家事や育児をこなしているという。ホックシールドは，そこに家族の神話，つまり，家庭内の緊張を処理するため，夫婦ともに核心的な真実をあいまいにしてしまう現実認識を見出した。男女の平等と共同参画の理念が日本より浸透しているように思えるアメリカ合衆国でも，妻が家庭内の仕事をしないことに，妻自身が抵抗感を感じているのだろう。

　このように米国では，女性は家庭の内外で働いているのに，男女の心理には性役割にまつわる紋切り型の認知が根強いため，女性は家庭の内で働いても報われないと論議されている。同じような問題について，日本の実情はどうだろう。

　日本では，1960（昭和35）年から1970年代前半（昭和45～49年）にかけて，工業化による農業従事者および家族従業者の激減と片働き世帯の増大がみられ，

1960年に54.5％だった女性の労働力率は低下した。しかし，1975（昭和50）年からは女性雇用者が増加し始め，1997（平成9）年には女性の労働力率は50.4％に達した（城戸 2000）。このように，日本の女性が雇用者としてキャリアを形成するようになったのは1970年代半ば（昭和50年代）からである。農山漁村から都市に移動した主に次三男や女性が，そこで結婚し都市に定住する過程で，住宅費や子どもの教育費など，家計を補助するために片働きから共働きになった世帯が多いと考えられる。日本の女性が家庭の外で賃労働に従事するのは，多くは家族の生活のためである（労働省女性局 2000）。

　そして，その背景には，日本の女性は家事や育児をしながら，農林漁業従事者や家族従業者として働いてきたという長い歴史がある。家族や地域の集落などの共同体を生活の集団単位として，集団活動を分担し報酬を分配しながら，生産と消費を家族集団で行ってきた。このような生活文化の伝統が変わり始めたのは，女性も家庭の外に出て働くようになった1970年代半ば以降である。

　家族のために家庭の外で働く日本の母親は，家事を娘に分担させ従来の性別分業の役割をしつけという名目で半ば強要し，家庭の内外の仕事を両立している。娘は，母親との私たち性（we-ness）を基盤に母親への同調度を推し量っているようである（Tomasello 2009）。娘，つまり，未来の母親は，そうした母の態度や行動に共感し受容している。デイヴィス（Davis 1994）は，共感（empathy）の能動的な認知過程をより強調し，特定の情動状態の受動的な共有を意味する同情（sympathy）と区別した。母親が働くことについて，娘は感じる以上に理解しているのだろう。娘が家事を分担するので家庭内の仕事が軽減される母親は，将来，娘が結婚して家庭を築いたとき，家事や育児の支援要請に応ずることで娘の支援に報いるつもりなのだろう。このように，家庭内の仕事の分担をとおして，母娘のあいだには長期にわたって合理的な信頼関係が形成されると思われる。

　一方，息子は母親にどちらかといえば同情している。息子の場合，家事の分担を強要されることは娘に比べて少ないので，仕事を終え帰宅後に家事をする

母親の心情をただ共有するしかない。家事を分担せず実質的な支援をしない息子は，母親への依存をとおして信頼感をもつようになるだろう。息子，つまり，未来の父親は，家庭の内の仕事を母親または妻がするため，家庭生活の勢力（power）基盤を失いがちで，母親または妻に依存しなければならなくなる。日本の働く女性は，家庭の内外で仕事をすることによって，男性と共依存の関係を結び，男性を心理面で支配し統制しているのかもしれない。

　山田（1988）は，青年期の母子関係に関するこれまでの報告を展望して，父娘に比べて母娘は頻繁に接触し交渉が緊密なので，相互に傷つけ合うことも多いが信頼感や親密感も大きく，親子関係の修復が容易であると指摘した。親子間の信頼関係を成立させる要因のひとつに恩がある。吉田（1970）は，日本人の道徳意識を構成する要素として恩をあげ，多くの人が恩に基づく対人関係を肯定していると示唆した。吉田によると，恩を肯定する人がもっとも多くあげた対人関係例が親子である。恩を肯定視する人は，感謝，愛情，利害関係によらない人間の本質，義務によらないもの，主観的なもの，制度化されていないもの，世の中を明るく美しくする潤滑油的なものとして恩を考えているという。また，恩に基づく人間関係の必要性を認める主な理由は，give-and-take の相互関係によるとしている。家庭内の仕事の性別役割分業の深層を解明すると，日本の親子関係や夫婦関係の表層にみられる利他性（altruism）は，暗黙の報恩要求や，報恩に含まれると推察される拘束感や心理的債務感などと関係することが明らかになるかもしれない。

　ともあれ，表面上は父親がすべて取り仕切り，実際は母親が大黒柱になって，家族は集団として生活してきた。しかし，今日，家族観の変化は，家族の影響や社会・心理的機能の一般化を困難にしている（斉藤 1998）。家族の多様化と，女性が働くことへの息子や娘，つまり，次世代の父母の認知との関係性が主題になるだろう。そうした作業が日本人のキャリアの型を打ち壊す（Bailyn 1993）ためには必要だと思う。

第3章
大学に進学する選択

　日本では，保護する子女が15歳になるまで最長9年間の就学を保護者に義務化している。中学校卒業後の高等学校，大学等への進学は，青年の意思による。

　学校教育を学卒後の就業に向けた準備とするなら，意中の志望校の卒業証書が仕事の世界で有効であることが，進学の意思決定のひとつの要件になるだろう。しかし，多くの青年は，学卒後の見通しより眼前の入学試験の合格可能性で進路を選択しているのが実態といえよう。

　本章では，近年，大学進学率が上昇している女性について，学歴の社会的な効力や有効性の文脈にそって大学を卒業することの意味を考えてみたい。

1. 大学進学の経済的利得

　まず，大学進学の現状をみておこう。2015（平成27）年度の大学等進学者数は579,938人（男性278,850人，女性301,088人）で，前年度より16,670人増加している（文部科学省 2015）。このうち大学・短期大学の通信教育部へ進学した人を除いた進学者数は579,540人（男子278,682人，女子300,858人）で前年度より16,648人増えている。

　大学等進学率の年次推移をみると，2005（平成17）年度の47.3％が2015（平成27）年度には54.5％と，高卒者の2人に1人は大学に進学するようになった。なお，大学等進学者とは，大学の学部・通信教育部・別科，短期大学の本科・通信教育部・別科，高等学校・特別支援学校高等部の専攻科への進学者をさす。また，進学と同時に就職した人を含む。

大学の学部への進学率を男女別にみると、女性の場合、1972（昭和47）年の9.3％以降は10％台で推移し、1994（平成6）年に21.0％に達した（内閣府男女共同参画局 2015）。その後も増え続け、2014（平成26）年には47.0％と5割に達しようとしている。一方、男性は2014（平成26）年55.9％と、女性より10％ほど高くなっている。

　2014（平成26）年度の大学の学部への進学率は男性のほうが高いが、女性は全体の9.5％が短期大学の本科へ進学しているので、これを合わせると56.5％となって男性の55.9％をやや上回っている。このように、女性の大学等進学率は、長期的にみて上昇する傾向にある。その反面、短期大学への進学率は、1994（平成6）年の24.9％を境に2014（平成26）年の9.5％まで減少傾向にある。

　大学進学の動機のひとつは、高卒より大卒のほうが卒業後の経済的な利得が大きいことが考えられる。学歴別に年齢計の賃金をみると、男性の場合、大学・大学院卒402.5千円、高専・短大卒308.8千円、高校卒288.2千円、女性については、大学・大学院卒287.8千円、高専・短大卒252.5千円、高校卒207.7千円となっている（厚生労働省統計情報部 2016）。男性は、大学・大学院卒とその他の学歴とのあいだに約10万円以上の差がある。しかし、高専・短大卒と高校卒とはそれほど差はない。女性は、大学・大学院卒でも287.8千円であり、高専・短大卒の252.5千円と3万5千円ほどの差しかない。賃金だけに限ると、男性には大学・大学院卒とその他の学歴とのあいだに差があるが、女性のほうは学歴間の差はそれほどみられない。学歴別に男女を比較すると、男性より女性の賃金は低い。大学・大学院卒の場合、男性402.5千円に対して、女性は287.8千円と約10万円以上の差がある。

　男女の賃金格差は生涯賃金の差にも影響する。生涯賃金は、1人の労働者が生涯にわたって得る賃金の総額である。ここで、労働政策研究・研修機構（2015）が、賃金構造基本統計調査の年齢階級別の資料を使って推計した結果をみてみよう。この推計は、次の2つの類型別に平均的な生涯賃金を算出している。ひとつは、①学校を卒業して直ちに就職し、その後、60歳で退職する

までフルタイムの正社員を続ける職業生涯の場合である。転職は平均的にするが，転職の際，途中で職を離れ，失業あるいは非労働力化することはないと仮定する。60歳は，定年年齢としてもっとも多くの企業が採用している年齢なので設定された。なお，男性の場合，定年時に退職金を得て，その後，平均引退年齢までフルタイムの非正社員を続ける場合も計算されている。もうひとつは，②転職せず同じ企業に勤務し，60歳で退職するまでフルタイムの正社員で勤め続ける職業生涯である。これを同一企業型とする。

①の場合，60歳までの退職金を含めない男性の生涯賃金は，中学卒1億8,890万円，高校卒2億240万円，高専・短大卒2億870万円，大学・大学院卒2億6,140万円である。女性は中学卒1億3,340万円，高校卒1億4,340万円，高専・短大卒1億7,220万円，大学・大学院卒2億1,250万円となる。男性では，大学・大学院卒とその他の学歴とのあいだには約5,000万円以上の差がある。女性については，高校卒と高専・短大卒とのあいだに約3,000万円，高専・短大卒と大学・大学院卒とのあいだに約4,000万円の差がある。女性の場合，高校卒と高専・短大卒とのあいだに生涯賃金格差がみてとれる。また，転職する場合は同じ規模の企業に転職すると仮定して，企業規模別でみると，規模が大きくなるほど生涯賃金は多くなる。

次に，②の同一企業型の職業生涯についてみると，退職金を含めない60歳までの男性の生涯賃金は，高校卒2億4,610万円，高専・短大卒2億4,300万円，大学卒2億7,710万円になっている。女性は，高校卒1億8,240万円，高専・短大卒1億9,880万円，大学卒2億3,530万円となる。高学歴ほど就業年数は短くなるが賃金水準が高くなるため，結果として生涯賃金は多くなる。

企業規模別にみると，高校卒男性は1,000人以上規模で2億7,240万円，100～999人規模2億2,820万円，10～99人規模1億9,500万円，高専・短大卒男性は1,000人以上規模で2億7,900万円，100～999人規模2億2,430万円，10～99人規模2億710万円，大学卒男性は1,000人以上規模で3億590万円，100～999人規模2億4,820万円，10～99人規模2億1,500万円となっている。

一方,高校卒女性は1,000人以上規模で2億80万円,100〜999人規模1億7,360万円,10〜99人規模1億4,740万円,高専・短大卒女性は1,000人以上規模で2億2,060万円,100〜999人規模1億9,370万円,10〜99人規模1億7,150万円,大学卒女性は1,000人以上規模で2億5,240万円,100〜999人規模2億2,410万円,10〜99人規模1億8,950万円である。

規模が大きい企業ほど生涯賃金は男女とも多い。大学卒男性では,1,000人以上規模で3億590万円を手にするのに対して,10〜99人規模では2億1,500万円と約9,000万円の開きがある。大学卒女性では,1,000人以上規模2億5,240万円,10〜99人規模1億8,950万円となっていて約6,000万円の差がある。

また,企業規模によらず女性より男性の生涯賃金は多い。たとえば,1,000人以上規模の企業に勤める大学卒女性の生涯賃金2億5,240万円に対して,大学卒男性は3億590万円と約5,000万円以上の差がある。100〜999人規模の企業でも,大学卒女性2億2,410万円,大学卒男性2億4,820万円と約2,400万円の開きがある。同じ大学卒の学歴でも,生涯獲得賃金の総額には男女差がある。

次に,賃金構造基本統計調査の一般労働者と同義のフルタイムの労働者について,性,年齢,学歴などの属性や,産業,企業規模,地域による所定内給与額の違いを比較するため,年齢間賃金格差指数,産業間賃金格差指数をみてみよう(労働政策研究・研修機構 2015)。所定内給与額は,所定内給与に該当する給与額の合計である。所定内給与に該当する給与とは,毎月決まって支払われる現金給与のうち,超過労働給与に該当しない給与のことで,基本給(本俸),職務手当,精皆勤手当,家族手当,毎月支払われる通勤手当などをさす。

産業別に20〜24歳を100とした年齢間賃金格差指数をみると,全体では50〜54歳や55〜59歳の値が最も高い(労働政策研究・研修機構 2015, p.191)。電気・ガス・熱供給・水道業,情報通信業,金融・保険業などは50〜54歳,学術研究および専門・技術サービス業,教育および学習支援業などは55〜59歳に,それぞれ所定内給与額が20〜24歳の倍以上に増えている。年齢間賃金格差指数が50歳代に同じように高くなる傾向はみられるものの,20〜24歳の1.5〜

1.6倍程度の伸びになっているのが運輸・郵便業，宿泊業および飲食サービス業，生活関連サービス業および娯楽業である。産業によって賃金の昇給率は異なるが，全般に60歳までは昇給していく傾向がみられる。

次に，性別・学歴別に産業計を100とした産業間賃金格差指数をみておこう。学歴計の男性の場合，金融・保険業，教育および学習支援業などが高くなっている（労働政策研究・研修機構 2015, pp.192-193）。大学・大学院卒男性では，金融・保険業，教育および学習支援業，電気・ガス・熱供給・水道業などの所定内給与額が他の産業に比べて高い。学歴計の女性では，電気・ガス・熱供給・水道業，教育および学習支援業，情報通信業などが高い。大学・大学院卒女性をみると，教育および学習支援業，電気・ガス・熱供給・水道業，学術研究および専門・技術サービス業が高い値になっている。金融・保険業，教育・学習関連業，電気・ガス・熱供給・水道業などは，男女ともに高い賃金を受給している。高学歴女性のなかには，性別を問わず身につけた専門知識・技術を生かせる産業で高収入を得ている人がいるようである。

全般に就業後の学歴による収入差は，大学卒以上とその他とのあいだにみられ，男女の差異は50歳代を頂点に加齢とともに広がる傾向がある。収入に限ると，学歴は経済的な利得に影響するといえよう。少子化と大学進学率の上昇という現状から，一般に，有名大学や名門大学と社会的に評価されている大学の卒業証書は，大手企業や有名企業に入社するのに効力をもち，大手企業や有名企業で働くことが高収入をもたらすことになるといえるかもしれない。

2. 大学進学の費用

安定した高収入を期待できる大卒の学歴を手に入れるには，進学や在学に必要な学費や生活費などの費用がかかる。大学進学の費用はどのくらいかかるのだろうか。

大学進学に必要な費用のうち，標準的な費目として，入学費用，在学費用，

自宅外通学者にかかる費用がある（日本政策金融公庫総合研究所 2016）。2015（平成27）年4月に高等学校以上の学校に入学するのにかかった入学費用として，① 受験したすべての学校・学部にかかる受験料，受験のための交通費や宿泊費などの受験費用，② 入学金，寄付金，学校債など，入学時に学校に支払った学校納付金，③ 入学しなかった学校への納付金がある。また，2015（平成27）年4月から2016（平成28）年3月までの1年間に，小学校以上の学校に在学中の子どもにかかる在学費用の見込み額として，① 授業料，通学定期代，通学用の自動車の燃料費や維持費などの通学費，教科書・教材費，学用品の購入費，施設設備費などを含めた学校教育費，② 学習塾・家庭教師の月謝，通信教育費，参考書・問題集の購入費などの補習教育費に，おけいこごとにかかる費用などを加えた家庭教育費，さらに，自宅外通学者にかかる費用として，① 在学費用を除いた食費，住居・光熱費，保険衛生費，娯楽・嗜好費などの生活費としての年間の仕送り額，② アパートの敷金・礼金，家財道具の購入費などの自宅外通学を始めるための費用が含まれる。

日本政策金融公庫総合研究所（2016）がまとめた費目別の支出状況をみると，子ども1人あたりの入学費用は，高等学校が31.7万円，高専・専修・各種学校66.1万円，短大70.5万円，大学102.6万円となっている。私立大学の入学費用は，理系106.0万円，文系106.7万円，国公立大学の入学費用は81.9万円である。国公立大学へ入学した場合，入学しなかった私立大学等への納付金11.2万円を負担することになる。

子ども1人あたり1年間の在学費用は，高校66.9万円，高専・専修・各種学校125.6万円，短大132.9万円，大学141.1万円である。私立大学の1年間の在学費用は，理系178.0万円，文系142.2万円であり，国公立大学の理系93.9万円の約1.9倍，文系は約1.5倍である。

2015（平成27）年度の高校入学から大学卒業までの入学・在学費用を累計すると，子ども1人あたりの費用は，高校3年間で232.4万円となる。大学に入学した場合はさらに667.0万円かかることになり，高校入学から大学卒業まで

に必要な入在学費用は899.4万円で，前年度より約20.0万円増加している。また，高卒後，私立大学に入学した場合の累計金額は，文系907.9万円，理系1,050.4万円，国公立大学に進学した場合は689.9万円である。

　在学費用，つまり，子ども全員にかかる費用の世帯年収に占める比率は，平均17.8％となっている。全体のなかでは，負担比率10％以上20％未満が32.7％ともっとも多い。年収階層別にみると，年収が低い世帯ほど在学費用の負担は重くなる。特に，年収200万円以上400万円未満の層では平均負担比率が36.8％を占めている。

　また，子どもが実家を離れて進学する自宅外通学者がいる世帯の比率は，全体の30.3％である。1世帯あたりの自宅外通学者数は平均0.35人であり，その数は地方に多く，都市では少ない。自宅外通学者への仕送り額は，月額平均約10.4万円，年間平均124.9万円となっている。また，アパートの敷金・礼金や家財道具の購入費など，新たに自宅外通学するためにかかる費用は，入学者1人あたり平均45.0万円である。入学費用と自宅外通学の準備費用の合計は，入学者1人あたり平均141.1万円となり，100万円未満（40.2％）がもっとも多く，次いで100万円以上150万円未満（24.4％）となっている。

　必要な教育費を確保するため，教育費以外の支出を削減・節約している世帯が29.9％でもっとも多く，次いで，預貯金や保険などの取り崩し（27.9％），奨学金の受給（22.0％）となっている。節約している支出としては，旅行・レジャー費（61.6％）がもっとも多く，以下は外食費（59.3％），衣類の購入費（44.9％）である。2015年度は前年度と比べて，奨学金を受けている，子どもがアルバイトをしているという回答が増え，バッグやアクセサリーなどの身の回り品や装飾品の購入費，保護者の小遣いという回答が減少している。

　子どもの在学先別に親の年収構成比をみると，私立高校，国公立大学，私立大学に在学している子どもの場合，世帯年収800万円以上の割合が過半以上となっている。平均世帯年収を比べると，高校では国公立と私立で309.3万円の差があり，高等教育機関では，短大（679.2万円）と私立大学（902.1万円）との

222.9万円の差が最大である。

　2015（平成27）年度の教育費のために節約している支出を世帯年収別に前年度と比べてみると，年収200万円以上400万円未満世帯の外食費を除く食費（49.6％），外食費（64.3％），衣類の購入費（61.5％）の伸びが目立ち，他の年収層と比較してもっとも大きくなっている。年収800万円以上世帯は，バッグやアクセサリーなどの身の回り品や装飾品の購入費（29.9％），保護者の習いごとや趣味などにかかる教養娯楽費（12.5％）を節約していると回答した比率が，他の年収層と比較してもっとも大きくなっている。

　大学進学の経済的利得は，このような費用をかけて得られる。大卒生涯賃金から大学進学にかかった費用を差引いた残金が，大卒学歴の大まかな経済的利得になる。一定の大卒生涯賃金を仮定した場合，経済的な利得は大学進学の費用を少なくすることで増大する。それは高水準の世帯収入と子どもの高い学力が，家計に占める進学費用の割合を小さくすることで実現できるだろう。子どもの学力を高めるには学校外の補習教育費も必要だろう。子どもの学力の個人差は，大卒学歴の経済的利得の差に影響するかもしれない。

　ともあれ，教育費や生活費などを支払って得た大学の卒業証書は，得られる収入が他の学歴より多いことを保障してくれる。大卒の学歴は，大学教育によって身につけた知識や技術を，高卒の学歴に付加した教育資格の証明書である。ベッカー（Becker 1993）は，生産活動の資本を土地や機械設備などの物的資本ばかりでなく人の知識や技術や能力を内容とする人的資本（human capital）にも着目し，人的資本を増大させるための教育投資（investment in education）の重要性を指摘した。大学は人的資本を蓄積する手段であり，大卒者は蓄積された人的資本の違いから，高卒者以上の資本価値があり，より高い生産性を期待できると想定され，高卒者より高い賃金を得ている。そのため，大卒のほうが高卒より賃金が高いという学歴による賃金格差は，大学進学を動機づけるといえよう。大学教育は人的資本を蓄積させるから，大卒者の生産性は高卒者より高いと一般に思われている。

しかし，大学で学んだことが直ちに仕事に役立つわけではない。多くの日本企業は，新規学卒者を入社後に企業内教育して，潜在能力を開発し育成していくという方針なので，新入社員は人的資源の素材として可能性が開花することを期待される（武田 2010a）。つまり，大学の卒業証書は，彼らが大学で学んだ知識や技術を証明するというより，彼らの潜在的な可能性を示すひとつの目安にすぎないといえるだろう。そのため，一般に，大学に入学するより卒業するほうが易しいから，入学後の学生の勉学への動機づけは低い。

　愛知県内の私立大学生を対象にした質問紙調査（$n=100$）の資料を使って，授業態度をG-P分析し高得点群（$n=15$）と低得点群（$n=16$）とに区分して，大学で学ぶ目的について両群を比較したところ，高得点群は，新しいことを知りたいという気持ちから（86.7%），学んだことを将来の仕事に生かしたいから（73.3%）などを学ぶ目的にしている学生が多かった（佐藤 2016）。一方，低得点群は，一般常識を身につけたいから（50.0%），単位をもらい四大卒という学歴が欲しいから（31.3%）などを学ぶ目的とする回答が上位を占めた。大学に在学している目的についても，高得点群は，専門的な学習や研究がしたいからという回答が多い（60.0%）のに対して，低得点群は，四大卒の学歴が欲しいから（31.3%），社会に出るまでの時間が欲しいから（31.3%）などと回答している。授業態度の得点が低い学生は，専門知識よりは一般常識を習得することに関心があり，四年制大学の卒業証書そのものに価値を認めているようである。

　また，大学の授業料が気になることがあると答えた学生と，授業料が気になることはないと答えた学生の授業態度の得点の平均値を比較した結果，前者のほうが有意に高かった（佐藤 2016）。授業態度が高得点の学生は，大学教育への投資効果を気にしているのかもしれない。四大卒の学歴を手に入れるだけでなく，新しいことを知りたいという気持ちが強い学生にとって，学歴目当ての学生といっしょに学ぶ環境は快適ではないだろう。そうした日本の大学の現状を避けて米国の大学や大学院に進学する学生もいる（武田 2016）。

3. 学歴の有効性

　大学の卒業証書には，卒業年月日，学校名，修了した教育課程が記載されている。卒業証書，つまり，獲得した学歴は，学校の世界から仕事の世界へ移行するときに使われる証明書である。天野（1983）は，教育資格である学歴が，職業資格あるいはその代理として求職者の選抜採用に使われるところに学歴主義（credentialism）が成立すると指摘した。教育資格が職業資格と結びついて代用される前提に，当該職業が必要とする知識や技術を一定期間の系統的な教育によって身につけたことを証明する卒業証書への社会的な信用がある。

　教育資格を職業資格として使うようになったのは，官僚の任用試験が制度化された明治時代とされる（天野 1983）が，その後，他の産業の多くの職業にも適用されていった。こうして学歴は，職業や収入や社会的地位など，生活の基盤を形成する構成要素に影響し，それらによって定まる全体社会の特定の位置に個人を移動させる。全体社会は，さまざまな職業という糸によって織られた織物のようであり，社会生活をある視点から見ると，それがそのまま職業生活になる（尾高 1953, pp.1-2）。学歴は，巨大な織物に織り込む1本の糸となって社会を構成するように，個人の進路を方向づけるといえよう。

　このような学歴の作用は，全体社会の秩序を形成し維持するために機能する。天野（1992）によると，士農工商の身分制度が廃止された明治維新のとき，欧州諸国のような中産階級が社会的な実体として存在しなかった日本に，中産階級を前提とした欧州の中等教育体制を導入したため，中等教育体制だけでなく本来その体制の受益者であるはずの当時は未だ形成されていなかった中産階級を日本国内に新たに創出しなければならなくなった。こうして進められた教育の近代化，つまり，欧州化は，中産階級に共通する日本固有の文化や教養を欠いた中等教育を創りあげた。そこでは，知識の詰め込みを教育の中心にすえ，教育全体を理想の教養像に基づいて考えてみるようなことはなかったという。

　明治維新まで社会の支配階級だった武士は，維新後も藩閥による情実人事で

官僚になり，それまでと実質的に変わらない勢力を行使した（天野 1992）。そうした状況を改革するため，官吏養成所として帝国大学が創設され，誰でも帝国大学の卒業証書をもてば支配階級になれると，学歴の効用を明示した。こうして学歴による官僚の任用制度はしだいに確立され，学歴主義の社会制度化につながっていった。

　学歴主義は，業績を評価したり，地位や役割を配分したりする際，学歴を過度に重視する傾向を意味する。労働市場で職業的地位を決めるとき，学歴主義の影響があらわれる。一般に，低学歴者より高学歴者は，社会的威信の高い職業や高収入の職業に就くとされる。

　帝国大学の卒業証書は，庶民が支配階級へ社会移動するための財本になると広報され，明治初年に学校教育は奨励されたが，学校で教育を受けようとする人が実際に増え始めるのは，中等教育が1897～1906年（明治30年代）の終わり，高等教育は大正期の後半からである（天野 1992）。豊かな家産や安定した家業を営む富裕な平民層は日常に満足していたから，卒業証書を手に入れるため特に学問する必要はなかったと，天野は指摘する。

　ところが，学歴の有効性は，1873（明治6）年に制定された徴兵制に影響された（天野 1992）。当時の徴兵制は，徴兵の猶予や免除の特権を定めていた。その対象となったのは，中等以上の教育を受けた人であり，学歴が徴兵猶予・免除を保証する特典とされた。学歴を得るには，学費や教育費，地方出身者が中央の帝国大学で学ぶための生活費など，家計の経済力が必要だった。富裕な平民層は，兵役をなるべく短く済ませ，より高い地位に就いて兵役を終えるために，中等以上の学歴を獲得しようとした。こうして，中等教育以上の学歴は，立身出世の財本であり社会的威信の保証として有効性をもつようになった。明治維新以降に確立された学歴の有効性は，今日でも新規学卒者が労働市場に参入するときに活用され，個人の生涯キャリアの形成・発達を基本的に左右するといえよう。また，そうした大学卒の学歴を求めて進学や在学の費用を捻出する家計の実情もあまり変わりはないように思える。

明治維新の学校教育の制度化は，士農工商の身分制度に代わる新たな社会秩序の形成に影響したと考えられるが，それは男性にとっての変革だった。旧民法は，女性の社会的な地位を男性と平等に定めていなかったから，男性が立身出世のため，中等以上の教育を望んだのに対して，女性は男性ほど教育や学歴を求めなかった。

　それでも，1900（明治33）年に女子英学塾（現在の津田塾大学）を設立した津田梅子や，女性実業家として活躍しながら，幼少期に学問を禁じられた自身の体験から，女子教育を確立するために尽力し，1901（明治34）年の日本女子大学校（現在の日本女子大学）の設立にも貢献した広岡浅子のような女性もいた。しかし，彼女たちが自由な意思で進学したり事業を運営したりできたのは，女子教育に関心をもつ親や経済力があるイエに生まれ育つなど，彼女らの自由意思に寛容な生活環境に恵まれていたからといえよう。

　女性の学歴をめぐる実情は，学歴に関する認識の世代差はみられるものの，今でもあまり変わっていないと思われる。男性主体の社会通念や社会規範に取り囲まれている女性が，自身の望むようなキャリアを成功させることに学歴は影響する（Watson & McMahon 2012）。学歴は，学卒者が労働市場に参入する際，求人企業が人的資源を選抜するための評価基準，採用後の配属先や職場での仕事，仕事の実績を評価された証としての昇進・昇格など，組織内キャリア発達初期の経路を規定する要因のひとつである（武田 2010a）。

4. 高卒と大卒のキャリア

　ここまで，大学進学にまつわる学歴の有効性について論議した。そこで，高卒者と大卒者とを比較しながら，教育投資の成果の差異をみてみよう。従来，職業生活の基盤形成のために試行錯誤する若年者の不安や迷いは，克服すべき発達課題と考えられてきた（武田 1993）。就学段階で形成する働く自己像は，仕事の原体験に基づかない想像の産物だから，それに準拠し将来に向けた進路

を選択する行為に不安や迷いはつきものである。

　仕事の世界へ移行する前の準備期間は，移行した後の職業歴を形成する基盤とされる学歴として，個人史全体の重要な位置づけになる。青年後期から成人前期にかけて，家族や家庭の環境が，青年のキャリア選択に少なからず影響する。日本では，最近，経済的要因が高校生の進学希望を規定するような傾向がみられ（尾嶋 2002），親の所得によって子の大学教育機会が制限されているという報告もある（近藤 2005）。

　そこで，キャリア発達初期の職業生活意識について，大卒者と高卒者との差異をみていこう。大卒者については，入社前に想像した仕事や会社の心像と入社後の現実との落差が離職を考えさせるひとつの要因であること（武田 2008b）や，採用選考の過程では，面接の偶然性が採否に影響すること（武田 2010a）が明らかになった。また，同じ大学卒の学歴でも，キャリア形成・発達には男女の違いがあることも論議された（武田 2015c）。

　ここで検討する調査資料は，2005（平成 17）年に収集された（武田 2015c）。原調査は，東海地域の高等学校を卒業し，就職や進学などの進路選択を経て，調査実施時に就業していた 18～39 歳の男女 285 人を対象に質問紙法で行った。

　分析対象の基本属性として，性別は男性 114 人（50.9％），女性 110 人（49.1％），年齢は 18～39 歳，平均年齢 25.33 歳（$SD=4.32$），出生順位は第一子 133 人（59.4％），非第一子 91 人（40.6％），婚姻状態は既婚者 52 人（23.2％），未婚者 172 人（76.8％），最終学歴は高校中退 7 人（3.1％），高校卒 81 人（36.2％），大学中退 5 人（3.1％），短大卒 14 人（6.3％），大学卒 89 人（39.7％），大学院修了 4 人（1.8％），専門学校・専修学校などその他 24 人（10.7％），就業状態は常用雇用者 129 人（57.6％），臨時雇用者・パート 31 人（13.8％），アルバイト・フリーター 55 人（24.6％），自営業・家族従業者（農林漁業を含む）6 人（2.7％），その他 3 人（1.3％）である。また，勤め先の主な業種はサービス業 121 人（54.0％），従業員数は 10～100 人未満 86 人（38.4％），平均勤続月数は 33.01 ヵ月（$SD=36.59$），所属部門は営業・販売 92 人（41.1％），職位は一般職 191 人（85.3％）

である。

　この資料を使って，① 高卒者（$n=81$）と大卒者（$n=89$）の職業生活意識の差異を明らかにし，② 離職の考えに影響する要因を手がかりに，生涯発達初期のキャリア形成にともなう職業生活の基盤づくりをめぐる若年者の試行錯誤の実情をみていこう。

　まず，職業生活に関する高卒者と大卒者の意識を比較した結果，表3-1のような有意差がみられた。高卒者は，仕事そのもの，仕事の男女差，会社や仕事の拘束感について肯定しているが，家計収入や生活の主観的水準，人生満足感は大卒者のほうが高い。また，会社の評価は年功主義と考えているのは大卒者のほうで，子どもの将来の学歴形成，つまり，子どもを大学に進学させたいという思いについても高卒者より大卒者の平均値は高い。

　勤続月数が相対的に長く，キャリアを大卒者より先行形成している高卒者は，仕事については余裕があるのかもしれない。しかし，中核人材としてこれから徐々に育成されていく大卒者には，生活や人生の余裕が感じられる。

表 3-1　高卒者と大卒者の職業生活意識の差異

	高卒者($n=81$)		大卒者($n=89$)	
	M	SD	M	SD
現在の勤め先の勤続月数	40.72	49.68	27.96	22.32*
仕事能力の発揮	2.43	1.23	2.07	1.22†
仕事が楽しい	2.80	1.03	2.47	1.12*
得意な仕事がある	2.89	0.99	2.43	1.28**
会社の評価制度	1.58	1.44	1.94	1.34†
処遇の男女差	1.63	1.26	2.00	1.26†
仕事内容の男女差	1.67	1.23	2.22	1.28**
昇進・昇格の男女差	1.46	1.27	1.89	1.34*
子どもの教育への関心	2.98	1.35	3.43	0.78**
子どもの大学進学	1.60	1.70	2.97	1.47***
会社や仕事の拘束感	1.90	1.28	2.45	1.07**
家計収入の主観的水準	1.96	1.12	2.31	1.22†
生活の主観的水準	2.10	1.10	2.57	1.19**
人生満足感	2.56	1.17	2.89	1.03†

†$p<0.10$，*$p<0.05$，**$p<0.01$，***$p<0.001$

次に，学歴に性別を加え独立変数とし，職業生活意識を従属変数として二元配置分散分析した結果，休日の保障，仕事に見合った給料，育児休暇の取得希望，配偶者による育児休暇の取得希望，入社後の睡眠時間に性別の主効果がみられ，いずれも男性のほうが高得点だった。また，仕事内容の男女差，子どもの大学進学，得意な仕事，生活の主観的水準には学歴の主効果が有意であり，大卒者の得点のほうが高かった。

さらに，現在の勤め先の勤続月数（高卒男性 $n=41$，$M=58.56$，$SD=62.30$；高卒女性 $n=40$，$M=24.35$，$SD=20.10$；大卒男性 $n=52$，$M=32.23$，$SD=24.35$；大卒女性 $n=37$，$M=21.95$，$SD=17.72$，$F(1,166)=5.457$，$p<0.05$），仕事や会社の拘束感（高卒男性 $M=2.41$，$SD=1.30$；高卒女性 $M=1.38$，$SD=1.03$；大卒男性 $M=2.46$，$SD=1.08$；大卒女性 $M=2.43$，$SD=1.07$，$F(1,166)=8.466$，$p<0.01$），給料の満足感（高卒男性 $M=1.61$，$SD=1.00$；高卒女性 $M=2.35$，$SD=1.08$；大卒男性 $M=2.31$，$SD=1.06$；大卒女性 $M=2.05$，$SD=0.97$，$F(1,166)=9.750$，$p<0.01$）に有意な交互作用がみられた。

現在の勤め先での勤続月数は，学歴によらず男性に比べて女性のほうが短い。特に高卒女性の勤続月数は短く，原

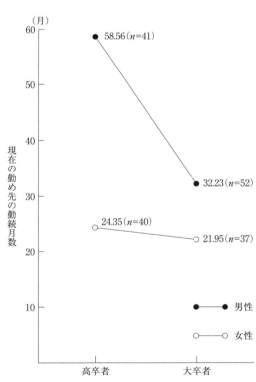

図3-1　現在の勤め先の勤続月数への学歴と性別の交互作用

調査は，調査を実施したときに就業している人を対象にしていることから，高卒後に就職した最初の職場を離転職し，その後に非正規雇用され働いている女性が多いと推察される（図3-1）。

それは，仕事や会社の拘束感が低いという高卒女性の認知とも関係していると思われる（図3-2）。高卒男性や大卒男女は，仕事や会社に拘束されているように感じているのに対して，高卒女性のそのような拘束感は低い。与えられる仕事量や責任の軽重などで，高卒女性は他の3群より負荷が少ないのかもしれない。高卒女性については，あまり長期間の教育訓練を必要としないような技能要求水準が高くない仕事が割り当てられるので，比較的に短い就業期間を経た後，早期離職した女性従業員の欠員を補充するため，新卒者を採用するという新卒者雇用の短期循環が成立していると思われる。

高卒者の場合，給料の満足感は男性が低いのに女性は高く，女性は仕事と報酬との正の不公平感を認知しているようである（図3-3）。一方，大卒男女に給料の満足感の差異はみられない。それは，キャリア初期では，仕事の負荷が男女であまり違いがないことを示しているのかもしれない。つまり，女性に男性と同じような働きを求めているとも考えられ，そうした画一的な処遇が，たとえば，結婚や出産など，とりわけ女性に多くのことを考えさせる仕事と家庭との調和の問題に発展するだろう。

最後に，離職の考えを基準変数として，ダミー変数化した学歴と性別も含め，すべて

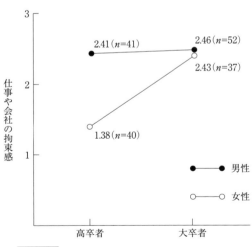

図3-2　仕事や会社の拘束感への学歴と性別の交互作用

の変数を相関分析したところ，年齢，給料の満足感，評価制度の満足感，上司との関係，仕事の誇り，入社前に想像したとおりの職場，仕事が楽しい，働きやすい職場，職場ではいきいきしている，会社の評価制度，処遇の男女差，現在と将来の生活への不安，仕事や会社の拘束感と離職の考えとの各相関がいずれも有意だった。

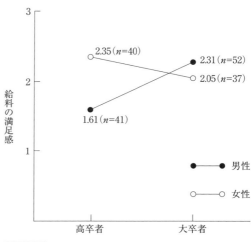

図 3-3 給料の満足感への学歴と性別の交互作用

表 3-2 離職の考えを従属変数とする段階的重回帰分析

(n=170)

	独立変数	β	t	R	R^2	R^2 変化量	F 変化量	F
段階1	給料に満足している	-0.236	-3.145**	0.236	0.056	0.056	9.891**	9.891**
段階2	給料に満足している	-0.231	-3.137**	0.313	0.098	0.042	7.839**	9.067***
	会社の評価制度	0.206	2.800**					
段階3	給料に満足している	-0.222	-3.068**	0.369	0.136	0.038	7.325**	8.715***
	会社の評価制度	0.199	2.750**					
	現在の生活への不安	0.196	2.706**					
段階4	給料に満足している	-0.209	-2.925**	0.403	0.163	0.026	5.208*	8.004***
	会社の評価制度	0.205	2.873**					
	現在の生活への不安	0.183	2.550*					
	職場ではいきいきしている	-0.164	-2.282*					
段階5	給料に満足している	-0.191	-2.670**	0.428	0.183	0.021	4.207*	7.369***
	会社の評価制度	0.202	2.861**					
	現在の生活への不安	0.173	2.432*					
	職場ではいきいきしている	-0.151	-2.111*					
	年齢	-0.147	-2.051*					
段階6	給料に満足している	-0.177	-2.490*	0.455	0.207	0.023	4.821*	7.087***
	会社の評価制度	0.151	2.055*					
	現在の生活への不安	0.183	2.597*					
	職場ではいきいきしている	-0.136	-1.927†					
	年齢	-0.179	-2.477*					
	処遇の男女差	0.165	2.196*					

†$p < 0.10$, *$p < 0.05$, **$p < 0.01$, ***$p < 0.001$

このうち，仕事が楽しい，働きやすい職場，将来の生活への不安は，他のいくつかの変数と高い相関係数値を示したので除外し，残りを独立変数，離職の考えを従属変数として段階的重回帰分析した結果，6つの独立変数によるモデルが得られた（表3-2）。高年齢ほど離職の考えが薄れること以外に，現在の生活への不安や給料に満足していないことが離職を誘発させるようである。また，会社の評価が年功主義の場合や，職場でいきいきしていると感じられないときも離職を意識する傾向がみられる。そして，離職を促すこれらの要因は，学歴や性別を問わず作用するようである。

　キャリア発達初期にあたる20〜30歳代の職業生活は，一般に，満足できない給料で，生活に不安を覚えながら働いていると要約できるだろう。

第4章
仕事に就く選択

　1985（昭和60）年に公布された男女雇用機会均等法は，その後，一部が改正され運用されている。2015（平成27）年には，女性の職業生活における活躍推進に関する法律が制定され，2016（平成28）年4月1日から施行された。女性の就業環境は整備されている。

　大学を卒業した女性は，大卒者にふさわしい仕事の機会を期待するだろう。成人前期の子の自立は，親の子離れ・子の親離れのような精神面（岡田 2012, 2014）に加え，独力で生活できる収入を得る機会を獲得するという経済面の発達課題でもある（武田 1993, 2010a）。

　本章では，学卒者の採用選考を文脈に，高学歴女性のキャリア選択の実情をみてみよう。

1. 雇用の性差別の改善

　近年，少子化にともなう労働力人口の減少は，高齢者と女性に就業を期待する機運を高めている。女性の雇用状況は男性と異なる様相を呈しているが，そうした実情は雇用に関する法律の整備にもあらわれている。雇用をめぐる男女の差異を改正する取り組みの基底には，国民は，法の下に平等で，性別により政治的，経済的，社会的関係において差別されないという日本国憲法第14条の精神がある。

　1972（昭和47）年に施行された勤労婦人福祉法を原案として，1985（昭和60）年に，雇用の分野における男女の均等な機会及び待遇の確保等女子労働者

の福祉の増進に関する法律と改正されたのが男女雇用機会均等法である。この法律が制定された背景には，1975（昭和50）年に開催された国際婦人年世界会議で，国際婦人年の目標達成に向けた行動指針を与える世界行動計画と，1979（昭和54）年の国連総会で女性差別撤廃条約が採択され，日本も同条約を批准するため，雇用の男女平等を社会的に実現することが求められていたという経緯がある。それまで，雇用の性差別に関する法律は，労働基準法第4条に，使用者は，労働者が女性であることを理由として，賃金について，男性と差別的取扱いをしてはならないと定められた男女同一賃金の原則しかなかったが，男女雇用機会均等法は，募集・採用，配置，昇進，教育訓練，解雇，定年，退職など，キャリア形成のすべての段階で性差別の規制を明文化した初めての法律だった。しかし，同法は，キャリア形成・発達に影響する募集・採用，配置，昇進の機会均等を企業の努力義務とし，法的拘束力をともなう規制として制定されていなかった。

　1997（平成9）年，男女雇用機会均等法は一部が改正されて，募集・採用，配置，昇進の均等機会が努力義務規定から禁止規定に改められ，法的拘束力をともなう規制ができるようになった。また，職場での性的嫌がらせ（sexual harassment）への配慮義務が定められ，教育訓練の適用範囲が職場外訓練（off the job training：Off-JT）ばかりでなく職場内訓練（on the job training：OJT）にまで拡大された。

　そして，2006（平成18）年に改正された現行法は，女性差別禁止から性差別禁止への転換が眼目だった。それまでは，女性差別を撤廃し男性と同一基準を設定することが目標だったが，現行法は男女平等の基準をどのように考えるかという本質的な問題を抱えている。

　また，現行法に間接差別が導入されたことも重要である。男女雇用機会均等政策研究会の報告書によると，「一般的に，間接差別とは，外見上は性中立的な規定，基準，慣行など（以下「基準等」という）が，他の性の構成員と比較して，一方の性の構成員に相当程度の不利益を与え，しかもその基準等が職務

と関連性がないなど，合理性・正当性が認められないものをさす」（厚生労働省雇用均等・児童家庭局 2004）。この場合，表面上は男女間で異なる取り扱いをしているといえないが，差別意図の有無にかかわらず実際には女性が不利となる制度や運用があり，現行の規制では対応が困難な実情を考慮している。

間接差別例として，① 募集・採用の際，一定の身長，体重，体力を要件とした場合，② 総合職の募集・採用の際，全国転勤を要件とした場合，③ 募集・採用の際，一定の学歴・学部を要件とした場合，④ 昇進の際，転居をともなう転勤経験を要件とした場合，⑤ 福利厚生の適用や家族手当などの支給の際，住民票上の世帯主（または，主たる生計維持者，被扶養者を有すること）を要件とした場合，⑥ 処遇の決定の際，正社員を有利に扱った場合，⑦ 福利厚生の適用や家族手当等の支給の際，パートタイム労働者を除外した場合，女性の人数や割合が男性に比べ相当程度少ないことがある。

さらに，妊娠や出産などに関する事由を拡大し，それを理由とする不利益な取り扱いが禁止された。これまでは，妊娠・出産・産前産後休業の取得を理由とする解雇の禁止に限定されていたが，現行法は，出産等による休業理由を広く認め，解雇だけでなくその他の不利益な取り扱いも禁止した。不利益な取り扱いには，① 解雇，② 有期契約の更新拒否，③ 契約更新回数の引き下げ，④ 労働契約内容の変更の強要，⑤ 降格，⑥ 就業環境を害すること，⑦ 不利益な自宅待機命令，⑧ 減給や賞与等における不利益な算定，⑨ 不利益な人事考課，⑩ 不利益な配置の変更，⑪ 派遣労働者に対する派遣先による役務提供拒否が含まれる。

その他には，積極的改善措置（positive action）の効果的推進方策が明記された。

こうした性差別のない雇用環境づくりを進める一方で，女性が自らの意思で職業生活を営み，個性と能力を発揮してキャリアを形成・発達できるように，女性の職業生活における活躍の推進に関する法律が，10年間の時限立法として 2015（平成 27）年 8 月に成立し，翌 2016（平成 28）年 4 月に施行された。この女性活躍推進法は，① 女性の積極採用，② 配置，育成，教育訓練，③ 継

続就業，④長時間労働是正など，働き方の改革，⑤女性の積極登用・評価，⑥雇用形態や職種の転換（たとえば，非正規雇用から正規雇用へ，一般職から総合職へ等），⑦女性の再雇用や中途採用，⑧性別役割分担意識の見直しなど，職場風土の改革に関する効果的な取り組みの行動計画策定指針を，国や地方公共団体が事業主に対して告示し，これを受けて事業主は，行動計画を策定し都道府県労働局雇用均等室に届け出ることが定められた。ただし，行動計画の策定は，従業員数301人以上の企業については義務づけられるが，300人以下の企業は努力義務とされた。

　事業主は，①自社の女性の活躍状況について，女性採用比率，勤続年数男女差，労働時間の状況，女性管理職比率を把握し課題を検討して，②①に基づく状況把握および課題分析の結果から，計画期間，数値目標，取り組み内容，取り組みの実施時期を必ず記載し，取り組みの実施と目標達成を努力義務とする事業主行動計画を策定し，都道府県労働局雇用均等室に届け出て，同時に，自社の従業員に周知し社外に公表し，③女性の職業選択に資するように，女性の活躍に関する厚生労働省令で定めた情報のうち，事業主が適切と考えるひとつ以上の項目を選んで公表しなければならない。

　このように，女性が職業を選択するときの雇用機会が，男性と均等に提供されるように法律を整備する作業は続いている。

2. 希望業種の変化

　新規学卒者の採用は，大手企業が集まっている中央と大半が地元の中小企業から成る地方とでは実情が異なる。中央の大学に進学した地方出身者は，そこで仕事を見つけようとする人が多い。一方，地元の大学に進学した青年は地元企業に就職する傾向がみられる。全日本企業の9割以上は中小企業で占められている（中小企業庁事業環境部企画課調査室 2013）ため，求職先は中小求人企業が鍵を握っているといえよう。

ここでは，愛知県内の私立大学の文科系学部を 2010（平成 22）年 3 月，2009（平成 21）年 3 月にそれぞれ卒業した a と b が，岐阜県と静岡県に本社がある地元企業に採用され，新入社員研修を経て最初の職場に配属されるまでに経験したことを紹介する（武田 2015a）。これは，仕事の世界に参入した大卒女性の目をとおして，仕事内容や仕事の仕方など，職場集団・組織の現実を知ることと，研修をはじめさまざまな機会に職場の人たちと交わって，上司や先輩が保持する社内人脈の末端に位置づけられ，いっしょに働く新たな体制を共同で構築することを，当事者の内から間接的に観察した結果である。

　もともと食品製造業か JR を希望していた a は，3 年生の 1 月頃からエントリー・シートを送っていたが，2 月に学内で開催された会社説明会に出席し，OB・OG 懇談会で，衣料製造業で働いている所属ゼミの先輩と出会って，いろいろと話を聞くうち，しだいに「自分自身が売った服が世の中に広まることに関心をもつようになった」。一方，食品製造業の会社説明会にも何社か出席したが，「良いことばかりの話で，つまらなかった。食品製造業への興味が薄れていった。衣料には夢が感じられた」。

　3 月に，衣料製造業の A 社説明会に出席し，第 1 次試験の集団討論を受験する予約をした。集団討論は，男女 5 人ずつ 10 人の志望学生が，最初に司会を決め，「公務員希望者の増加など，学生の安定志向」について 30 分間くらい話し合った。最後に，司会者が討論した内容をまとめ 10 分間ほど報告して終わった。

　第 1 次試験の合格通知が届いた後，4 月初旬に人事担当者 1 人から個人面接を受けた。20〜30 分間の面接では，志望動機や他に受験している企業などを尋ねられたが，大半は雑談のような受け答えのなかで，人事担当者は，a が「どこでタメ口になるか，（最後まで）礼儀正しいか，挨拶をきちんとできるかなど，どのような（a の）ボロが出るかを観ているような気がした。（a の）取り繕わない素顔を確認しているようだった」。

　人事担当者の面接試験に合格し，4 月中旬に部長 1 人の個人面接を受けた。

A社のどこが良いのか，どうしてA社を志望するのか，最近（aが在学中にやっていた）剣道はやっているかなど，最初の面接試験と同様に，雑談のなかで突拍子もない質問に柔軟に答えられるかを観られたようである。

　部長の面接試験に合格した後，最後に，社長と役員と人事担当者4～5人の面接試験を5月に受けた。社長は創業者の息子で，A社の社長に就任するまでは大手都市銀行に勤めていた。社長は，学生時代にやっていたこと，志望動機，希望部署などを質問した。最終面接試験の合格通知は，5月中旬，面接1週間後に届いた。

　aは，5月連休明けに，同じ業界の他社からも営業職として採用内々定されていた。どちらかで迷っていたaは，その他社の人事担当者から，「社長の方針を聞いて考えるように」と助言され，社長がaに「将来，中国で子供服を売るという考えで，営業の仕事をしてもらう」と言ったことから，「（中国に短期留学し，中国語を学んだ経験もあるので）中国はまた行ってみたいけれど，子供服はやりたくなかった」ので，A社を選んだという。

　4年生の9月に，営業職の採用内々定者の懇談会が本社で行われた。卒論の内容や最近の生活について話し合ったが，人事担当者はすぐに退席した。その後，近くのホテルで社長や役員も出席し夕食会が開かれた。2010（平成22）年1月に，2回目の採用内定者懇談会に出席したが，そのときは事業部長によるA社の事業内容の説明を聞いた。

　4年生の9月以降，入社前研修として，毎週2～3回くらい『日経MJ』が送られ，読後の理解度をみるため，四択記号式の50問の試験を11月頃と年明け1月頃に受けた。試験の成績は，一人ひとりの順位をつけて発表された。その他，A社は衣料製造業なので繊維に関する知識を深めるための文献をはじめマナーや社会常識について書かれた本を読んだり，漢字の書き取りの実習をしたりした。漢字の書き取りは，平仮名から始まって順に片仮名，一般的な名字，手紙の書き方，筆ペンの使い方まで，実際に紙面を書きなぞりながら進めていく実習だった。

そして，4月1日，本社で入社式が行われた。2010（平成22）年4月に，A社に採用された新規学卒者は，デザイナー6人，物流2人，営業として東京支店1人，岐阜本社4人だった。aは，希望どおり岐阜本社の営業職に配属された。デザイナーは，専門学校を卒業した女性で，同年2～3月からアルバイトとしてすでにA社で働いていた。物流は，出荷や中国の工場からの納品などの状況をパソコンで管理する仕事で，高卒男性が配属された。営業は，全員が大卒だった。

　入社後の1週間は，職場外訓練だった。まず，各事業部別に事業内容の説明を40～50分くらい聞く座学研修を2日にわたって受けた。次に，営業とは何か，企画はどのような仕事をするかなど，部門間の関連性についての講習を2日間受講した。最後に，物流センターや本社内などを見学して研修は終わった。研修終了後，研修内容をA4判2枚の文書にまとめた。併せて，仕事と私生活の側面について，3年後，5年後，10年後にA社で働いている自身がどうなっているかを想像して自由に記述した文書も提出した。研修担当者は，「タイム・カプセルみたいに，そのときになったら見せる。それまでは誰にも見せない」。

3. 応募から配属まで

　bがB社に応募したきっかけは，3年生の冬に，自宅の最寄り駅でB社の広告に目をやったことだという。その後，3年生の2月に学内で開かれた企業説明会で，B社が，自動車の機械部品ではなく，もっと身近な車内の備品を製造していることを知って興味を覚えた。

　3月中旬に静岡県H市で行われた会社説明会では，事業内容や選考方法を聞いた後，希望者は学力試験を受けた。この学力試験は，数学，国語，理科，社会，英語の5科目をマーク・シートで回答するものだった。試験を終えると，30分間の質問コーナーが設けられ，bは，技術者の社員と40歳くらいの女性社員から，働きやすい職場であることや，子どもを育てる環境は整っているが，

親の協力が必要だろうというような話を聞いた。そして，3月下旬に学力試験の合格通知を受け取った。

　4年生の4月下旬，集団討論と面接試験を受験した。まず，男性4人に女性はbだけの5人で，「リーダーに求められるもの」について，30分間の自由な話し合いをした。司会を決めて最後に結論をまとめた。それから，人事担当者1人と役員4人から個人面接を受けた。面接では，志望動機の他に，男性社会のなかでやっていけるかというようなことを聞かれた。面接の順番を待っているあいだには，「苦手な人とのコミュニケーションについて」という作文を原稿用紙2枚に書いた。

　4月末に，まず，メールで合格の連絡を受けた後，5月の連休明けに電話で入社の意思を確認された。そして，5月中旬に採用内々定通知を受け取った。

　4年生の6月に，本社で採用内々定者16人の自己紹介があり，本社とは別の会場で昼食会が開かれた。そこには人事担当者2人が同席した。会食は，食事の作法，話題の選び方，同席者への気配りなど，各人の人間性があらわれる社会的場面である。

　10月，採用内定者が本社に集まって懇親会が開かれた。6月の昼食会とほぼ同じ内容だった。そのとき，bは自家用車で通勤するので車両の照会をしたり，制服の大きさを合わせたりした。そして，新社会人のマナー，著名人の教訓，PDCA（plan do check act/action）の解説書など，研修関連の教材や資料を渡された。その後，H市近郊にあるB社の保養所に移動して懇親会に出席した。

　入社前研修は，薄い教材5冊の内容の読解について，採用内定者がインターネットを使い掲示板に表示された質問に答えるという方式で，教材の習得状況の確認が定期的に行われた。しかし，bを含めほとんどの採用内定者は，あまり熱心に取り組んでいなかったようである。入社前研修の結果は，入社後も新入社員には還元されていない。

　2009（平成21）年1月末，卒業式の日程や卒業旅行の予定，社宅の利用，制服の大きさの再確認などを求める内容の文書が届いたので，郵送で返信した。

2月中旬頃，研修日程の案内と通勤手段を確認する文書が郵送された。

そして，4月1日の入社式2日前，つまり，3月30～31日に，高卒者30人，大卒者16人の全体研修が行われた。B社の概要，就業規則，組織の構成，福利厚生，各種の保険などについて，それぞれ30分くらい口頭による説明を聞いた。それから，新入社員全員が，名前，出身校，趣味などを自己紹介した。

2日間の全体研修が終わると，高卒者は各工場，大卒者は本社に分かれ個別研修が始まった。4月中旬まで，大卒者は部署別に担当者が経理や製品などに関する業務内容の詳細を説明するのを聞いた。また，ニッセイの講師によるマナー研修も受けた。そこでは，電話の受け応えをする際，復唱することや相手の番号などのメモの取り方をはじめ，敬語の使い方，お茶出しの作法などを2時間程度の映像を見ながら学習した。

こうした研修の合間に，安全に関する講習が行われた。ヒヤリ・ハットの事例，つまり，ヒヤリとしたりハッとしたりするのが，どのように危険な状況かを図や絵で示されたり，工場の製造作業が非常停止する実際の現場を見たりした。

それから，B社の5つの工場，子会社や関連会社，もっとも受注が多いトヨタ自動車の工場やトヨタ博物館などの取引先を一週間かけて見学した。工場見学後，時間に余裕があると，4人1組になって上司と部下とのやり取りを短く記述した資料を題材にした自由討議をした。この集団討議の主題は，上司と部下それぞれの適切な行動を考えることだった。1週間の関連施設見学を終えると，見聞したことや感想等をA4判1枚にまとめて提出した。

4月中旬以降は，新入社員が1人ずつ各部署を短期間に異動しながら職場内研修を受けた。bは，最初はデザイン部に配置された。デザイン部での4週間の研修後，本部に戻って研修中に何をやったかについて文書とパワー・ポイントで口頭発表した。b以外にデザイン部で研修を受けていた他の3人の新人と協働して発表するので，内容はなかなかまとまらなかったという。発表内容は上司の承認が必要である。約1時間かけて準備し，10分で発表した。報告会には新人全員と3人の人事担当者が出席し，発表の仕方やまとめた内容への意

見が出された。新人は異動しながら各部で研修を受けるので，先行して発表された問題や課題を，後続の新人が改善し修正したかが問われた。また，口頭発表には，自身の意見や考えを確かに伝えるため，聞き手に好印象を抱かせる演出も求められる。

　ｂは，デザイン部の次に営業部で３週間の研修を受け，デザイン部と同様に部内で発表した。その後は各工場での研修だった。Ｂ社の５つの工場のうち４工場で，各工場に４人ずつ配置され順に工場研修を受けた。ひとつの工場だけ１週間だったが，他は３週間だった。研修期間が１週間だった工場は遠隔地にあるため，実際に工場内にいた時間は６時間くらいだった。工場では，管理室，品質技術室，製造課にそれぞれ１週間ずつ配置され，見学中心に箱詰めなどを手伝い，管理室では備品や在庫や資材の管理，資料の整頓・配布，データのまとめをした。２つの工場では，研修後に報告する機会が設けられたが，製品製造工程にしたがって，ズレや塵の混入，時間短縮等の問題について文書にまとめ提出した。

　工場研修の後は，品質保証部で３週間，経理部で３週間の研修を経験し，10月に人事部に正式配属された。ほぼすべての部署を経験する異動式の研修について，ｂは，「人の顔と名前とが一致するようになった。（人事部は）人に頼んで仕事をすることが多いので，顔見知りが多いと（仕事を）頼みやすくなる」と，その有効性を感じている。また，営業部に配属された同期入社の男性と女性の新人２人は，工場と取引先との調整役が仕事なので，工場や技術者の人とのつながりができてよかったらしい。

4．職場の現実

　正式に配属された最初の職場では，直属上司や先輩から指導や助言を受けて少しずつ仕事を覚えていく。職場内研修は，実際の仕事や職場を実感する期間であり，現実に適応することを学習する機会でもある。

aは，女性の営業職員が3人いるヤング事業部に配属予定だったがファニー事業部に変更になり，パジャマを担当した。ファニー事業部は，数年前までラウンジ事業部という名称だった。

　ファニー事業部は，事業部長1人の下に部長が1人，その下に営業1課，同2課，同3課，企画が置かれている。営業1課は東京にあり，課長1人と課員3人で，主に関東の営業活動を行っている。営業2課は課長1人と課員3人，営業3課は課長1人と課員2人で構成され，aは営業3課の課員である。営業3課の課員は最近まで3人だったが，1人が企画に異動したので現在は2人である。営業2・3課は岐阜にあり，関西および広島，九州を担当している。

　企画は，婦人と紳士とに分かれ，紳士はさらにシャツ・タイプとTスーツとに区分されている。A社内では，シャツ・タイプを1T1，Tスーツを2T1，婦人を3T1と呼んでいるという。シャツ・タイプの企画職員は2人，Tスーツ3人，婦人4人の配置である。企画職員は営業もこなせる。

　営業3課に配属されたaの最初の2週間は，先輩に同行して得意先を中心に外回りの営業をした。その後の2〜3週間は，営業2課長といっしょに，企画に異動した先輩が担当していた生協や，営業2課長が長く担当している取引額の大きいM社などを訪問した。

　aは，この営業2課長から営業の仕事について影響を受けたようである。「私たちは（営業2課長の営業活動を）"昭和の商談"と言っている。（取引の場で）話があちこちに飛ぶ。（取引相手を）意図して混乱させている。グダグダやっているうちに，突然（取引の）話を決めてしまう関西流のやり方である」。

　営業2課長は，A社に勤務する前は，住宅の営業をしていたという。A社取引先の営業2課長への信頼は厚く，たとえば，長年取引しているM社の場合，実質的な収益はあまりないが，取引額が大きいので名目的な収益を大きく動かすことができる。しかし，最近は，若い女性の仕入担当者（buyer）が増え，営業2課長は苦戦しているようである。

　営業2課長に同行後，5月中旬から，aは単独で営業に出ている。商品につ

いてわからないことは企画の担当者に同伴してもらう。相談相手は営業3課長であるが，わからないときは誰にでも聞くことができる職場の雰囲気がある。ときには事業部長に聞くこともある。

こうした職場の雰囲気は，今の事業部長に変わってからだという。以前は，在庫をつくるな，手堅い商品でないとだめだなど，競争状態にあった。今の事業部長は，遊びで仕事をしているような自由な人である。「とりあえずやってみろ。やってみなければわからない。責任は俺がとる」と言ってくれる。

しかし，入社直後の5月頃から，ａは単独で外回りの営業に就いていることからも，Ａ社の場合，じっくり時間をかけて新人を育成するような状況ではないようである。新人でも最低必要な教育を受けると，直ちに即戦力として結果を求められる。新人の教育を期待される上司や先輩も，自身の成果を上げることに追われ，後輩を育てる余裕はないという。

出勤したらａは，まず，その日の発注状況をパソコンで点検する。各店舗からの要請，在庫の確認，物流への出荷指示などに30分から1時間くらいかかる。毎週，火曜日と水曜日は定期商談を行い，週末は伝票の整理をする。

展示会の時期になると，受注を取らなければいけない。今（原調査を行った2010（平成22）年9月）は，来年の春・夏物の流行を予想して，流行りそうなデザインや柄を見越し商品を開発している。取引先の仕入担当者の承諾を取りつけるため，仕入担当者別に企画担当者と打合せている。そのため，発注関係のデータはUSBメモリーに入れて，常に持ち歩いている。また，取引先の売り場づくりを無償で手伝うこともある。自社の商品の売り場をつくることは楽しい。

現職について，発注や売上管理などの（パソコンへの）入力作業は苦痛だとａは言う。営業を補佐する内勤事務の支援体制がないので，営業活動にかかわるすべての事務処理を一人でこなさなければならない。また，最近，商品の素材に関する知識不足を感じている。

営業の仕事については，取引先の原価要求額に困ることがある。「（Ａ社が）

できないなら他のメーカーに頼む」というような取引先の主張や言い分の傲慢さに応じなければならないことが多く，衣料品業界では製造業の立場は弱体化している。仕入担当者が過剰な要求をすることもあり，上司からは，「ときにはケンカしたほうがいい。御用聞きじゃないんだから，（仕入担当者の要求どおりに）できないものはできないと言いなさい。こちらがキレると，向こうが抑えてくれることもあるよ」と助言されたという。

　また，取引先では"素人目線"が尊重され，本当に素人のような若い女性の仕入担当者が増え，商品の素材や製法など，若い女性の仕入担当者の基本的な知識が乏しいから，詳細に説明しつつ商談を進めるので大変である。素人目線の仕入担当者は，3〜4年くらいで使い捨てられているようである。

　商品は中国の工場で製造するが，取引先が提示する取引条件が厳しく収益が上がらない。中国の工場を訪問した際，工場内に案内されたがそのまま放置されてしまった先輩もいるという。中国の取引先が，A社との取引は利益が低いとみなし，商談相手にならないと無視されたらしい。このように最近は，中国の縫製工場に仕事を発注できなくなりつつある。仕事を依頼しても引き受けてもらえない。それでも，日本国内で製造すると，どうしても高価になってしまうので，中国で製造を続けるしかない。たとえば，商品につけるタグ（tag）などは，日本でつくって中国に送る。中国でつけてもらうと人件費はかからない。

　原調査を行ったとき，前任者から引き継いだ収益性が低く今後も低調が予想される生協との取引を継続するか，それとも思い切って他の新たな取引先に転換するかの決断を，aは数日後に迫られ迷っていた。aは新しい顧客に切り換えることを考えていた。地味な取引を続けるより，収益が見込める可能性のあるほうで勝負して，営業成績を上げ評価されることを望んでいるようだった。「（職場で）目立つことは必要である」。

　こうした毎日をすごしているaの睡眠時間は，平均3〜4時間だという。夏休みや盆休暇はなく，9月23日から土・日を含め5日間の連続休暇を初めて取れた。よく寝て身体を休めて，1日くらいは買物に出かけたいという。「2人

分の仕事をしているような気がする」。

「30歳まで結婚する気はないが，30歳を過ぎても結婚できないかもしれない。この仕事やこの業界の内実を知っている人しか結婚生活は成り立たないだろう」。ａは，長時間労働と不規則な勤務，週末も出勤しないと業務をこなせない仕事状況下にある。「Ａ社には，30〜40歳代の社員がいない。（Ａ社に入社した人は）短期か長期か（の在職期間）に分かれる。賃金が低く長時間勤務なので，若いうちに転職する人が多い。長く定着している人には，社内結婚した人が多い。互いに仕事環境を理解しているからだと思う」。仕事や職場にかかわる時間を長く割くような日常を繰り返し，そのうえ結婚していっしょに家庭生活を築く相手は，Ａ社の仕事や職場を経験し，実情がよくわかっている人に限られるだろうとａは思った。結局，Ａ社に勤務して約3年経った頃，ａは転職した。

一方，人事課に配属されたｂは，主に健康保険関連の仕事を担当し，高卒者を対象にした試験の準備など，採用の手伝いをしている。その他，年末調整の準備や2月に予定されている昇格等の定期人事異動の案件を扱っている。

2009（平成21）年のＢ社の新卒採用は，前年のリーマン・ショックの影響を受けていなかった。前述したように，2009（平成21）年の新規大卒採用者は，男性8人，女性8人の16人だった。女性8人のうち，5人は静岡大学卒業などの技術系出身者だった。16人の新人は，営業に男性1人と女性1人，経理システムに女性1人，技術本部に12人，そして，人事部にはｂが配属された。営業は主に工場と取引先との調整にあたり，外回りの営業活動はしない。経理システムは受注プログラム全体のシステム設計を担当する。そこに配属された女性は栄養士の資格をもち，配属先は総務部を希望していたという。また，技術本部に配属された新人のうち，地元以外の出身だった女性1人が，すでに早期離職していた。ｂによると，「彼女は，はっきりとものを言う人だった」。

2010（平成22）年は技術系4人，事務系2人の6人が採用され，2011（平成23）年は10人程度の採用を予定しているという。Ｂ社は静岡県内出身者の採用が多く，地元の中学校や高等学校との結びつきが強いのかもしれない。ちな

みに，B 社の定年年齢は 60 歳で，定年後は関連会社に転籍を希望する人が多い。

2010（平成 22）年度の募集活動は，9 回の会社説明会を中心に行った。会社説明会に出席した志望学生は，理科系が 3 割，文科系は 7 割くらいを占めていた。B 社の事業は化学関連の技術が主体なので，化学を専攻する志望学生が多い。

選抜・採用試験は面接が中心で，まず，学力試験で志望学生を一定数に絞った後，2 回の面接試験を実施している。1 回目は部長級の面接で，1 回約 30 人の志望学生への面接を 10 回ほど行った。2 回目は役員級の面接で，理科系出身と文科系出身の担当役員が，文科系と理科系とを合わせて約 40 人の志望学生を面接した。なお，役員のなかにはトヨタ自動車から派遣された人が多い。

2010（平成 22）年に新卒採用された新人の研修は，従来の各部署を経験する異動方式の研修期間を 3 週間から 1 週間に短縮し，工場での期間を 6 ヵ月間に延長して行われている。配属が正式に決まるのは 2011（平成 23）年 2 月になる。こうした変更は，2009（平成 21）年 9 月に新しく就任した社長が，技術畑出身ということも関係しているかもしれない。

多くの日本企業は，新規学卒者一括採用と一律定年退職制度とを併用して，単年度ごとに組織全体の人員構成を調整しながら事業活動を維持している。経営計画に人的資源調達の中・長期戦略がどのくらい盛り込まれているかは，個別組織あるいは組織規模によって異なるが，短期的な人材育成については，職場内訓練を主体に，採用したての新人の適性を早期に見極めようとしている。

こうしたキャリア初期の段階にいる新入社員にとって，① 仕事に関する自身の貢献領域を見つけること，② 組織にどのように適合するかを学ぶこと，③ 生産的な人材になること，④ 所属する組織のなかで形成していくキャリアに，自身にとって実現可能な将来を見通すことが主な発達課題とされている（Schein 1978；武田 1993）。上司や先輩から教育指導されながら少しずつ仕事を覚えていく過程では，職場集団の力動性や人間関係の現実をひとまず受容したうえでないと，新人が自身のキャリアを発達させることは困難である。入社後の現実

ショック (reality shock) は，組織に定着して，自身の潜在性を開発し生かしていくために克服しなければならない最初の課題である。

　しかし，一般に，特定の職務要件に限定して人を採用選考しない日本企業の場合，短時間の面接で把握される採用候補者の人柄の印象と，偏差値に基づく入学試験の難易度で格づけした出身校名によって選抜・採用するため，仕事の適性より仕事を教えやすい新人であることが期待される（武田 2010a）。したがって，仕事を教える上司や先輩と，仕事を教えてもらう新人とのあいだには，保持する勢力（power）の強弱による上下関係を基本とするさまざまな相互作用が，双方の情動を多分に含んだ状態で出現するだろう。

第5章
仕事を続ける選択

　入社直後の不安や戸惑いに押し潰されそうになっていた新人も，働き始めて3〜5年くらい経つと，緊張感は薄れ肩の力が抜け，少し落ち着いて職場を眺められるようになる。上司や同僚はどんな人たちだろう。与えられる仕事をはたしてやっていけるだろうか。

　新人は仕事と向き合いながら働く自己像を現実的に再形成し始める。そのうち，仕事内容や処遇が同期の男性と異なることに一部の女性は気づくだろう。

　本章では，入社後の女性のキャリア経路を文脈として，このまま仕事を続けると先々どういうことになるかを見通した女性の進路選択について考える。

1. 入社後5年間の仕事内容

　2006（平成18）年4月，物流関連の事業を営むC社に地域社員として入社した大卒女性cは，航空貨物を扱う愛知県内の支店の国内貨物販売管理課に配属され，原調査を行った2011（平成23）年5月まで同じ職場に勤務し続けている（武田 2015a）。従来，C社には地域社員という採用枠はなかったが，cが入社した年は，名古屋航空管内に北陸と静岡を加えた地域内の異動を基本条件とする全国社員に対して，異動がない地域社員をすでに採用していた。cによると，物流部門は基本的に男社会であり，そのなかで地域社員として採用対象になるのは主に女性である。それも以前は20数人くらい採用していたのに，最近は採用数が減少しているという。

　その背景には，主要な事業が国内貨物から国際貨物へと移っている現状があ

る。宅配業の台頭で他企業との市場競争が厳しくなり，国内貨物の収益性が低いことから，C社は，国際貨物については安定した採用を維持しているが，国内貨物には人的資源を投入していないようである。特に，2008（平成20）年9月のリーマン・ショック以降は，貨物量の減少やそれにともなう下請け会社のドライバーの解雇など，国内貨物事業の縮小傾向がいちじるしいという。しかし，医薬品や貴重品や官公庁関連の貨物などは堅実な需要があり，現在でも一部の顧客からは安定した発注が見込める。市場の世界化など，組織外環境の最近の変化から企業収益や雇用情勢に影響が出ている（武田 2010b，2010c）。

　cの仕事は，9時から18時まで1時間の昼休みを挟んで，ドライバーが集荷した貨物別に顧客への請求書を作成したり，貨物料金を点検したりする販売管理である。大半の顧客は法人で，法人別に単価が違う。商品によっても単価は異なる。貨物の単価は，たとえば，航空機で運ぶ場合や株券などの貴重品，フロッピー・ディスクなどに記録された個人情報でそれぞれ違う。

　それらの貨物は，3つの集荷地から運び込まれ，夜間に届先別に仕分け発送された後，届先に配送される。3つの集荷地域の担当は，1課が小牧，春日井，名古屋市東区など，愛知県北部周辺，2課が刈谷，弥富，名古屋市港区，南区など，愛知県南部周辺，3課が名古屋市中区，中村区周辺に分かれている。各課が担当する集荷地域は，たとえば，大きな工場が多い小牧や春日井などを受け持つ1課に対して，3課は書類が大半で，それらを駅前センターで発送作業するというように，各課によって仕事の特性があり忙しさも違う。

　cは2課の仕事を担当している。貨物量が比較的に多い1課には2人が配属されているが，1人は産休中なので同じ課内の異なる仕事をしている人が手伝うし，別の部署から1人が支援に来ている。作業の打ち合わせの会合で，cは手が空いたら1課の作業を手伝うようにと指示された。2課と3課には1人ずつが配置されている。産休中の人も含め国内貨物販売管理課の女性4人はみな同じ年齢で，c以外は短大卒である。それに，年齢は一歳下でも短大卒なので社歴が1年上の人を含めると，同年代の女性は5人である。その他，40歳代

の2人を合わせて7人の女性が仕事をしている。

　作業の具体的な内容は，ドライバーが前日に集荷してきた貨物の発送片には顧客ごとに割り当てた個別の番号が記されているので，まず，それを番号順に並べる。その際，訂正が必要なものや着払いのものなどを抜き出す。着払いの場合は料金を記入しなければならない。貨物に添付された送り状は，6～7枚の複写式になっていて，1枚目は顧客の控え，2枚目は発送時の受取証，3枚目は処理するための発送片で発送先名や住所の記載，4枚目は請求書と同時に処理する運賃明細書，5枚目は届先の印鑑証明書，6枚目は届先の控えになっている。3枚目の発送片と4枚目の運賃明細書がドライバーから回ってくるので，この発送片をうまく処理することが作業を効率よく進めるコツである。

　cたち5人は，最初に一通りの作業手順を教えてもらった後は，各人が工夫して作業するようにと指導された。集荷地域によって扱う件数が違うこともあって，担当者によって仕事の仕方は異なるという。たとえば，駅前センターで発送する貨物を扱う3課は，営業職員や荷物を取り扱う担当者と電話で連絡し合いながら作業するため，どうしても時間がかかるのに対して，2課は職場の背後に営業職員がいるので必要なら直ぐに確認できるというような作業環境の違いがある。

　cは，発送片を番号順に並べ替える際，4枚目の用紙もいっしょに処理するようにしている。発送片を番号順に並べ替えるとき，個別に4枚目の領収書を抜かないで，一定量の発送片を集めた後で，一括して抜きたいという人もいるらしい。また，法人によっては，発送件数がまとまって多いときもあるので，その場合cは，それだけを全体の作業の後に処理するようにしている。このようなcの工夫は，入社後1～2年間の試行錯誤を経て，2年目くらいから自己流のやり方ができるようになったという。

　C社に入社後，一度も異動せず同じ職場で同じ仕事をしているcは，どのように仕事を覚えてきたのだろうか。まず，1週間の新入社員研修で安全に関する基本的知識など，業務の概況について説明を聞いた。その他，商工会議所の

担当者から，名刺の交換，電話の応対，お茶の出し方などの礼儀作法を学んだり，C社体操（踊り）を覚えたりした。

　この新人研修は，その後の職場内研修のための講習だった。職場内研修では，同じ課内の先輩社員から3ヵ月間くらい指導された。指導者はcの父親くらいの年齢の先輩で，その人は間近に異動が予定されていたため，研修は引継ぎのようなかたちで行われた。

　また，最初の1年間は，① 特定の場面や状況などについて，どういう仕事状況と理解しているかを記述して説明，② 仕事に関連する語句の説明，③ 苦情処理，④ 発送の流れなどを課題ノートに記して，先輩社員（アドバイザー）と係長相当の社員（コントローラー）から意見をもらったうえで，総務課に提出するように指示された。しかし，実際には，課題レポートは出さずに済んだという。

　係長以下が対象の職場外研修は毎年6月に行われている。国内航空貨物以外に，引越しや警備などの事業に従事している人たちも加わる。この研修では課題問題集を解く。課題問題集は2つの問題領域に区分けされ，ひとつは全社必須の問題，もうひとつは配属部門にかかわる問題で構成されている。後者は，たとえば，絵画の梱包の仕方や見積の仕方，ある地点から別の地点までの料金など，業務に関連する基本的な知識を身につけているかが問われる。全社必須の問題と配属先関連の問題は，それぞれ50問を1時間で回答し，各150点の300点満点で採点される。成績は昇格の判定材料の一部になり，追試もある。

　また，全国業務コンテストも実施され，上位1～3位は表彰される。しかし，cは職場内にコンテストで良い成績をあげようというような競争意識はあまり感じられないという。

　定期的に実施される講習として，採用された年の翌2月に1年目講習，その翌年の2月に2年目講習を受講した。いずれも午前中に総務関係の説明を聞いた後，午後は国内貨物と国際貨物の部門別にいくつかの集団に分かれ，都道府県名を記入したり，入社後の仕事にかかわる諸問題について話し合って発表したりする作業をした。

特に，2年目講習のとき，残業が多く長時間勤務であることや，同じ仕事をしているのに賃金や昇進に男女間の格差があり，女性社員の待遇が悪いことなどが議論された。具体的には，津島出身の男性社員には職場近くの常滑の社宅が割り当てられたのに，女性社員は自宅から通勤しているというような実情が指摘されたという。

　こうした職場の諸問題は，受講者どうしで意見を交換し，講習後に各人の配属先に戻って伝えられる。たとえば，超過勤務のつけ方が課によってまちまちであることが論議された結果，各管理職者が指示して超勤管理の意識づけが行われたという。具体的には，それまで出勤簿に自己申告し処理していたのを，PC（personal computer）のログ・オフを指標化することで統一して管理することになった。

　入社後の勤続年数が5～7年になると，中堅社員としての仕事ぶりを期待されるようになる。原調査を行ったとき，cは一人前の社員への移行期にあった。C社では当該時期にあたる社員を対象に，中堅社員講習を実施している。

　講習の前半は総務関連の説明で，特に，結婚に関する事務手続きが話題になった。具体的には，出産祝いや産休・育休，子育てにかかわる諸手続きなどである。女性の場合，入社して3年を過ぎる頃から結婚願望が高まるようである。

　講習の後半は，社外講師による自己啓発に関する講話と集団作業である。講話は，仕事の場面や状況で個別に感じたことを手がかりに，やってきたことを自ら認めて自信にすること，小さなことでも身につくことが何かあるから自己啓発に努めること，否定的なことばは使わないこと，否定的ではない自己を相手に伝えることなどを示唆する内容だった。

2. 成功体験による仕事の自信

　これまでのキャリアをふりかえり，仕事に自信をもてるようになった経験として，cは，入社した年の7月に，職場のコンピュータ・システムを入れ替え

る作業に貢献したことをあげた。ヴァージョン・アップした当初，新システムはうまく作動せず，料金の処理や荷物の追跡などの仕事が溜まってしまい，早出や残業が続いて体力的にきつかったという。

　当時，cはまだ発送片を分けたり，整理したりするくらいの仕事しかやったことがなく，仕事を教えてもらった先輩も異動し頼れる人がいなかったので，「自分がしっかりしなきゃ」と目の前の問題に関与しなければいけない状況に追い込まれていた。働き始めて1年目だったので，まだ辞めるわけにはいかないと思ったという。

　そうした困った状況に前課長は対処できず，現課長に交代して改善されてきたが，取引先とのやり取りもcは独力でこなし，9月になってシステムが機能し始めて困難な事態をうまくのりこえられたことが自信になった。それに，超過勤務が続いて夏休みを9月に取るほど職場に長時間いたので，周囲の人たちとの人間関係を形成することもできた。

　cが働いている職場には，cと同年代の短大卒の女性が4人いる。cを含めて彼女たち5人は一般職で，その上位は順に，主任，係長，課長，次長，支店長という職制になっている。女性は，少しずつ主任に登用されていて，係長まではどうやら昇進できる。

　しかし，ずっと同じ仕事の連続で，0と5のつく日はドライバーが戻ってから仕事をすることになるので，5日のうち1日は超勤になる。仕事の締めの日が決まっていて，その日は昼から出勤して23時頃まで働いている。これまでに，24時を過ぎることもあった。

　仕事が忙しくなるのは，新しい顧客の扱いが集中するときである。営業職員に「新しいお客の送り状をもっていきたい」と言われると，仕事の手順が変わるため大変になる。作業が煩雑になるのは，一連の工程に"いわくつきの人"が加わることも関係している。いわくつきの人とは，C社の国際貨物事業から国内貨物事業へ異動してきた50歳前後の女性である。この女性は，顧客の送り状の作成や，プリンターのトナーを集荷するためコール・センターへの配信

を担当しているが，貨物事業の経験が乏しいため作業がはかどらない。

　他の仕事や職場へのｃの異動願いは，毎年5月に自己申告する制度になっているが，なかなか実現しない。男性は各地の支店や営業所の営業や発送オペレーターに異動して，そのまま退職するまで一貫して同じ仕事に従事する傾向がある。ただし，販売管理課だけは例外で，人事異動はめったにない。課長がこまめに動いてしまうので，仕事の内容や進め方を理解している経験豊かな課員は動きづらい。

　4月と10月に，チャレンジ・シートの記入内容について，課長が面談する。その際，3つの目標を課長が提示する。しかし，国内貨物の販売管理の仕事は，目標を数字にあらわしにくい。また，課長は異動しないまま5年間いるが，主任や係長相当の男性で販売管理の仕事を担当できる課長候補者が育っていない。

　仕事そのものについて，「私以外の人でもできる仕事だから，ここに（この職場に）ずっといることについて考えることがある」とｃは言う。「同僚や上司は変わらないし，営業マンも変わらない。以前いっしょに仕事をしていた人が，異動で戻ってきた」。

　2011（平成23）年11月25日に，ｃは人事異動の内示を受けた。仕事の締めの日だったので，その日のことはよく覚えているという。国内貨物販売管理課2課で働いていたｃは，国内貨物第1課に移ることになった。国内貨物を扱う部門は，販売管理課の他に第1課から第3課まで分かれている。現在，女性は各課に1人ずつ配属されているが，ｃが異動する前は，第1課に地域社員の女性が2人，第2課に1人，第3課に3人いた。

　国内貨物第1課は，パートタイマー2人を含め約30人で構成されている。主な仕事は，営業，仕分け，発送，（自社の）ドライバーである。営業や発送などは作業する担当者の配置を組むので，仕事量などの状況に応じて担当者の配置を組み替え対応している。

　今回の異動は，時期も異動それ自体も異例のことだという。通常，販売管理課1〜3課からはそれぞれ対応する国内貨物第1〜3課へ異動するのに，ｃは販

売管理課 2 課から第 1 課へ移った。このような人事は，c といっしょに異動したd が，新人の頃に仕事をした上司との相性を考慮したからと憶測されているという。

 d は自身の仕事の仕方にこだわり，そこまでやらなくてもいいのではと周囲が思うほど完璧に仕事を徹底しようとするらしい。その d が入社したてのとき，いっしょに仕事をした上司も，同じように自分自身の仕事の仕方に固執しすぎる人で，2 人が協働するのはいろいろと難しいと周囲はみているようである。この d と相性が良くない元上司は，c と d が異動する前は国内貨物第 1 課に所属し，d は国内貨物販売管理課 1 課にいた。これまでの慣例にしたがうなら，d は第 1 課に移って再び元上司と仕事をすることになるため，c と d の異動先を変更したのではないかと思われている。

 社内人事の真相は明らかではないので，さまざまな憶測が根拠もなく噂されるが，異動にまつわる従来の慣行は慣行として，それが個別事情にそってたやすく変えられるようなきまりであるということはできるだろう。同様に，c が移った国内貨物第 1 課では，仕事の状況に応じ課員の担当職務を変えて対応しているようである。つまり，担当する職務は個人単位ではなく，第 1 課という集団単位で遂行され，第 1 課の構成員は，課長の判断で自身が担当する仕事の内容と量が常に変わることに適応しなければならない。d が異動した先の第 2 課も同じような仕事環境であるなら，相性がよくない元上司と d がいっしょに仕事をすることで，第 2 課の集団成果に悪影響が及ぶことを避けようとした人事だったとも解釈できるだろう。日本企業は，米国企業に比べて，職場集団を単位にした帰納的で増殖的な（incremental）環境変化への対応が特徴で，このような環境変化への適応型では，"人" の要素が大きな比重を占める（加護野・野中・榊原・奥村 1983）。

 また，c の異動が発令された 11 月という時期も異例である。その背景には，現在の物流事業は国際貨物が中心で，国内貨物はほどほどの収益を上げているものの大部分は国際貨物に依存しているという現状がある。そうしたなか，c

が異動の内示を受けた2011（平成23）年11月時点で，2012（平成24）年4月に国内貨物販売管理課は廃止される見通しだったことや，同年6月にC社の名古屋統括管内に総務機能を集中させる計画があったことが噂になったという。収益性の維持に加え，C社の人員構成が組織の上位職の不足をもたらしているため，組織全体の構造を縮小しようとしているのではないかと思われる。

　cやdをはじめ販売管理課員を国内貨物第1～3課にそれぞれ移す異動も，これまで独立させていた販売管理課の機能を国内貨物第1～3課内に置いて効率を高めようとする意図がうかがえる。しかし，原調査を行った2012（平成24）年4月時点で販売管理課は存続していることから，国内貨物部門の上級管理職者が，自身のキャリアの実績をつくるために行った人事異動だったのではないかという憶測もあるという。

　国内貨物第1課でcが担当している仕事の内容は，異動前に国内貨物販売管理課2課で従事していた仕事内容とほぼ同じである。しかし，異動後は扱う顧客の法人数が約2倍になった。時期にもよるが，平均して約300社近くの顧客の依頼に対応している。一括して大量に受注することがあったり，名古屋市東区を受け持っているので，大口の顧客や小牧，春日井などの大きな会社や工場から依頼されたりと前の職場より忙しくなった。

　また，異動したcが配属された国内貨物第1課と異動する前の販売管理課2課とでは，課長のパーソナリティの違いがそれぞれの職場の働き方を特徴づけているようである。前の職場の上司は穏やかな人で，仕事の負担を軽減しようとしてくれた。新しい職場の上司は，それ行けどんどんと，稼ぐことに貪欲な人である。そのため，国内貨物第1課の営業職員は，ガツガツ仕事をして月末にまとめて数字をあげようとする。費用計上の兼ね合いから，月末に集中して営業実績を報告すると印象を含めて評価も高まるようである。

3. 仕事への期待

　2012（平成24）年4月から，C社に入社して7年目のcのキャリア形成が始まった。組織内キャリア発達の標準によると，そろそろ下級管理職への昇進・昇格が期待される時期にさしかかる。C社の評価制度は，年功制を基本にして一部に能力主義の考え方を取り入れ運用している。給与は，役割給と評価給とに区分され，前者は年功，後者は実績で決まる。役割給は，勤続年数によってほぼ決まる資格にしたがって支給される。評価給は，目標管理によってA～Eの5段階で評価され，賞与に多少の個人差があらわれる。

　2012（平成24）年4月後半に，cはチャレンジ・シート（目標評価シート）に記入して課長との面接に臨んだ。C社では，半期ごとにチャレンジ・シートに目標を3つ定めて，その達成状況への自己評価と上司評価とを合わせて総合評価となる。しかし，営業職などとは違って，販売管理職の場合，自己評価を数値化するのは難しいという。これについては，前の課長も今の課長も同じように認識しているようである。

　目標設定の面接で，「今までの仕事の進め方を継続しないで，せっかく異動したのだから，新しい仕事の方法や変えたほうがよいと思うこと，変えてみたいことはどんどんやってほしい」と課長に言われて，cは「締日の深夜まで続く業務や販売管理の仕事が私一人に偏っている状況を何とかしたいという気持ちが課長にはあるように感じた」という。

　そのうえで課長は，「（自分自身の）性格というか，ポリシーとして，新しいところに異動したら今までと同じやり方はしない。変えていく」という考え方であることをcに伝えた。cは，「いきなり何かを変えろと言われても，まだ仕事を回すので精一杯だけれど，顧客数が多いため前任者が見過ごしていたのかなと思うことがいくつかあるので，それを少しずつ改善していけたらと思う」と応えた。

　このような方針の課長を中心とした課内ミーティングでは，営業担当者が顧

客に関する疑問点や改善点を話し合う場になっている。cも自身の仕事を改善するために，営業職員に協力を要請したところ，すぐに要求を受け入れ仕事の仕方を変えてくれたり，不明なところを問いかけてくれたりしたという。上司によって職場の風土が異なるようである。

　また，C社内の標準的なタテのキャリア発達は，一貫して営業職に従事した後，営業所長や支店長として上級管理職に昇進する人が多いという。cが初職で配属された国内貨物販売管理課の仕事は専門職のような位置づけのようである。名古屋市は管轄地域が広いので国内貨物販売管理課を独立させて設置しているが，地方では当該課が設けられていないところが多いため，営業職員が当該課の仕事を兼務しているらしい。男性でも販売管理課に配属されることはあるが，短期間で異動するため販売管理の仕事に熟練した男性が育っていないという。「営業職は（仕事の実績が）わかりやすいし，（C社では）花形の存在」なので，販売管理の仕事は「（営業の仕事をするうえで）知っているほうがいいと思うけれど，（男性は）ずっと続けようとしない」。

　国内貨物第1課に異動したばかりのcは，「まさか（職場を）変わるとは思っていなかったので，今は新しい仕事や職場のことで頭がいっぱい」。しかし，前の職場だった国内貨物販売管理課で感じていたことを繰り返しそうな気がするという。「（国内貨物）第1課では，顧客が増えて忙しくなったけれど，仕事はめんどうなだけでわくわくしない。総務のようなこれまでとまったく違う仕事に移るのなら期待できるかもしれないが…」。

　cが割り当てられた仕事にわくわくするような期待感をしだいにもてなくなったのは，入社して2～3年目頃だったという。原調査では，大学を卒業してC社に新規学卒採用された男女が最初に配属された職場に関する情報を得ていないため，C社内の初期キャリア発達を正確に記述できない。しかし，男性新入社員の大半は営業職からキャリアを形成し始めたと思われる（武田 1993）。cと同じ2006（平成18）年4月に入社した新人女性のなかに，初職が営業職だった人がどのくらいいたか，また，彼女たちはその後どのようなキャリアを形

成したかは興味深い問題であるが，c自身の仕事経験を聴いた結果に基づくと，C社でタテのキャリア発達を順調に実現するための標準経路になっていると思われる営業職は，主に新人男性が占めているだろう。新人女性の多くは，組織活動の中心に位置づけられている営業職の周辺職務に配属されていると思われる。

　cによると，国内貨物部門に配属された男性新入社員は，貨物の仕分け，発送，梱包など，貨物を動かすための基本動作を主とするオペレーション業務に従事する。この仕事を理解していないと，営業活動中に，一定量の貨物をどのくらいの費用で送れるか，最適の輸送方式は何かなどを判断し顧客に説明することができない。しかし，たとえば，「作業着を着るのは嫌だ」というような理由から，オペレーション業務を嫌って辞めてしまう男性新入社員もいるという。およそ1年から1年半くらいのあいだ，オペレーション業務を経験した新人男性は，少量の貨物を扱う顧客相手の営業の仕事に異動する。

　また，名古屋航空管内の地域社員枠で，cと同期入社の女性のなかで営業職に就いた人はいないらしい。ただし，C社全体をみると，女性営業職員は存在する。

　一般に，このような組織における性別役割分業はよく論評されることであるが，仕事の割り当ての判断項目や基準があいまいなので，割り当ての妥当性について客観的に検討できないのが現状である。cの場合も，異動前後に従事していた仕事内容については，入社してかなり早い頃すでに，同じことの繰り返しという単純で創意工夫の余地がなくて，おもしろくないと認知していたようである。それは，今回の異動で新しい職場に移っても変わらなかった。「（国内貨物第1課に移っても）仕事の中味はいっしょ。何年も同じことをやっている先輩を見ている。退屈だし，つまらないし，体力的にもきつい。夜遅くまでかかるのでしんどい。30歳引退制度はないのかと思うこともある」。

　cの適性は与えられた職務に求められる能力要件よりおそらく高いので，仕事に必要な技能を学習しても仕事の難易度があがらないから退屈でつまらない思いをしているのかもしれない。能力の水準と課題自体の挑戦性の難易度とが

合致する仕事をしているとき，人は働くことが自己目的化した最適経験（flow）を知覚できる（Csikszentmihalyi 1975, 1990）。上司が目標管理によって部下の仕事を管理するような評価制度を運用する際，部下の適性を的確に把握する上司の評価能力は，制度運用の基本要件である。ｃについては，従事している仕事の難易度とｃの技能水準との適合性を点検してみたい。ｃの潜在性に適合する仕事を与えるなら，彼女は仕事や職場との共生関係に積極的な態度をみせるだろう。

　退屈でつまらない仕事を繰り返す毎日をすごしているｃは，転職を考えることもあるという。大学在学中に教職課程を履修していたので，教員になることを思いついて，高等学校で教職に就いている先輩から話を聞いた。しかし，教員の忙しい現実を知り，「あんなに労力を仕事に注げるかと不安に感じた」。

　想像していた教員の仕事と実際との落差を実感したｃは，「先生にはなれそうにない。今からでは大変そうな気がする。でも，（今の仕事を）ずっと続けたくない」。入社して６～７年が経つ頃，仕事への挑戦意欲を刺激するような課題に恵まれない女性は，組織のなかで自身の潜在性を持て余し，働くことの欲求不満に陥る傾向があるのかもしれない。

4．仕事を続ける迷い

　多くの若い男性は，一般に，学校を卒業したら仕事に就いて，しばらく働いているうちに，何とか一人前にやれそうな自信をもてるようになると，そろそろ結婚して家庭を築き夫として父親として家族を養っていこうと思うようである。一方，女性は，男性のような進路の単純な選択ではなく，学卒後に進む道筋について，いくつかの考えうる選択肢のなかから，かなり自覚してどれかを選んでいる人が多いようである。男性は，これからやることや自分自身の居場所についてあまり考えずに，やるべきことをどれだけやり遂げられるか，自身の居場所で周囲にどれだけ存在感を認めさせられるかを気にするのに対して，

女性は，やることや居場所そのものが，本人にとってどのような意味をもつかを重視するのかもしれない。従来，女性がやることや女性の居場所は，家庭や住む家の近隣にほぼ限られてきたので，彼女が何か他にかかわりを求めるとき，想像された不確かなかかわりのなかに，自分自身をどのように位置づけたらいいかと自問自答するのだろう。

　学卒後は仕事や職場にかかわることが既定の路線となっている男性と違い，女性はかかわる対象自体が重要な関心事なのだろう。この違いは，男女それぞれのキャリアの本質的な差異に関連するかもしれない。入社5年後に突然の人事異動で職場を移ることになったcは，働くことや仕事とどのようにかかわろうとしているのだろうか。

　仕事以外に何か興味や関心はないかとcに尋ねたところ，3年くらい前から毎月2回，着物の着つけを習っているという。大学生のとき，飲食店で着物を着てアルバイトをしたことから着物が好きになり，きちんと着られるようになりたいと習い始めた。着つけ教室の先生は80歳の元気な女性で，先生と話しているうちにcも元気になるらしい。

　それに，教室で知り合った人たちとの交流が楽しいらしい。毎年，教室のみんなとホテルでフル・コースの食事をすることもある。着つけを学ぶことそのものが楽しくて，仕事とは違い没頭できるという。以前，社会保険労務士の資格に興味を覚え，3年間くらい通信教育の講座を受講していたが，「少し疲れて，ちょっといいや」と思っていたところ，資格試験を受験するために準備を始めなければいけない11〜12月に前述した人事異動が重なってしまった。しかし，せっかく勉強した知識を失ってしまうのも惜しいと思ったcは，社内通信教育で「保険，年金，税金がわかる講座」を受講することにした。

　cは社会保険労務士の資格取得そのものに，それほど強い執着はないようである。cが社会保険労務士の通信講座を受講し始めたのは，C社に入社して3年が経った頃で，着物の着つけ教室に通い始めたのもちょうど同じ時期である。

　組織内キャリア発達論では，組織に新しく参入した新人は，最初の3年間に

基礎的な教育訓練を受けながら，入社前の仕事へのさまざまな期待と，入社後の仕事や職場の現実との落差を克服することがキャリア初期の発達課題とされる（Schein 1978；武田 1993, 2004, 2009）。しかし，仕事や職場の現実に挑戦意欲を高める機会や可能性を見出せない場合，特に，仕事能力の潜在性が高い新人の働く意欲が低下することが予測できる。cがこうした事例にあてはまるかは，さらに検討が必要であるが，入社後3年目くらいから仕事への関心を失いかけているような兆候がみられる。それに，大学卒業後に入社し3年が経つ頃は25歳前後になっているため，女性のなかには結婚を意識する人も少なくないだろう。

　着つけを習って，着物を着られるようになりたいというcの希望は，「将来，娘に振袖を着せてあげたい」という思いでもある。「やがては，結婚して子どもが欲しいので，（これからの）選択肢に結婚して家庭を築くということもある。子育て中は子どもの傍にいたい」。

「男性は結婚したら（妻子を）養わなければいけないと思うようだけど，私は食べさせるとか，食べさせてもらうというのではなく，母親になって子育てをしたいので専業主婦になると思う。専業主婦になりたい女性のなかには，仕事が嫌で仕事から離れて楽になりたいから家庭に逃げ込む人もいるかもしれないが，私は子育てを口実に仕事を辞めて専業主婦になるのではなくて，（仕事と子育てとを）両立できそうにないからである」。

　女性が仕事と子育てとを両立するには，育児に関連する仕組みや制度の支援体制をさらに充実させなければならない。しかし，C社の育児休暇は1年間に限定されている。また，名古屋市内で子どもを預かってくれる保育園を見つけることは，実際にはかなり困難である。こうした現状にあって，C社でこのまま働き続けることが生涯キャリア発達にどのような意味があるのかという問題について，cは考えている。

　幸福感（psychological well-being）について米国の中年女性を対象にした調査研究報告によると，就業している女性は自身の生活を統御しているという実感

をもち，既婚者は未婚者や離婚者より毎日の生活を楽しんでいる（Baruch & Brooks-Gunn 1984）。そして，心理的幸福感がもっとも高い女性は，結婚し子どもがいて仕事をしている人である。やはり，職場生活と家庭生活との調和が望ましいのだろう。

　最近，日本でも，ワーク・ライフ・バランスという標語を頻繁に使うようになり，仕事に偏った生活を見直そうという気運が盛んに演出されている。特に，東京都のような大都市には，大企業の本社が集まっている事情もあって，新規学卒者を採用する際，産休や育休への配慮が自社を売り込む有効な情報になっている（武田 2010a）。実際に，C社の東京本社には，社内向けの子育て支援サイトや働き方支援サイトなどが開設されている。しかし，名古屋支店にはそのようなサイトは設けられていない。

　ワーク・ライフ・バランスをめぐる地域差は，働く個人の意識差だけでなく，人を雇用する日本企業の仕事や働くことに関する認識差も反映していると考えられる。さらに，専業主婦になって子育てに専念できるだけの所得を得ている社会階層と，就業しないと家計が苦しいから働きたいのに，勤務先の子育てに関する支援体制や住んでいる地域の保育事情などから，やむをえず仕事を辞め専業主婦になっている社会階層とに二極化しつつあるという実態も報告された（労働政策研究・研修機構 2012）。

　しかし，何よりこのようなワーク・ライフ・バランスに関する観察結果に基づいた検討資料が不足しているといえよう。労働力人口の減少に対応するため，人材として女性の潜在性に期待するのなら，内実がともなわない標語を振りかざすより，女性がどのように仕事とかかわっているのかについて，丹念に観察を続け，詳細な事実をできるだけ多く集める地道な調査研究活動が求められる。

第 6 章
生活を変える選択

　仕事を覚え実績を積み職場に適応できる女性は，暗黙裡に男性を前提にした育成計画の予定軌道に乗ってキャリアを形成していく。一般に，経営組織の職階を昇り，部下の仕事を管理する職位に就くことは，社会的な成功とされる。

　責任ある地位で能力を発揮し組織に貢献する女性の活躍は期待されるが，経済合理性を優先する組織の要求に応えることが，個人的に望む結果を約束するとはかぎらないだろう。

　本章では，経営組織内の昇進を文脈に，仕事に割く時間と労力が増すなかで，生活の均衡を保ちながら仕事の望ましい位置づけをめぐる迷いについて考える。

1. 組織社会化の進展

　組織による募集・選抜を通過し採用された新入社員は，一定期間の初期教育訓練を受けた後，最初の職場に配属される。新入社員研修の内容は，各企業の育成方針にしたがって異なるが，市場の急速な世界化の動向を背景に，国内外の社会経済情勢への広い視野と感性を養うため，外国語の習得など，さまざまな仕事の場面で充分に意思疎通できる能力の開発を重視しているようである（武田 2010b）。

　組織は共通目標の達成を目指した人たちの集合体なので，構成員が相互の円滑な意思疎通を心がけることは，組織活動を維持する基本要件のひとつである。しかし，日本経済団体連合会によると，近年，日本の大企業は新規学卒者のコミュニケーション能力の低下を指摘し，採用候補者を選抜する際，一定水準以

上のコミュニケーション能力を重視し求めている（日本経済団体連合会 2014）。一定水準以上のコミュニケーション能力は，通常の職務を迅速，正確に遂行し，顧客や取引先との交渉や商談を成立させるために必要である。また，後輩や部下に指示し指導するという管理職の役割期待に応えることにも関係する。

　日本企業は，従来，対人関係を形成し維持する基本となるコミュニケーション能力を，実際に仕事をしながら開発してきた。組織の職階で低い位置にある一般職に在職中は，担当業務に関する知識や技能，関連業務や会社全体の業務に関する知識や技能，顧客や取引先との交渉や商談に関するコスト意識や利潤意識にかかわる役割期待に応えることが求められる（佐野・槇田・関本 1987）。こうしたキャリア初期の経験を積むことで，職場や会社の働き方の型を理解し実践できるようになる（武田 2010a）。一般職者への役割期待に応えられるようになるまでには，職場内訓練を主体に，上司や先輩，同僚と適切に意思疎通を図りながら，仕事を覚える過程を経験することが基本となる。

　こうして入社後の一定期間をすごすうち，一般職の役割期待に支障なく応えられるという評価が安定してくると，キャリアはやがて初期から中期の段階へと移行していく。入社後の最初の配属先から数回の異動を経験するあいだに，上司の目をとおして部下である一般職者一人ひとりの潜在能力が確認され，その潜在能力を生かすような組織内の進路が定められ，特定の適性の開発を目指して進路別の仕事経験を積むようになる（俵 1980）。

　その後，一般職から下級・中級管理職へ昇進すると，コミュニケーションが多方向，広範囲に拡大する。一般職在職中は，もっぱら同じ職場内のウエとヨコに限られていた対人関係が，下級・中級管理職に就任すると，所属する職場を越えたウエとヨコとのコミュニケーションに加えて，シタとの意思疎通が役割として期待される。シタとのコミュニケーションを円滑にするには，仕事に関する基礎知識，仕事への自発性や研究心や積極性，日常業務に関する正確さや速さや質の高さにかかわる処理能力などの側面で，一般職者の模範になるような職務遂行が要求される。さらに，仕事の方針や目標の明確な指示，適時に

的確な報告，わかりやすい表現など，上下左右との調整を意識した視野の広いコミュニケーション能力が必要である（佐野・槇田・関本 1987）。

そこで，運輸鉄道会社大手の連結子会社D社に新卒採用された女性eが，組織社会化の進展にともなって一般職から下級管理職へ昇進する際，入社後十年間をふりかえり，キャリア発達の転機と本人が認知した出来事やこれからの進路について語った内容に基づいて，キャリア初期から中期への移行期に，組織が個人に対して新たにどのようなことを要求するかについて，中堅社員研修を中心にその実情をみてみよう。

2. 入社後10年目の転機

2001（平成13）年4月，旅行業が主な事業のD社に契約社員で入社したeは，1年間の有期契約を経て，翌年，地域運用社員としてH支店に正規雇用された。2001（平成13）年度のD社の新卒採用は，全社運用社員2人と契約社員25人に限られ，地域運用社員の採用はなかった。その後，2009（平成21）年11月1日付で，eはH支店からS支店に異動した。

現在，eが配属されているS支店は，38人の社員が主に個人向けや法人向けの旅行斡旋業務を行っている。S支店は営業課と業務課とで構成され，それぞれの課長の他に，営業課には課長代理が5人いる。S支店の課長および課長代理7人のうち，親会社からの出向者が3人，D社の社員は4人である。また，店頭業務を優先するため，業務課の専属課員を置かず，営業課員3人が業務課の職務を兼務する体制をとっている。

営業課の職階は，一般職－アシスタント・チーフ（AC）－チーフ－課長代理－（担当課長）－課長となっていたが，2010（平成22）年4月に人事・賃金制度が改正され，アシスタント・チーフとチーフを主任に一括し，役付手当が新設された。役付手当は，旧アシスタント・チーフに月額5,000円，旧チーフに月額7,000円が支給される。職能資格規定による主任の職能資格は，旧アシスタ

ント・チーフとチーフはともに指導職に区分され，旧アシスタント・チーフは社員4級，旧チーフは社員5級に格付けされた。職能資格の基準は，社員4級が「担当職務について，十分かつ高度な実務知識を有し，正確に遂行するとともに，上位職を補佐しかつ下位職者を指導する能力がある者」，社員5級が「担当職務について，十分かつ高度な実務知識を有し，職務を迅速，正確に遂行するとともに，グループ内で主導的な役割を担い，上位職を補佐する能力がある者」となっている。社員4級は上下の職位をつなぐ役割，社員5級は職場集団をまとめ上位職を補佐することが期待される。さらに，社員5級には，迅速な職務遂行，つまり，速やかな意思決定が求められる。

また，一般職から課長代理までは組合員であり，担当課長以上の職位に就いている構成員は非組合員である。担当課長は，親会社等からの出向者のために適宜設けられる職位である。ちなみに，2011（平成23）年度に，D社員から4人の担当課長が誕生した。

2009（平成21）年度までの給与は，基本給と職能給との組み合わせだったが，2010（平成22）年度から職能給の50％が成果給に改められ，基本給と職能給と成果給とを組み合わせた体系になっている。その他，ACから課長代理，課長代理から課長への飛び級制度が導入され，通勤手当を含む勤務地手当が個別ではなく一律支給になった。

eは，H支店に勤務して5年目の8月に，全社運用社員選考を受けて合格した。合格者は13人で，そのうち女性は4人だった。それまでも全社運用社員選考を受験するように勧められていたが，近くに実家があるH支店で働きたかったeは受験したくなかったという。全社運用社員は総合職なので，転勤を覚悟しなければならない。しかし，いつまでも同じ支店で勤務するわけにもいかない社内事情もあって，全社運用社員選考を受験した。思ったとおり合格後に何度か異動を打診され，そのたびに断ってきたが，ついに2009（平成21）年11月，S支店に転勤した。S支店には実家から1時間40分かけて電車通勤している。

就業時間は，昼休みの1時間を含め9時50分から18時35分を標準にした

交替勤務制なので，早番や遅番など，勤務時間は毎日変わる。勤務予定表は毎月25日に手渡される。規定の就業時間は，平日10時から19時，土・日10時から18時となっているが，仕事の準備や整理などに要する時間を考慮して，前述したような時間枠で運用している。

また，仕事は夏の夏季休暇と秋の紅葉の頃が繁忙期である。超過勤務時間は，繁忙期で月間約150時間，閑散期で月間約9時間だったが，現在は，繁忙期でも多い部署で約40時間，平均すると約25時間だという。交替勤務する際，実働7時間45分を超える担務については，たとえば，9時45分から19時15分まで8時間30分働いたから9点というように，所定の算定方式で点数化し，93点で1日分の休暇に換算される。

学卒後，D社に10年間勤務したeは，これまでのキャリアには2つの転機があったという。ひとつは，入社3年目に大きな仕事を成功させたことである。それは職場のコンピュータ・システムがハード・ソフトともに変更され，新システムの端末操作をH支店の全社員に教える仕事だった。eは毎日のように勉強会を開いて，自身が理解した操作方法を同僚に説明した。H支店の新システムが機能するかは，eの働きにかかっていた。

そして，新しいシステムがうまく作動した瞬間，eは成功感と満足感を感じたという。それまで，eは同期入社の全社運用社員と自身とを比べて，仕事ができるし周囲の期待も大きい全社運用社員への劣等感を覚えていた。そうした感情はこの仕事を成功させたことで薄まり，自信をもてるようになったという。

もうひとつの転機は，入社8年8ヵ月目にH支店からS支店へ異動したことである。その頃，eはH支店と違う空気も吸ってみたいと思っていたが，S支店の雰囲気があまり良くないという評判や通勤時間が長くなることなどから，異動することに不安を感じたという。

また，H支店では国内の手配しか扱っていなかったので，海外の手配に関する知識不足も気がかりだった。しかし，S支店に異動して二日目に，「海外をやってみないか。やってくれ」と言われた。前任者が経理に異動したため，e

が後任に指名された。この出来事をきっかけに，それまであまり自信がなかった海外旅行の手配を担当するようになり，その仕事にもしだいに慣れて，仕事の幅を広げることができたという。

　このように，eの場合，入社後10年間のキャリアをふりかえると2つの転機が認知されたが，いずれも仕事の知識や技能を向上させ自己評価を高める経験として，本人に自信をもたせたようである。それまで経験したことがない課題を達成したeは，仕事の転機をキャリアの発達の機会にすることができたといえよう（Schlossberg 1989)。

　離職を考えたことはないかと尋ねると，「入社7～8年目までは忙しくても辞めたいとは思わなかった。H支店（の仕事）には飽きていたので辞めようかなとも思っていたが，他にやりたい仕事もなかった」。契約社員のなかには数年間の就業後に離職する人が多い。一方，正社員は比較的に長く勤務するため，女性の課長代理職は30歳代後半になって，夫婦共働きで高齢出産する傾向がみられるという。なお，D社の平均勤続年数は5.5年である。

　仕事の忙しさについて，「他の旅行会社よりD社はハードである。他の旅行会社は，自社の商品だけを売ればいいが，D社は，親会社関連の商品以外に，海外旅行会社の商品や鉄道，航空会社関連の商品も扱うので，いろいろなことを覚えなければならない。予約するための端末が6～7個もある。他の旅行会社よりやることが多い。いくら旅行が好きでも疲れる。もっと楽な仕事はないかと思うこともある」。

　入社して9年くらい経つ頃，仕事や働くことへの心理的飽和感をeが感じ始めたときに，H支店からS支店への異動辞令を受けた。転勤によってeの仕事や働くことへの心理状態は少し変わったようであるが，それは海外手配も担当するようになったというような仕事内容の変化だけでなく，上司が変わったことの影響が大きいようである。

　静岡県S地区には，S支店を含めD社の支店が8つあり，S地区全体の営業活動を管理するf部長の意向がS支店の営業活動にも影響している。f部長は，

京都，名古屋などの各支店長を経て，東京支店長から2009（平成21）年7月1日付で静岡営業部長に就任した。「（f部長は）仕事に対して熱い人」とeは言う。

前任部長は，「（営業職員は）なるべく（職場の）近くにいたほうがいい。（首都圏などと違って）交通も東海道線しかないから」という考えで，S地区内の営業職員間の交流には消極的だった。一方，後任のf部長は，「閉鎖的なS地区を変える」と宣言し，仕事を広域に展開させ，職員を活発に異動させ，S地区内の交流を促進すると同時に，仕事水準の向上を図った。f部長は，大都市で支店長を経験してきたので，営業活動の速さや範囲や量などについて，従来のS地区の標準と比べてより高い水準から見ているのだろう。

H支店では仕事の型が決まっていて，異動が少ないため先輩の顔ぶれも同じなので楽だったという。職場の構成員が変わらないので，「ウエにも進言しやすかった」。S支店の印象は，「みんなおとなしく，我慢している。ウエにたてつかない。諦めが早い」。

このような職場の体質とf部長の言動とは適合しないだろう。実際，一般職の人たちにはf部長は不評だという。しかし，S支店の売上は前部長の頃を上回っている。

前任のS支店長は，静岡県内のいくつかの支店長を経てS支店長に就任したが，どの支店でも売上を落としてしまった。「（前任者は）親会社からの出向者で，旅行業の現場経験がない。存在感がない。親会社からだめな出向者を押しつけられた。そこ（S支店）に置いておくしかないというような人だった」。

前述したように，一般職から下級・中級管理職さらに上級管理職へ昇進するための個別能力要件は，理論的にも実践的にも体系化され整備されているが，実務現場の当事者の視点からみて，旅行業の現場経験がない，つまり，担当業務に関する知識や技能，関連業務や会社全体の業務に関する知識や技能，顧客や取引先との交渉や商談に関するコスト意識や利潤意識などを充分に身につけていないと思われるような人でも上級管理職に就けるという事実が，人的資源管理の運用に関する日本企業あるいは企業集団に特有な原理をあらわしている

といえよう。現場で働く部下の主観的な偏った評価であるかもしれないが、企業集団全体の人員配置は、職務の適性に限った評価だけでは運用できない実情なのだろう。

　f部長は、S地区の支店の運営・管理を活性化させようと、下級・中級管理職者を対象に研修を行った。こうした試みはS地区では初めてである。研修は、代理クラス研修が2010（平成22）年8月、主任クラス研修が2011（平成23）年2月にそれぞれ2日間実施され、eも主任クラス研修に参加した。いずれも、支店の運営・管理を支店社員が一丸となって取り組むことと、支店組織において管理職と一般職との中間に位置する代理および主任の存在・役割・働きの重要性を自覚させることがねらいだったようである。

3. 中級管理職への昇進

　f部長は、D社内外の環境が大きく変化するなか、代理と主任を実務面の中核的な存在に位置づけて、両者が仕事場面で問題意識をもち解決や改善の努力をすることが大切と主張する。社内環境の変化としてあげられたのは、開業20周年を迎え「第二の開業」推進、経営理念の制定、人事・賃金制度の改正であり、社外環境の変化としては、競争激化の旅行業界、赤字基調の経営状況だった。こうした情勢下では、代理や主任の率先垂範およびリーダーシップが支店の明暗を分けると示唆し、中核となる代理や主任の意識高揚や技能向上をとおして、S地区8支店の活性化と総合力を高めるために研修を実施したという。

　8つの支店で構成されるS地区は、支店長8人、課長・調査役9人、支店長代理・課長代理14人（このうちD社員は8人）、主任24人（このうちD社員は23人）、一般職者68人の計123人である。研修中に仮定された支店組織の下位集団は、大規模支店の場合、①支店長と課長、②課長代理と主任、③一般職者、小規模支店の場合、①支店長と支店長代理、②支店長代理と主任、③一般職者とに区分されている。大規模支店と小規模支店とは、①が戦略・戦術

面の管理者，②が実務責任者であり準管理者，①と②とが支店の運営・管理を実行・実践する運営責任者であることが共通している。大規模支店と小規模支店との相違は，小規模支店の場合，支店長代理が①と②の役割を兼務することである。

　主任クラスでは，実務責任者として販売促進，後輩社員の知識や技量を高める指導を担うことが要求された。具体的には，①あらゆる面で自分自身の能力・技量の向上に努めること，②支店の店頭および電話販売施策の推進（販売計画の策定・実施），③後輩社員の人材育成（商品知識・端末操作能力・接客技量の向上など），④CS（customer satisfaction）向上推進の牽引役として精力的な取り組みが期待されている。これらを実行する際は，自分自身が後輩社員の指導にどのようなかたちでかかわるかが肝要であり，支店の業務分担や活動集団のなかでの取り組み姿勢・意欲・責任について，自発的，積極的，精力的に役割や使命をはたすことがもっとも重要と強調されている。

　f部長はヒト・モノ・カネを総合的に使うのが管理業務であるとして，決算報告書の重視すべき点などを講義し，主任としての心構えや役割・使命について次のようにまとめた。

　①自身の置かれた立場と使命を把握し，率先垂範する。会社が目指す方向性と施策，具体的には，経営理念や事業計画などを理解し，主任としての立場で自ら行動するとともに部下社員を指導する。

　②若手社員を筆頭に，後輩社員にとって一番身近な上司は主任である。彼ら彼女らは，常に主任の皆さんの仕事ぶりを手本・見本にして業務を遂行し，また，皆さんの背中を見て，自分自身が将来目指すべき社員像（目標）を定める。その期待を裏切ることがないように，業務に取り組んでほしい。

　③支店の規模により管理職者とのかかわりは若干異なると思われるが，社員指導や部分的な管理業務にかかわる能力やノウハウは不可欠である。代理とは立場は異なるものの，管理職者不在など，上位職を補佐する業務を要求される場面があり，社としてルール化された支店管理業務の執行を要求される。

④ 主任は支店内における潤滑油として，支店長や課長（管理職）および代理（支店事情により管理職に含む）と一般職者との橋渡しの役目・役割を担う。具体的には，管理職者不在時のようなときに管理職者側に立てば準管理職者であり，一般職者側に立てば自ら業務を遂行するという仲間であり，その先頭に立つリーダーである。

⑤ 支店長や課長や代理などの上司と思いや考えは同一か，ヴェクトルは同じ方向に定まっているか。支店の運営・管理には管理職者一体の原理・原則が重要であり，それを理解し，自ら発言し行動しているか。特に，小規模支店では，支店長と支店長代理の勤務が反対番となるため，主任は両者の橋渡し役として情報を共有する必要がある。上司の思いや考えを前広に汲み取り，指示待ちになることなく主体的に実践する。

⑥ 常に問題意識をもち，情報収集を行い，ワンランク上位職の立場で担当業務を遂行する。高所大所から物事をとらえ，急所押さえを徹底する。

⑦ たとえば，代理などの次ステップを目指し，支店運営・管理に参画しようという気持ちで，代理に要求される知識，技量，ノウハウをいかに習得し，高めていくかが肝要である。上司を観察し，自身がその立場に置かれた場合を想定した反復訓練をとおして，経験と関心を，浅く広くから，より深くもつようにする。

⑧ 業務は多種多様であり，すべての業務に精通することは理想であるが困難である。したがって，自身の得意分野はとことん伸ばす。逆に，不得意分野は知識や技量などを少しずつ向上させ，バランス感覚を保つようにする。知らないより知っていたほうが良いから始め，その範囲をどんどん広げていく努力が大事であろう。

e はこの研修に参加して，「気持ちが高まった。見捨てられていなかった」と感じた。また，他の支店の人と話ができてよかったという。

主任クラス研修に参加した22人は，事前に自己分析し，自身について考えたことを文書にまとめて提出していた。表6-1～6-2は，項目別に自己分析の

内容を要約した結果である。これらの自己分析から，上司と後輩とのパイプ役となって職場をまとめることが主任としての役割であり使命であると記し，そのために後輩を気にかけ，声をかけるよう心がけているという記述がみられる。

表6-1　主任の役割・使命

1　営業の実務的リーダーで，上司と後輩社員とのパイプ役である。自身の経験から販売促進などを積極的に考え，支店運営に関しては上司を補佐し，後輩社員にわかりやすい指導をする。また，自身も常にレヴェル・アップを目指し日々努力する。
2　上司，後輩社員のパイプ役であり，自ら考え行動し実践的にリーダーとなる人である。経験を生かし上司を補佐し，後輩の育成に努め指導する。支店の状況を見極めフォローができ，自らもレヴェル・アップを目指し向上心がある。
3　支店の状況を見極めフォローができ，自らもレヴェル・アップを目指し向上心がある。また，上長の指示を的確に把握して実行し，支店の中心的な役割を担い，誰からも信頼され相談されるパイプ役をはたす。
4　後輩の意見を吸い上げ，上長に提案や相談し，上長の指示を的確に把握して実行する。上下のパイプ役をはたす。また，支店の環境づくりなど，中心的な役割を担って積極的に業務に取り組む。
5　支店長や代理を補佐し，社員の教育や育成をフォローする。支店内の問題を提起し，改善に努める。
6　支店のスタッフが円滑に業務ができるように，仕事のしやすさやスタッフ間のコミュニケーションなど，全体を見渡す役割をはたす。また，他の社員の手本となるような接客，商品知識，態度を示す。上司と課員とのパイプ役となる。
7　支店長や代理など，上司や先輩を補助する。支店内をまとめ，明るく活力ある支店にする。後輩を指導する。自ら率先して行動し，社員の模範になる。
8　支店長や代理の補佐として，支店運営に携わる。後輩を指導する。
9　課長や代理と課員との間を円滑にするため行動する。課員に的確な助言ができる。団体営業については，自身の成功や失敗の経験を後輩にわかりやすく伝え数多くの受注に結びつける。
10　課員が困ったとき気軽に相談できるような人である。上司からの指示に素早く行動できる。業務知識を常に新しい状態に保つ。課員と上司とのパイプ役となり，業務効率の向上を目指す。
11　課長代理の業務を習得する。日々の業務およびチーム活動を通じて後輩社員を育成し，適切な指示を出す。
12　日々の業務のなかで，問題点や改善点を上下関係なく指摘でき，みんなが働きやすい環境をつくる。課長代理と課員とのパイプ役となる。
13　上司と後輩たちとのパイプ役である。上司を補佐する。後輩を育成する。職場を活性化させる。
14　上司と課員とのパイプ役である。さまざまな経験から自身が与えられる知識を課員に与え，上司からの伝達事項はわかりやすく下に伝える役割である。また，変化する時代に臨機応変に対応できるよう常に周りを見るようにする。課員が何でも相談しやすい主任を目指している。
15　上司にとっては上司の思いや考えを具現化でき，部下にとっては部下の思いを上司に伝えるパイプ役である。部下の能力を引き出し，モチベーションを上げる存在である。
16　先輩や上司と後輩とのあいだの橋渡し的な存在である。後輩の現状を把握し，指導し教育する。指導する際は，上司の意向を把握し伝える役割をはたす。

17　課長や課長代理など，上司をサポートし，後輩社員を指導育成する。上司と後輩社員との架け橋になる。
18　課長や課長代理など，上司をサポートし，上司と後輩社員との中間の立場にある。基本的に重要なことは，報告・連絡・相談を励行し，自ら率先して職場をまとめていく立場である。
19　支店長や課長を補佐し後輩を指導育成する。仕事内容はもちろんのこと，各種キャンペーン，販促キャペーンなどについて，後輩に指示し指導する。
20　所属する課の担当業務について，問題点をとりまとめ，課長や支店長と相談しながら解決に向けて努力する。後輩を教育指導して，立派なD社員になれるように手助けする役割である。
21　日々の業務が円滑にできるよう常に周りに気を配る。上長を補佐し，上長と後輩との橋渡し役になる。後輩を育成し，クレーム処理に関してできる限りのことをする。
22　上司と後輩社員とのパイプ役である。常に周りを意識して，困っている社員へのフォローおよび接客の手本となるようにする。後輩社員を指導教育する。支店の問題点をまとめ提案して，解決に努める。クレーム処理に努める。

（注）D社S地区営業部が実施した主任クラス研修の参加者が，「あなたが考える主任像（役割・使命）とは」について研修前に記した文書を個別に要約した結果である。

表6-2　主任としての心がけ

1　小規模支店にいるので，全員の意思疎通ができるよう常に社員に目を配り，働きやすい職場にするよう心がけている。また，後輩が悩みなどを抱えていないか，まめに声かけをして，話しやすい雰囲気をつくるようにしている。WEB帳票などを活用し，本社・営業部主催のキャンペーン以外に，支店オリジナル・キャンペーンを作成している。後輩には，全員が同じレヴェルの接客ができるよう指導している。
2　後輩の仕事状況などを気にかけ，困っていることがないか声をかけるように努めている。WEB帳票などを確認し，支店の数字を常に意識して，周りに働きかけるようにしている。上司や後輩とコミュニケーションをとり，働きやすい職場となるよう気を配り，自ら率先して販促活動を行うようにしている。
3　経営理念3項目のさらなる実践を常に心がけている。社員全員が働きやすい職場環境を構築し，日常業務が円滑に運営されるよう支店を盛り上げている。また，困ったり，悩んでいる社員には積極的に声をかけ，問題を迅速に解決するようにしている。
4　経営理念3項目のさらなる実践を常に心がけている。常に周りに目を配り，日常業務が円滑に運営されるようフォローしている。また，風通しの良い支店づくりを心がけて，報・連・相をしやすい環境づくりをしている。
5　円滑に仕事ができるように，常に目を配っている。必要な場合は，フォローする。
6　結果的に増収，増益につながるように，お客様第一で対応するよう心がけている。発券を担当しているので，他のスタッフが受けつけた件も間違いや足りないことなどがないか早めにチェックしている。
7　販促リーダー，CSリーダーとして支店をまとめるようにしている。上司，先輩，後輩に関係なく挨拶を心がけている。先輩や後輩の補助に努めている。後輩に指導するだけでなく，自身がお手本となるように努力している。
8　自ら進んで販促活動や支店運営を心がけている。CS活動をしているので，進んで挨拶するように心がけている。QCリーダーとして，テーマ完結に向け努力している。

9 日々の挨拶や声かけを心がけている。課員の模範になるような行動、特に報告や身だしなみを心がけている。
10 間違いを的確に指導するよう心がけている。後輩でも年齢が上で業界歴の長い人が多いので、尊敬の気持ちを忘れないように心がけている。常に新しい情報を取り込むことを心がけている。
11 日常業務、CSのあらゆる面で模範となれる社員であるように努めている。チームや担当する業務がうまくまわるように、メンバーの仕事状況を把握し、指示を出すようにしている。
12 挨拶を率先してするように心がけている。常に周りに気を配るようにしている。
13 周りをよく見て気を配るようにしている。先輩、後輩にかかわらずダメなことはダメと注意するようにしている。後輩の仕事について、良いことは褒めてあげることを心がけている。
14 支店全体の流れや店頭の待ち時間に気を配っている。手が空いている社員には声をかけ、指示を促している。また、支店のなかで問題となっていることはないか意見を聞くようにしている。
15 後輩に関心をもつようにしている。言ってきかせ、やってみせて、それでもダメならいっしょに考える。
16 後輩の動きをチェックし、困っているようであれば、指導するように心がけている。
17 店頭の込み具合など、支店内の状況を把握することを心がけている。後輩社員からの質問に対して、迅速で的確な助言をするよう努めている。
18 1日の業務を気持ちよく始めるために、必ず自分自身から挨拶するようにしている。1日に2回必ず開店前と夕方から閉店時に、支店の様子を外と中から、パンフレットの陳列、装飾、ポスター掲示物などがお客様目線でどう見えているかをチェックしている。小さな支店では、少数要員でいかに効率よくカウンター、電話、発券、チェックをこなしていくかを考えている。さらに、他のエージェントやD社の他支店の店舗づくりを参考に、販促活動に取り組んでいる。仕事だけでなくプライヴェートでもコミュニケーションをできるだけ多くとって、働きやすい支店づくりを心がけている。
19 後輩への指示と後輩からの質問や困っていることに対して、的確な答えをわかりやすく伝えるように心がけている。例えば、キャンペーンのとき、ディスプレイなどをみんなで協力して作成するよう中心になって指示している。
20 支店内の販促チームで、国内自社、国内他社、海外企画の3チームのリーダーを務めるなど、各メンバーと常に密に相談し合い、売上目標が対前年比110％になるように、さまざまな施策や勉強会の実施に向けて助言することを心がけている。
21 業務中のヘルプなどの指示をまとめている。後輩を育成し、自ら率先して行動し、お客様に声かけすることを心がけている。
22 周りを意識して、仕事がより効率的にできるよう配慮し、お客様への声かけなどを率先して行うことを心がけている。仕事が怠慢にならないように、勉強会などに積極的に参加し知識を増やすようにしている。

(注) D社S地区営業部が実施した主任クラス研修の参加者が、「主任として、日々心がけていることは」について研修前に記した文書を個別に要約した結果である。

　また、仕事の知識や技能、自身の性格特性などに関する強みと弱みを記したうえで、これから目指す次の目標を書き留めている。
　このような文書を自ら記したという事実が、その記述内容に合致し矛盾な

い自己像，つまり，主任像を形成するように自身の行動を自己規制する作用を
ひき起こすと考えられる。そして，D社のあるべき主任像は，職場集団を活性
化させるため，上下左右のコミュニケーション経路の潤滑油として機能するこ
とといえよう。

　こうして，入社後10年間くらい勤め続けた経営組織のなかで，eは一人前
の構成員と承認されるようになり，仕事の知識や技能をより熟練させることと，
他の構成員たちをまとめる役割にかかわるような地位を居場所とするようにな
っていった。

4. 仕事と結婚

　第4章では大学卒業後に働き始めてまだ半年から1年半の女性aとb，第5
章では勤続5～6年の女性c，そして，本章では入社して10年になる女性eへ
の聴き取り調査の結果を記した。勤務先の業種や規模，仕事の内容などはそれ
ぞれ異なるが，会社の組織環境に適応し仕事を覚えることで精一杯の新人から，
少しずつ慣れて仕事や職場の問題を考えながら，同僚の仕事をまとめる中堅の
地位へ移行していく過程をみることができる。

　このような組織内キャリア発達の標準型は，主に男性に適用されていた。組
織の役割遂行は，仕事経験の蓄積にともなって，キャリアの発達段階別に区分
し標準化した内容を，男女を問わず構成員に要求することになる。遂行しなけ
ればならない組織の役割行動は，構成員の性別による差異をあまり考慮せず標
準化されたままである。

　学卒後に入社し定年退職するまで，組織の構成員が，仕事や職場にかかわる
ことについて考えながら，組織の役割行動を期待どおりに遂行し続ける場合，
男女による考えの違いがあらわれるひとつの発達課題は，結婚をめぐる選択で
あろう。これまで紹介した聴き取り調査の対象者4人から得た証言中にも，結
婚の時期や個人的な願望，入社5～7年目くらい，つまり，そろそろ30歳にな

る頃に受講する中堅社員講習で，総務関連の説明のなかに結婚に関連する事務手続きが含まれていることを語るなど，結婚については女性のほうが敏感になるのかもしれない。それは，仕事中心の日常における少ない出会いの機会や子を産むのに身体的な適齢を気にかけることが関係しているのだろう。

　一般に，仕事か結婚のどちらかを選ぶ行為は，女性が仕事を続ける悩みと無関係ではない。結婚の延長には，出産と子育ての問題がある。そこには，女性が仕事と結婚とを両立する現実の難しさがあらわれている。この問題については第8章で議論することにして，次章では，日常生活が硬直化してしまい倦怠感や心理的飽和感に陥った状態から脱却するため，生活構造を思い切って改築した女性たちを取り上げる。

第 7 章
田舎で暮らす選択

　毎日が単調で張り合いがなく，何か物足りないと感じている女性のなかには，将来への漠然とした不安から，ここではないどこか遠くへ行って暮らしたいと思う人がいるかもしれない。実際，若い未婚女性を有期の田舎暮らし体験に誘って，彼女たちの活躍でまちを活性化しようという企画が実践されている。

　本章では，日常生活を見直して，中山間地の過疎のまちで暮らす選択をした若い女性が，どのような考えや気持ちで人生の転機を自ら選択したのか，また，見知らぬ土地での田舎暮らしは，彼女らの実存感と日常生活の張り合いにどのように影響したかについて考える。

1. 生活の見直し・・

　日常生活は，職場生活，家庭生活，そして，個人の興味や関心や希望などが関連する自己成長の3つの領域が重なり合って構成される（武田 2004）。その重なった領域内で，仕事や家庭，友人関係や男女関係，住むところ，余暇，地域社会のつき合い，当座の目標や長期目標などにかかわりながら，人は選り好みと複合的な選択を繰り返して生活を築き，そこに自己を位置づける。生活を構築するための選択肢には，自分にむいている，本当にやりたい，ああいうふうになりたい，これならできる，このほうがやる価値があるなど，自分らしさの実感が込められているだろう。

　しかし，職業生涯の過程で，生活の構成要素のいくつか，あるいはすべてに，人は以前のように新鮮で有意義な感情をもてなくなることがある。それは，自

己か自己をとりまく環境のどちらか，または双方が変化したため，両者が適合しなくなったからと考えられる。

　今の環境では自分らしさを感じられないとき，生活の場を変えようと試みる人がいる。現実の自己と理想の自己との落差を解消し，理想自己が違和感なく納まっているような新しい環境は，それ自体が自己探索をとおして獲得の対象になるだろう。人が生活の環境を変えるという行動に関心を寄せ，選択にともなって居場所を移す行動を観察するときは，本人の内面にあって理想の自己像を刺激し敏感にさせる生活環境の認知特性を理解することが重要である。生活環境には，直接的生活環境と間接的生活環境の2つの側面がある。直接的生活環境は，交通，通信，上下水道，教育機関など，生活するために利用する社会施設であり，間接的生活環境は，自然，社会，文化など，生活する場の社会状態である。

　居住地の移動は，明らかに生活する場の変化をともなう。ここで紹介するのは，中山間地の過疎のまちに自身の意志で引越した女性たちである（武田 2015a）。

　彼女たちは，島根県旧石見町（現邑智郡邑南町石見地域）がIターンを促進するため，1992（平成4）年度から現在まで継続している事業に応募し選抜された女性たちである。まず，旧石見町の概要と当該事業が始まった経緯をみておこう。

　島根県石見町は，1955（昭和30）年に日貫村，日和村，矢上村，中野村，井原村が合併してできた。さらに，1958（昭和33）年には，瑞穂町の一部，高水地区を編入した。島根県の内陸部にある石見町は面積137.36km^2，人口は1993（平成5）年3月現在で6,996人の薪炭産業や稲作（平均5〜60a）が中心の農林業の町だった。なお，農業は専業が全体の1割，兼業が9割でほとんどが兼業農家だった。そのため1963（昭和38）年の豪雪や，産業革命によるエネルギーの変化や所得倍増計画などの影響で，町を離れる人が多かった。

　そこで，人口の流出に歯止めをかけ，それまで多かった出稼ぎを抑制するため，1971（昭和46）年にE社の下請け企業を誘致したので，400〜500人の雇

用の場ができて離村・離農が減少した。また，山間地は開発が遅れるので，1970（昭和45）年頃，11集落40世帯の集落移転を実施して，81の集落を21の自治会に分けた。こうして石見町では人口の過疎化に歯止めをかけ，福祉の町を宣言し，高齢化に対して福祉施設の充実をはかってきた。

　町の人口は，1975（昭和50）年以降は常に7,300～7,400人くらいを保っていて，島根県内でも良好なほうだったが，1990（平成2）年の国勢調査で7,034人に減少した。その後，2004（平成16）年10月1日，石見町は瑞穂町，羽須美村と合併し，現在の邑南町が誕生した。合併時の人口は13,455人，5,251世帯だった。

　今後も，自然減と社会減の並進によって人口はますます減少していくと推計されている。特に，若年者の流出が激しい。高校卒業後に，進学（石見町は，島根県内でも進学率の高い地域である）や就職で県外へ出た人が戻ってこない。流出先は広島県が多い。

　そこで，島根県は1992（平成4）年を定住元年として，住んで幸せ島根づくりプラン（通称3Sプラン）に着手した。当時の状況について，石見町でも次のような認識で一致した。

　① 都会に住む人には自然への回帰欲求があるのではないか。都会の生活に疲れて，農村の生活に憧れる人が多いのではないか。

　② Ｉターンを促進していかないと，町から人が出ていくばかりになってしまう。

　③ 田舎から都会に移りたい人がいるように，都会から田舎へ行きたいという人もいるのではないか。

　そして，都会に住む若い女性を呼び寄せ農村体験をしてもらおうと，ゆとり体感イン・アロマティック石見事業が企画された。ゆとり体感イン・アロマティック石見事業は，香りのまちづくりの一環として実施された。香道に関心をもつ町長が，香りのまちづくりを進めようという方針を唱えたのが始まりだった。この方針に沿って，1989（平成元）～1990（平成2）年に林野庁の支援を得て，月桂樹やキンモクセイなどを植えた香木の森公園を1億5,000万円かけて

写真 7-1　香木の森公園遠景　　　写真 7-2　香木の森公園広場

つくった。その他，山林を造成して芝生を植え，フィールド・アスレチックや池をつくり，遊歩道や駐車場を整備し，レストラン兼特産品販売所をつくった。

しかし，香木だけでは弱いと考えて，地元のハーブに親しむ会と旧石見町企画課が共同でハーブ園をつくった。1991（平成3）年5月に開園すると，多くの女性が集まってきた。

そこで，都会の人の力を借りるという思惑も込め，香りの産業としてハーブに力を入れようと考え，香木の森公園内にクラフト館を建設しハーブ園も新設して，そこで作業してもらうクリエイティヴ・スタッフをやってみないかと都会の若い女性を誘ったのである。

応募者は履歴書と応募動機を書いた作文を送る。応募書類は町長など15人からなる選考委員会で審議して，6人の女性を選抜する。選ばれた6人の女性には，地元の自治会に入ったり各地区や町の行事に参加したりして仲間づくりをしてもらう。農村体験をしてもらうのが本来の意図なので，ハーブ栽培をやりたいという希望だけの人は選抜しなかった。

また，年齢は20〜35歳とした。周囲からは花嫁募集ではないかという非難もあったし，たしかにそういう願いは企画者にもあったが，結婚を仲介するつもりはなく，ふだんの交流のなかから自然に結婚する人が生まれればよいと思ったという。

初年度は，どのくらい応募があるかわからないという不安があった。1992（平成4）年11月半ばから募集を始めた。新聞に募集記事を載せたところ，それがテレビで取り上げられて広く関心を集めた。1992（平成4）年12月末までには6通の応募しかなかったが，それでも定員に達したのでよかったと安心した。それが年明けには，200件以上の応募用紙の送付依頼があり，240通の案内状を送った。その結果，1993（平成5）年1月20日の締め切りまでに71通の応募があった。また，翌1993（平成5）年度は64人が応募してきた。

　選ばれた6人の女性には，往路の交通費，毎日の生活費とクラフト館での活動の報酬として月7万円が支給される。クラフト館とは，ハーブ・クラフトや食品などの創作活動の場として建てられた施設である。また，個室を用意した香賓館と呼ぶ宿泊施設を無料で提供する。この事業を運営する女性たちは，クリエイティヴ・スタッフと名づけられた。クリエイティヴ・スタッフの主な活動は，①有機農業の体験，②ハーブ・ガーデンの整備，③クラフト館の手伝い，④近所の農家の手伝い，⑤町や自治会の会合への参加，⑥毎月一度の島根県内の自主探訪，⑦自主作成の新聞『いわみんカモミール』の町内配布である。

　1993（平成5）年度に選ばれた6人のクリエイティヴ・スタッフは，g（32歳）鳥取県倉吉市出身の染色工，h（26歳）広島県呉市出身のビデオ・レンタル店臨時店員，i（22歳）岡山県倉敷市出身の一般事務員，j（27歳）福岡県春日市出身の銀行員，k（22歳）大阪府大阪市出身の花屋店員，l（22歳）大阪府高槻市出身の栄養士だった。

　1992（平成4）年度に選ばれた6人のクリエイティヴ・スタッフは，m（31歳）大阪府吹田市出身の無職，n（28歳）京都府京都市出身の動物園飼育係，o（28歳）広島県広島市出身の学習塾教師，p（25歳）愛知

写真7-3　クラフト館

県豊田市出身の山小屋臨時管理人，q（23歳）大阪府堺市出身の無職，r（25歳）滋賀県大津市出身の一般事務員だった。

このうちpとqとrは，石見町で生活した1年後に去っていたので，最初の調査を行ったときには不在だった。したがって，残りの9人の女性たちが調査対象者になった。以下では，まず，1994（平成6）年4月に行った1回目の調査で聴き取った結果を要約する。

2. 田舎暮らしへの挑戦

　石見町と地縁も血縁もない女性たちが，なぜ，応募したのかは，もっとも興味深い関心事である。1年間の期間限定とはいえ，それまでの仕事や生活にひとまず区切りをつけ，見知らぬ土地へ引越して新しい生活を始める決心をするからには，よほど大きな理由があったのだろうと想像していた。彼女たちの選択は，自身のキャリアに転機を起こそうとする主体的な行為だからおもしろい。

　前述したように，当該事業は，都会に住む人たちの自然回帰の欲求を満たそうという発想から企画された。選抜された女性たちの応募動機も，企画の趣旨と概ね合致している。しかし，聴き取り調査をとおして，彼女たちは自然志向から都会を離れようとしただけではないことがわかる。彼女たちの選択と意思決定の根底には，日常生活のなかの自己の存在や自分らしさに気づいて，当該事業に応募することが，自分自身で納得できる自己のあり方を実現するためのきっかけになるかもしれないという期待があったようである。

　g（鳥取県倉吉市出身，32歳）は，「特にIターンやUターンの意識はなかった。（応募の）締め切りの1週間から10日前に新聞記事で事業を知り，何かひっかかるところがあったのだと思うが，応募した。保母を9年間していて，その後，ここに来る前の2年間は染色の仕事をしていた。

　人間らしく生きたいと思った。周りの環境がありふれていて，ありがたいとは感じるが，自分でつくったものが何もない。自分の手で何かをつくりたいと

染色の仕事をしながら感じていた。何かをつくりたい，自分には何ができて，何をしたいか，好きなのは何なのかを考え，それが自然であることに気がつき，これも何かのチャンスかなと思い，応募した。社会に出て10年経ち，自分を見直せるチャンスかなと思った」。

h（広島県呉市出身，26歳）は，「祖母の家は山のなかにあり，牛や鶏などの動物を飼っていた。（そこには）1年に1〜2回ぐらいしか行けなかったが，祖母の家に住みたいと漠然と思っていた。

この2〜3年，田舎暮らしの本を読みあさっていた。いいことしか書いていないが，（田舎に）住んでみたいと思っていた。そんなとき，この事業を知って応募した。とりあえず1年やってみて，やれるようだったら住もうと思った。ただ，都会で便利な生活をしていたので，やっていけるか不安はある。

ここに来るまではアルバイトをしていた。2ヵ月アルバイトをし，その後1ヵ月アメリカへ行くということを繰り返していた。生活の最低基準は，自宅にいるので親がしてくれると甘えていた」。

i（岡山県倉敷市出身，22歳）は，「子ども時代は尼崎市に住み，ここに来るまでは水島コンビナートの近くに住み，そのコンビナート内の石油会社に勤めていた。（そこは）空気も汚いし，空気のきれいなところに住みたい，自然に帰りたいという思いが，勤めて3年目ぐらいから強くなってきた。この事業を知り，何か環境的に求めていたものがあるのではないか，また，親元を離れたことがないのでよい勉強になると思った」。

j（福岡県春日市出身，27歳）は，「銀行に9年間勤めた。職場では中堅で，指導する立場にあり，年収も自立できるくらいはあったが，学生時代にアルバイトをしたことがなく，銀行のなかだけしか生活したことがなかった。人生をふりかえったとき，銀行だけでは寂しいと思った。ここではいろいろな体験ができ，何もかも自分でやるという気持ちをくみとってくれるような気がした。ひとつでも自分のものにして帰っていけたらなと思っている。

仕事は，楽しく生きるためのお金を得る手段と思っている。転職に違和感が

なくなってきつつあるのではないかと思う。特に若い人のほうが，やりたいことに対して思いきりがよいように思う」。

　k（大阪市出身，22歳）は，「田舎に憧れていたが，イメージだけで夢がふくらんでいった。田舎には興味のあることがたくさんある。田舎はたまに行くからよいといわれたが，自分はそうじゃないんじゃないかなと思う。良いところも悪いところもよく見て，自分で田舎をどう思うか考えてみたい。

　自然に関することがしたかった。都会では花屋に勤めていたが，切花を使って結婚式の花を飾っては捨てることの繰り返しで，自分でその花をつくっているわけではない。育てることをしたかった。（花屋には）1年半ぐらい勤めていたが辞めて，やりたいことを探していた。仕事も楽しんで働きたい」。

　l（大阪府高槻市出身，22歳）は，「平日は仕事が忙しく会社と家との往復で，土日もゴロゴロしていて，何かしたいと思っていたが，何もしないですごしていた。仕事や会社が嫌いではないが，プライヴェート（の生活）で充実していないという思いがあった。会社には2年間勤めていた。

　自然が好きだった。感動することがなくなった。電車に1本乗り遅れただけでいらいらする自分が嫌だった。一生続けることのできる仕事は何か探していた。ここではいろいろなことを体験できるので，そのなかから何かできることを一つでも見つけられたらいいなと思った」。

　m（大阪府吹田市出身，31歳）は，「自然が好きで，農村にかなりの憧れがあった。しかし，行きたくても行けないので，こういう機会を利用して農村で暮らしていけるのなら（暮らして）いきたいと思った。

　都会でも，小さいときは水道の水もきれいだったが，20代になると，浄水器や煮沸をしなければかび臭くて飲めなくなっていた。また，空気も二酸化窒素が多いとか，そういうことばかりで嫌だった。山にハイキングに行って，きれいな空気を吸っても，また汚いところに戻って来るのが嫌で，きれいなところに住みたいと思っていた。年を経るごとに，田舎への思いが強くなっていった。

　都会では満足できない何かが過去の生活のなかにあった。応募のときにちょ

うど30歳で，好きな何かができる最後のチャンスだと思ったので，思いきって（応募）できたと思う。卒業してからずっとどこか違う，いつも何か変えたいと思っていたのだと思うが，それが（何か）わからなくて若いときはすごしていた。

ずっとレールに乗っていた。進学校に行って勉強し，よい会社に就職し，それが自分のためかわからないが，周りも喜んでくれている。レールに乗っている自分は楽で，単純に自分もそういうものだと思っていたし，よく考えていなかった。進んでいく過程であまりよく考えていなかったと思う。

働くということは，お金ではなく，精神面のやりがいや目標がもてる仕事を見つけることが，自分の幸福につながると思う。まだ模索中だが，そうなのではないかと思い始めた。この1年は自分を再発見できた毎日だった」。

n（京都市出身，28歳）は，「気分転換したかった。長い人生のなかで，1年ぐらいだったら違うことをやってみてもいいかなと思った。学生時代は親に扶養してもらっていたので，やりたいことがやれずにいた。その反動で，独り立ちしてからはのびのびやろうと思った」。

o（広島県広島市出身，28歳）は，「大学4年生のとき，アメリカのサマー・キャンプに参加した。働くということは，会社勤めをする前は，自分のためのお金を得る手段だと思っていた。E社に2年間勤めたとき，次の年からは正社員という話もあったが，翌日のことを考えて休日もだらだらとすごしていたので，このまま勤め続けるのも物足りないなと思ったので辞めた。

クリエイティヴ・スタッフのなかには5年間会社に勤めていて辞めてきた人がいるが，『いずれ5年勤めたらやめようと思っていた』と言っていた」。

毎日の暮らしや生活環境への漠然とした疑問や満たされない思いは，特定の出来事が引き金（trigger）となって，そうした疑問や不満を解消するための行為へと連動する。当該事業に応募し選ばれて石見町へやってきた女性たちも，たとえば，新聞の募集記事を見つけたことなど，それぞれがきっかけとなった出来事を経験している。

一人ひとりの応募のきっかけとなった出来事はまちまちでも，どの事例も否定的な内容ではない。つまり，移動する前の生活状況がよくないので，そこから逃げ出すための契機にしたというわけでは必ずしもない。日頃から自己のあり方を模索しているうちに，たまたま経験した特定の出来事の影響が，彼女たちの感受性を刺激したようである。このように，自己探索する心のかまえができあがった情態では，些細な出来事にも鋭敏に反応して自己の存在や自分らしさに気づきやすい。

　g（鳥取県倉吉市出身，32歳）は，「仕事は雇う側と雇われる側という関係で，そういう関係に自分を置きたくなくなってきた。女性だからこういうこと（当該事業に応募し選抜されたので当地に引越すこと）ができると思う。自分をもう少し高めたいと思った。

　土日，祝日は買物や友人と会うといったすごし方だったが，昨年からログ・ハウスをつくる仲間と知り合い，山に行くことが多くなった。こういう生き方もあるのかなと思った。そこでは約束事がなかった。昼食も最初は弁当をもって行っていたが，そのうちそこで炊事をするようになり，何もかも自分たちの手でやるようになった。与えられてあたりまえと思ったことを自分の手でやってみたいと思うようになった。今の環境から抜け出したいと思った。性とか年齢とか仕事が自分とは違うログ・ハウスの仲間と出会って，自分を見直すきっかけになった」。

　h（広島県呉市出身，26歳）は，「（石見町での滞在期間が）1年だからと思った」。

　j（福岡県春日市出身，27歳）は，「職場の人間関係はよかったが，恋愛関係が原因だった。結婚をとるか，自分一人で生きていろいろなことをやっていくか迷った。ここで何かしないで後悔するより，気が済むまでやってみようと思った」。

　l（大阪府高槻市出身，22歳）は，「何かしたいと思っていたが，見つからなかった。（石見町に）行きたいとも思っていたが，それより応募ということをしてみたいと思った。何か動くことで自分のなかで何かが変わるかなという思いがあった。1年後に何か見つかればよいと思った。重大な決心ではなかった」。

m（大阪府吹田市出身，31歳）は，「父親が，この事業の新聞記事（毎日新聞）を読んで，1年間行ってみたら（mの希望に）合うのではないかと言ってくれた。いつも田舎に住みたいと言っていたので。親がそういうなら，資料を取り寄せてみようと思った。大学では農学部で応用昆虫学を学んでいた。有機農業に関心もあった」。

　n（京都市出身，28歳）は，「新聞の記事をみて応募した。ぎりぎりまでどうしようかなと思ったが，選考があるので，受からなければ（それはそれで）いいや，受かったらラッキーかなと思った」。

　o（広島県広島市出身，28歳）は，「たまたま，新聞記事（中国新聞）をみて，応募してみようかなと思った。新しいことがしてみたかった。文章を書くのが好きなので，よい経験になると思った。

　友人に瑞穂町の出身者がいて，石見町は隣町なので，友人から聞いていたようなところかな，住んでみたいなと思った。広島も都会だが東京や大阪ほどの都会ではないので，『都会を離れたい』という感じはなかった」。

　実際に石見町に引越すまでに，彼女たちに何か障害はなかったのだろうか。当該事業2年目に選ばれた6人の女性たちはもとより，初年度に選ばれ1年の滞在期間後も引き続き石見町に住んでいる3人についても，移動にともなう障害はなかったようである。彼女たちがみな独身で家族との意見調整をしなくてもよい状況にあり，そのうえ両親の理解もあったので，仕事関連の支障さえ取り除けば，つまるところ本人しだいである。

　m（大阪府吹田市出身，31歳）は，「いい齢なので，結婚が遠のくのではないかと親戚はいったが，都会では元気がなかった自分を見ていた両親は賛成してくれた。やりたいことができて，めったにできないことだし，こういうチャンスはないかもしれないし，両親も応援してくれるし，自分も強く（石見町に）行きたいと思った」。

　n（京都市出身，28歳）は，「職場の人から，今，辞められたら困るといわれたが，せっかくのチャンスだから仕事を辞めた。両親の反対はなかった。決めた

らやるという自分の性格をみんな知っているので，強くは引き留められなかった」。

o（広島県広島市出身，28歳）は，「特にない。両親の理解もあった」。

3．田舎暮らしの感想・・・・・・・・・・・・・・・・・・・・・・・・・・・・・・・・・・・・・・

　石見町で1年間暮らしたm，n，oに共通しているのは，未経験だった農業体験を中心にした新しい生活習慣と人のネットワークのなかで，期待される役割行動を理解し行動するうちに，一人ひとりがさまざまに感じたり考えたりしたことが，自己への気づきを促していることである。

　m（大阪府吹田市出身，31歳）は，「いろいろな考え方の人がいるが，相対的に悪い人がいない。特に，クラフト館とかその周りにいる人は良い人ばかりで，悪いところが見えてこない。今後見えてくるかもしれない。

　過去に体験したことのないものを体験したり，自分と違う環境で育った女性と住居をともにしたりすることで，いろいろな世界を垣間見ることができて，いろいろな考え方を知り，勉強になった。今までは，友人も同じ目標をもって生きてきた人が多く，自分と似た人が多かった。ここでは，ここに来なければ会えなかった人と会うことができた」。

　n（京都市出身，28歳）は，「この事業に対して良い印象をもっていない町の人も一部にいたようだが，直接に何か言われたというようなことはなかった。

　ゆとり体感とあるので，のんびりできるかなと思ったが，イヴェントが多く慌ただしかった。イヴェントの際の接客もあって，何をしに来たのかなと思った時期もあった。最初の頃はイヴェントも断わりきれず参加していた。当時は新鮮に感じたが，（イヴェントの）数が多くて疲れた。しかし，のびのびとすごすことができた。

　1年間の体験は，充実した日々だった。（地元の酪農家の青年と）結婚したことが大きい。結婚したことは人生の転機だったが，これといったことではなかった。

田植や稲刈りの体験や，トラクターなどの大きな機械に乗ったりしたことも楽しかった。有機農業の体験や，家庭菜園で自分たちが育てた野菜を食べたことも楽しかった。都会では時間に追われている感じがあるが，ここでは1日が早いなとは思うが，時間に追われているという意識はない。毎日が充実しているので，不満はない。ただ，田舎，地域の風習が残っているという点で文化の違いを感じる」。

o（広島県広島市出身，28歳）は，「（石見町に来て）人生が変わる体験をしたと思う。花とかハーブはどちらかというと好きではなかったが，実際やってみると好きになった。また，クラフトの仕事もやってみるとおもしろかった。自分を再発見できた。

神楽などの文化に触れ，身近で感じることができた。広島にいるときも神楽は見たことはあったが，遠くで知らない人がやっているという感じだったのに，ここでは知っている人が実際にやっているので」。

転居すると物理的な生活環境だけでなく人のネットワークも変わる。選ばれた女性たちのなかには，新しい出会いを求めて石見町に来た人もいたが，町の人とのつき合いには良い感情をもっている。都会とは違う田舎のつき合い方に慣れると，人とふれあうことを楽しめるようになり，そこから生活が広がっていくようである。

また，海外経験のあるo（広島県広島市出身，28歳）が，石見町での滞在は米国にいたときの感じに似ていると語っていて興味深い。石見町への移動前後の生活文化の違いを彼女がどのように認知しているのかわからないが，日本から米国へ文化の境界線を越えたのと同じように，それぞれ異なる日常生活の都会から田舎へと，生活圏の境界線を越えたように感じたのかもしれない。地域間移動を誘発する要因として，出身地の生活（文化）圏の影響が考えられる。

m（大阪府吹田市出身，31歳）は，「地元の自治会の人にいろいろ助けてもらった。都会の人より素朴で純粋で，頻繁に声をかけてくれた。野菜やつくった料理を分けてくれたりした。都会にはない温かいものを感じた」。

n（京都市出身，28歳）は，「（石見町の）人が優しい。都会は割り切ったつき合い方だが，ここの人は良くいえば親切，悪くいえばお節介である。田舎の風習が残っている。地域の関連がわずらわしいと思ったりするが，いれば慣れると思う」。

　o（広島県広島市出身，28歳）は，「町の人は温かく，買物していると気軽に声をかけてくれる。こういうふれあいは，以前には感じたことがなかった。石見の人の魅力は『こんにちは』と一言声をかけると，そこから会話が広がり友だちも広がっていくところである。

　こういうふれあいは，広島でもやろうと思えばできたかもしれないが，やろうとは思わなかった。また，なくても足りていたと思うし，（ふれあいを）探す前にこういうのは自分には関係ないと思っていた。あまり積極的なほうではなかった。おとなしくしていれば誰の害にもならないしと思っていた。石見町に来ると，自分のなかに閉じ込もっていては，にっちもさっちもいかなくなるし，外から人が突いてくれるので出やすかった。

　この町はアメリカにいた頃と同じような感じがある。アメリカに行って，広島や日本が好きになった。根本的なところでは，アメリカと石見は同じところがあると思う。生活の空間を移さないとふっきれないものがあるのかもしれない」。

　クリエイティヴ・スタッフに選ばれて石見町に引越し，1年の滞在期間後もさらに定住しようと決めた人は，物見遊山のような気持ちで当該事業に応募したのではない。彼女たちの行為は，各人の自己への気づきが，住むところをはじめ暮らし方全般を主体的に選ぶかたちで表出されたことを示している。

　m（大阪府吹田市出身，31歳）は，「石見町はとてもよい町だった。クラフト館の仕事を続けたいと思った。これ以上の場所，環境，仕事，人に出会えないと思った」。

　n（京都市出身，28歳）は，「来る前に（石見町について）とりたててイメージはなかった。思っていたより田舎ではなかった。結婚しなかったら（石見町に）残っていない。自然なら北海道や九州のほうが雄大ですばらしいし，山陰

は暗いイメージがある。それに中途半端に何もないので，ここにいても休日はおもしろくない。香木の森公園は女性向きだが，もう少し付随する施設がないとお客がつきにくいと思う」。

　o（広島県広島市出身，28歳）は，「応募するときから仕事と住むところがあれば（石見町に）住みたいと思った。1年じゃなくてもっと長く住みたかった。クリエイティヴ・スタッフの1年間は地元の人と同じ枠には入れず，お客さんだったと思う。これからは住民のなかに飛び込みたい。（今から）半年ぐらい経ってみないと本当のことはわからない。半年後にどうなっているのか楽しみにしているところである。

　ふつうは石見に住みたいと思っても，石見町の人が受け入れてくれないと住めないが，この事業で入っていけた。本当によくしてもらったので，恩返しがしたい。何かお手伝いしたいと思った。広島は嫌いではないが，人も車も多くて住むところではないなと思った。

　石見町の人でＵターンした人は，長男長女なので戻って来たという人もいるが，『帰りたいから帰って来た』と言っている。そういう人をみていると，なるほどと思う。自分たちで町をよくしていこうというのがあるのかもしれない。

　また，同級生のつながりが強く，羨ましいと思った。帰る家があるということが，町を出てもがんばろうというエネルギーになっていると思う。

　（石見町に）残りたいと思ったのは，1年間にできた友人や思い出を過去のものにしたくなかったという気持ちがあったのかもしれない。齢が20年も30年も違う人とも同世代の人のようにつき合えた。人が温かく，自然を身近に感じることができる」。

4. 自己の探索と居場所の希求

　石見町での滞在期間は1年間に限定されるので，その後の仕事や生活など，将来について彼女たちはどのように展望しているのだろう。もし石見町に定住

するつもりなら，仕事や住居だけでなく結婚や子どもの教育，老後の暮らしを含め，これからの生活を設計しなければならない。

しかし，引越した女性のほとんどは具体的な将来の見通しをもっていなかった。滞在期限が切れた後について「特に決めていない」のは，キャリアの進路決定を（無意識に）回避しているとも思われる。

h（広島県呉市出身，26歳）は，「（これからの生活についての考えを）特にもっていない」。o（広島県広島市出身，28歳）は，「（これからの生活について）具体的には考えていない」。

g（鳥取県倉吉市出身，32歳）は，「30歳なので，人生の半分はきていると思う。何かしたいから来たのではなく，1年間いろんな体験ができるから，そのなかで自分に合うものを見つけられたらという思いがある。焦る気持ちもあるが，体験しながら（それを）その後に結びつけられたらと思う。生き方を見つめ直すために来たので，どういう生き方ができるか考えていきたい。自分のために生きていきたい」。

m（大阪府吹田市出身，31歳）は，「（これからの生活について）特に決めていない。（当該事業に関連する施設や仕事は）できたばかりだから，決められた型にはまった仕事ではないため，自分の考えで自由に変えていけるので，しばらくはクラフト館や石見町が今後どうなっていくのか，いっしょに見ていきたい」。

n（京都市出身，28歳）は，「（地元の青年と）結婚していなければ，（石見町に来る前に働いていた）岡山に戻っているか，京都に帰ってアルバイトをしていたと思う。そして，お金を貯めてアフリカへ行こうと思っていた」。

初年度に選抜された6人中3人は，石見町に定住したくても仕事と住居がないため，1年後に町を離れてしまったが，他の3人は残っている。引越す前はしっくりこなかった日常が，引越した後，"私"がかかわる対象に出会って変化したのかもしれない。

田舎志向の深層心理には，自然環境を求めるだけでなく，これまでのキャリアを再確認し，これからやりたいことを改めてじっくり考えてみたいという思

いがありそうである。

　m（大阪府吹田市出身，31歳）は，1年間の石見町滞在の後，そのまま住み着いているが，当該事業への応募が自己発見のきっかけになった事例といえよう。mの場合，加齢とともに自己認識が深まって，理想の自己が自己をとりまく生活環境と一体化し，現実の自己とのあいだの落差を強く自覚させたようである。そのうえ，30歳という年齢が，「好きな何かができる最後のチャンス」と，応募を決意させた。mは30歳まで職業生活を経験し，初めて自身のキャリアを自覚して，30歳以降のキャリアを模索するため日常生活を変える選択を決断した。

　j（福岡県春日市出身，27歳）は，9年間の仕事経験を積んだ中堅の銀行員であるが，銀行員である自己像が安定し支配的になるにつれて，銀行員以外の自己を試してみたいと思うようになった。jの場合，銀行員としての自己像が一定水準に達し，彼女の内面で飽和状態になったため，その自己像が別の領域での新たな自己像の形成をうながしたのだろう。

　こうした自己探索は，毎日の仕事のなかで実行される。花屋で働いていたk（大阪市出身，22歳）は，切花を飾っては捨てることを繰り返すうち，何かをつくって育てたいと思うようになった。E社に勤めていたo（広島県広島市出身，28歳）は，正規雇用の機会もあったのに，物足りない日常を絶つため退職した。また，保母として9年働いた後，染色の仕事を2年したg（鳥取県倉吉市出身，32歳）は，求めているものが満たされることを期待し応募したという。

　このように，都会を離れたい欲求だけでなく，自分らしさを求めている人もいる。自分らしさを求める気持ちは，学卒後しばらく働いて一通りの仕事経験をした結果，それまで気がつかなかった自身の欲求や能力や価値観を発見し，それを具現しようとする心理かもしれない。こうした自己への気づきは，個性化とその延長の自己実現につながるだろう。

　その際，従来と同じ生活環境のなかで自分らしさを探すより，生活環境そのものを変えてしまうほうが追求しやすいだろう。また，o（広島県広島市出身，28歳）が「生活の空間を移さないとふっきれないものがあるのかもしれない」

と言うように，すでにかかわっている組織や集団や他者との関係性をいったん断ち切ることで，新しい自己像の探索が容易になることもあるだろう。

　本章で紹介したⅠターン女性は，生活環境を変えて自分らしさを探索するきっかけを摑んだようにみえる。しかし，彼女たちに中・長期の生活見通しはない。また，仕事以外の目標を達成するために，生活費を稼ぐ手段や道具として働くことを位置づけているとも思えない。彼女たちは，自己にまつわる"何か"を希求しているようにみえるが，それは女性にとっての仕事や結婚の意味合いなどとは異なる，自己のあり方を本質的に規定する"何か"なのだろう。しかし，彼女たち自身も，その"何か"をまだ充分に対象化できていないようである。ともあれ，人は自己への気づきから自分らしさを探索する過程で，ときには住むところ，つまり，生活の環境を変えるような選択をすることもある。

　田舎で暮らす人が都会生活に関心を寄せるように，都会に住む若い人たちも見知らぬ田舎に対する漠然とした好奇心をもっているのではないかと想定して，旧石見町のゆとり体感イン・アロマティック石見事業は計画された。未知の生活空間への好奇心が移動を動機づける効果が期待された。

　都会に住む人が田舎への引越しを思案する場合，就業機会や仕事内容や賃金など，働くことにかかわる諸条件は，田舎へ移住する動機づけの主要因ではないように思える。なぜなら，一般に雇用条件に限っては，地方より中央のほうが良好だからである（武田 2008a）。しかし，仕事に偏重しがちな毎日の暮らしを見直して，家族や地域社会との結びつきに価値を見出す人は，都会に比べて時間や空間に余裕を感じる田舎に興味をもつ傾向がある。

　雇用条件だけでなく生活の質（quality of life：QOL）に関する多様な側面で，都市を含めた地域特性が広く認識されるようになると，農山漁村の暮らしがこれまでとは違って見えてくるかもしれない。それは，各地域社会に固有の歴史と文化を尊重するという考え方でもある。見知らぬ土地で暮らした体験がない人には不可解なＵ・Ⅰターン者の心理は，生まれ育った土地での原体験が，地元を離れた生活体験と比較されて再評価された結果（武田 2008a）だから，ど

の地域にも活用できそうな規格化され標準化された画一的な生活関連指標などでは測定できないだろう。

　香木の森公園で研修生を指導している元研修生の公園スタッフのなかには，「研修生は個性の強い人が多い。都会を離れて1年間，田舎で暮らそうというのだから，何かがあって来ている。失恋した人，自分探しの人，前の会社の嫌な思い出を引きずっている人，何をしていいかわからない人，（石見町が）人生の通過点になると思って来た人もいた。料理人になるためにとか，染色をするためにハーブも知っておこうとか，お菓子づくりをやりたいからハーブの勉強をしたいとか，何も考えずに暮らしていたら，ここには絶対にたどり着かない。問題意識をもって生きている人，自分自身に問いかけている人でないと，自身が置かれた社会環境や仕事を変えてまでここには来ません」と主張する人もいる。

　こうして全国から集まった女性に，地元の老若男女が話しかける。別の公園スタッフは，「こだわりをもって暮らしている人が，香木の森公園には集まってきて，そういう人たちと出会えるというのが魅力である。町の人は，そういう人ばかりじゃないのはわかっているが，ここでお会いして，よくしてくださる方たちは，農業にしても地域活動にしても誇りと自信をもってやっていて，その情熱は魅力的である。都会にいると，世代がばらばらな人たちと熱く語るきっかけはなかなかないし，そんな場にいられることもないが，田舎にいるとさまざまな世代の人たちと話すきっかけがあり，いろんなことが良くも悪くも耳に入ってくるので，考えさせられることは多いように感じる」。

　田舎暮らしに挑戦した女性が求めていたのは，自己について考えるとき，問いかけに応えてくれる誰かだったのかもしれない。見知らぬ土地に引越してきた余所者の彼女たちは，周囲から好奇心をそそられる存在であり，地元の人はその正体を知ろうと何かと働きかけるだろう。それが自ずと両者を関係づけ，そうした経験をとおして自己に気づく女性もあらわれるのではなかろうか。

第 8 章
結婚する選択

　生涯を独身ですごす人もいるが，多くの人は結婚して家族を形成する。結婚は愛情で結ばれた男女が婚姻届を提出し，民法に定められた社会的な責任と義務を負うことである。

　結婚することにした人は，配偶者に何を求め，結婚生活をどのように想定しているのだろうか。結婚生活の現実は，収入による家計の見通しを基本に，親になることや住宅の確保，互いの家族や親族との関係など，独身なら悩まずに済む諸問題への対応に追われる。

　本章では，結婚する理由を文脈に，結婚を選択する女性は，結婚に何を求めるのかについて考えてみよう。

1. 結婚に関する法律

　今日，結婚は男女双方の個人的な選択と合意によって婚姻関係を結び夫婦になることであるが，男女とも配偶者を自由に選べるようになったのは，日本国憲法が制定されてからである。そうした経緯から，1960（昭和35）～1964（昭和39）年の結婚形態をみても，見合結婚 46.6％に対して恋愛結婚 50.0％と，両者それぞれの割合は僅差である（厚生省人口問題研究所 1983）。見合結婚は，親や本家の意向を受けた仲介者によって男女の婚姻関係が決定されるため，夫婦間の情緒性が欠乏することも少なくなかった。

　第二次世界大戦敗戦まで，個人の意思より親や本家の意向が重視される結婚が繰り返されてきた背景には，幼児から男女を隔離して育てるという教育思想

や，イエどうしの縁組を優先する社会規範が支配的だったという事情があると川島（1954）は指摘した。具体的には，小学校の低学年から男女がいっしょに遊ぶこと，談話すること，同席することなどが注意深く避けられたという。こうして適齢期まで出会いの機会がないまま成長した男女を，仲人が仲介して結婚が成立した。川島は，このような結婚形態の特性を不自由婚および仲人婚と表現した。周囲から勧められた縁談は原則として断れず，また，仲人が仲介しない結婚の正当性は，社会的に承認されなかった。敗戦後，結婚に関する価値観は変化し，結婚生活を家長のため，イエのため，親のために犠牲にし，つとめ（忠実奉仕）を重視する考え方は弱くなり，結婚生活そのものをひとつの目的として，結婚の幸福を重視する態度が強くなった（川島 1954，pp.181-182）。

湯沢（1994）は，1950年代（昭和25～34年）以前の結婚を戦前型結婚，1970年代後半（昭和50年）以降の結婚を現代型結婚と区分した。戦前型結婚は，一般に，配偶者の決定に恋愛意思はなく，生活の手段としての結婚だった。夫婦は夫支配妻服従の関係にあり，雇用されて働く夫の給与で生活している世帯は，性別役割分業だった。一方，現代型結婚は，配偶者の選択に個人の自由意思が尊重され，夫婦関係は対等性と情緒性が重視された。

結婚の自由を定めた日本国憲法第24条には，婚姻は両性の合意のみによって成立し，夫婦が同等の権利を有することを基本とし，相互の協力で維持されなければならないと記されている。また，配偶者の選択，財産権，相続，住居の選定，離婚ならびに婚姻および家族に関するその他の事項には，法律は個人の尊厳と両性の本質的平等に立脚して制定されなければならないとある。この条文に基づいて，現行民法第4編「親族」第2章「婚姻」において婚姻に関する諸規定が設けられている。1898（明治31）年施行の旧民法が定めていた家制度と家父長制を否定し，1947（昭和22）年，第4編「親族」と第5編「相続」とを合わせた家族法が改正され，家庭での個人の尊厳と男女の本質的平等が明記された。

こうして日本では，18歳以上の男性，16歳以上の女性は，自身の自由な意

思で配偶関係を結び，配偶関係にある状態を維持することを選択し，その意思を記した婚姻届を提出することができるようになった。ただし，未成年者の場合，親（父親または母親，もしくはそれに準ずる保護者）のどちらかの同意が必要である。

　婚姻届を出して法的な権利を認められる法律婚に対して，婚姻届は未提出でも婚姻状態にある関係を事実婚と呼ぶ（青山・有地 1989）。事実婚は，内縁（関係）と同様に使われることがある（川井 2015）。事実婚は，結婚の意思や夫婦関係の認識があり，婚姻届は出していないが夫婦として生活している関係をさすのに対して，同棲は，恋人どうしが同居している関係で，夫婦としての認識はないとされる。

　事実婚の場合，法律婚とほぼ同様に，同居・協力扶助義務，貞操義務，婚姻費用の分担義務，日常家事の債務の連帯責任，夫婦財産制に関する規定，遺族補償および遺族補償年金の受給権，公営住宅の入居，携帯電話の家族割引などは認められるが，相続権がないこと，重婚罪の不成立，生まれた子は非摘出子として扱われることが法律婚と異なる。

　事実婚でも関係を解消するときには慰謝料を請求できるし，法的に不法行為と判断される場合は婚約不履行とされることもある。浮気行為や事実婚中に築いた共有財産の分与にも法律婚と同じ考え方が適用される。事実婚が成立する条件は，夫婦同様に暮らす意思と，夫婦としての共同生活の維持である。法律婚のような法的拘束力がない事実婚を続けるには，男女の愛情による結びつきが重要である（善積 2000）。事実婚の成立は，同棲の期間，家計の一体，家事の分担，双方の親族との交友関係などの実情を総合的に考えて判断する。

　また，最近，関心を集めている選択的夫婦別氏制度の導入（この制度は，一般に，選択的夫婦別姓制度と呼ばれているが，民法等の法律では，姓や名字を氏と呼んでいることから，法務省では選択的夫婦別氏制度とされる），同性結婚の法制化などの議論は，国民の意見を反映した社会情勢の変化と，法規範が変わると社会生活の判断基準が不安定になり自由な行動を阻害することへの懸念との対

立が表面化したといえよう。

　1947（昭和22）年の家族法の改正以降，個人の結婚する自由な意思を認める方向で法律は整えられてきた。個人の尊厳と両性の本質的平等をあたりまえとする価値観が広がって，女性は男性やイエに縛られず望む相手を配偶者に選ぶことができる。

　こうして結婚する選択が自由になったため，離婚や非婚を選ぶ人が増えている。有配偶人口を分析した結果，1950（昭和25）年から1995（平成7）年までに，標準化有配偶離婚率，つまり，既婚者に対する離婚率を年齢構成に影響されないように基準人口で修正した数値は，最小値の1965（昭和40）年から最大値の1995（平成7）年へ4.6倍に増加している（厚生労働省統計情報部 2010c）。そのうち，同居期間が20年以上の割合は，1999（平成11）年まで上昇傾向にあり，その後，若干増減し，2008（平成20）年には16.5％となっている。これが離婚率上昇の一因と考えられるだろう。また，世代（出生コーホート）別有配偶離婚率を，①世代ごとにみると高年になるほど有配偶離婚率が低下，②若年になるほど有配偶離婚率が上昇することから，世代が若くなるほど離婚しやすい傾向がみられる。

　また，2010（平成22）年の総務省「国勢調査」によると，25〜39歳の未婚率は男女ともに引き続き上昇している。男性では，25〜29歳71.8％，30〜34歳47.3％，35歳〜39歳35.6％，女性では，25〜29歳60.3％，30〜34歳34.5％，35〜39歳23.1％となっている（内閣府 2015b）。さらに30年前（1980（昭和55）年）の生涯未婚率と比べてみると，男性は2.60％（1980年）から20.14％（2010年），女性は4.45％（1980年）から10.61％（2010年）へ上昇している。

　さらに，同性との結婚を望む人も公になってきた。日本国憲法第24条は，両性の合意にのみ基づいて成立と規定してあるため，婚姻は男性と女性の両方が合意する場合のみに成立すると解釈できる。そのため，現行憲法を改正しなければ，同性婚は法的に成立しないという意見がある。また，現行民法の配偶者の規定に，特別配偶者の枠を設けて同性カップルに適用し，異性カップルと

同等の権利を保障すべきという主張がある。こうした情勢下にあって，2015（平成27）年2月，東京都渋谷区区議会は，同性カップルを結婚に相当する関係と認める証明書を発行するという条例案をまとめ，同年3月，パートナーとして証明する条例が区議会本会議で賛成多数で可決，成立した。この条例では，パートナーシップを男女の婚姻関係と異ならない程度の実質を備える関係と定義している（毎日新聞 2015；日本経済新聞 2015a）。そして，同性カップルがアパートの入居や病院での面会を断られることなどに配慮し，不動産業者や病院に，証明書をもつ同性カップルを夫婦と同等に扱うよう求めている。また，条例の趣旨に反する行為があり，是正勧告などにしたがわない場合は，事業者の名前を公表する規定も盛り込まれている。

　このように，今日，日本人の結婚観は変化しつつある。1969（昭和44）年に刊行された『日本人の結婚観』のなかで，神島（1969, pp.313-314）は，社会の変革は全体的な変革なしにはどうにもならないという意見を批判し，そんな大げさなことは考えなくとも，変革はどこからでも始められると主張し，自分自身でやれる，手近の，ささやかなやりやすいところから始めればよいと示唆した。そして，どんな小さなことでも大きな社会のあり方とつながっているから，そこが変われば，社会全体も変わらざるをえないと考え，結婚の問題を論議した。神島は，小さな変革を着実に始めることに女性が目覚めることを願った。

2. なぜ，結婚するのか

　女性が結婚することを自身の意思で選択するようになったため，男性は一方的に配偶者を選べなくなった。男女が結婚相手を平等に選ぶ場合，配偶者や結婚生活に求めるものを互いに調整し合意しなければ婚姻関係は成立しない。結婚すれば人生がもっと明るく豊かになると期待できるなら，利用できる手段や方法を駆使して相手を探すことも厭わないだろう。結婚することを自由に意思決定できる状況では，人によって結婚観もさまざまだから，まず，結婚する理

由をみておこう。

　国立社会保障・人口問題研究所が2010（平成22）年6月に実施した「第14回出生動向基本調査―結婚と出産に関する全国調査―」は，結婚と夫婦の出生力を定期的に調査し，人口動向を把握するための基礎資料を収集することが目的である。原調査は，年齢18歳以上50歳未満の独身者を対象とした全国標本調査であり，2010（平成22）年6月1日現在の事実について調べた。このうち，18歳以上35歳未満の未婚男女の集計結果をみると，「今のあなたにとって結婚することは」に対して，利点があると思うと回答した未婚男性は62.4％，未婚女性75.1％だった。男女とも半数以上の人が結婚の利点を認識しているが，その割合は男性より女性のほうが大きい（国立社会保障・人口問題研究所　2012）。

　結婚の利点としては，自分の子どもや家族をもてる（男性33.6％，女性47.7％）をあげる人がもっとも多く，2番目は精神的な安らぎの場が得られる（男性32.3％，女性29.7％）だった。女性は子どもをもてること，男性は安らぐ場が得られることを利点と考えている。

　3番目に多かった親や周囲の期待に応えられる（男性14.6％，女性19.1％）は，これまで減少傾向だったが，2010（平成22）年に増加に転じた。女性のほうが親や周囲から結婚することを期待されるのだろう。一部の女性は，結婚より"私"の望みを優先したいのかもしれない。

　また，女性の場合，経済的に余裕がもてることを結婚の利点とする人が，1987（昭和62）年から一貫して増え続け，2010（平成22）年には15.1％だった。結婚の経済的な利点を考える女性の増加は，給与や処遇など，仕事にかかわる男女差の反映かもしれない。

　結婚の利点について就業状態別の割合をみると，男性の場合，正規職員（男性69.9％，女性79.7％）や自営・家族従業員（男性68.9％）のほうが，パート・アルバイト（男性55.5％，女性70.5％）や無職・家事手伝い（男性45.8％，女性68.3％）より高い。収入が安定した仕事に就いている男性は，家計を維持し家族を扶養できるから結婚することを選択できる。

一方,女性には,男性のような明らかな違いはみられない。男性,つまり,夫が家計を支えるという役割分担が前提であるなら,女性の場合,夫の収入によって世帯の所得水準は規定されるから,未婚女性の就業状態は結婚の利得感と相関しないだろう。女性正規職員をみると,結婚には利点があるとする人の割合が,1997（平成9）年73.1％から2010（平成22）年79.7％へと上昇していることから,夫と自身の収入を合せて,より高い所得水準の生活に結婚する利点を求めているといえるかもしれない。

　満足できる水準の収入で安定して賄われる家計を結婚によって実現したい女性も,そのような結婚の利点が健康や幸福感の決定的な要因ではないと思うだろう。健康や幸福観は,収入や社会的地位や教育より人間関係に大きく影響される（Campbell 1981）。多くの楽しい出来事について,最高を100として評定した結果をみると,21歳未満の男性は,重い病気から回復すること（82.1）,恋愛をすること（75.7）,新しい友人を得ること（63.0）,21歳以上の男性は,恋愛をすること（72.9）,結婚・婚約すること（72.5）,休日が続くこと（72.0）,21歳未満の女性は,恋愛をすること（87.0）,学位を取得すること（80.2）,新しい友人を得ること（75.6）,21歳以上の女性は,重い病気から回復すること（77.3）,新しい友人を得ること（73.4）,恋愛をすること（73.1）がそれぞれ高い値を示した。このように,楽しい出来事には人間関係がかかわっている（Argyle & Henderson 1985）。また,人間関係の形成を楽しい出来事とする評定値は,男性より女性のほうが有意に高い。

　人生で最大の幸福感をもたらすことを調査した結果,未婚女性は友人との交際,恋愛をすること,既婚女性は恋愛をすること,結婚,配偶者の幸福をあげた（Freedman 1978）。一方,未婚男性は友人との交際がもっとも重要と評定し,恋愛をすることは3番目だった。既婚男性は恋愛をすることを2番目,結婚を3番目,配偶者の幸福を5番目に重要とした。

　日本と同様に欧米でも,男性より女性は,恋愛や結婚によって新しい人間関係を形成することに価値を見出している。それだけに,結婚生活は夫婦ともに

幸福感を享受できる関係を保持するため，夫妻が均等に利他的に行動することが求められる。夫婦の勢力（power）が平等な場合，結婚はもっとも幸福であると報告されている（Gray-Little & Burks 1983）。

3. 結婚と出産の現状

　結婚の利点を考えている人は，実際に結婚する意思があるのだろうか。国立社会保障・人口問題研究所（2012）によると，未婚者の約9割（男性86.3％，女性89.4％）は，いずれ結婚するつもりである。一方，一生結婚するつもりはないと回答した人も，男性は2002（平成14）年5.4％，2005（平成17）年7.1％，2010（平成22）年9.4％，女性は2002年5.0％，2005年5.6％，2010年6.8％と微増している。一部の未婚者は生涯独身ですごすことを選択している。また，その数は僅かずつ増えている。

　未婚者が結婚したいと思う平均希望結婚年齢は上昇する傾向にあり，18～34歳の未婚男性は30.4歳（前回2005（平成17）年調査では30.0歳），未婚女性は28.4歳（同28.1歳）くらいに結婚したいと思っている（国立社会保障・人口問題研究所　2012）。結婚を希望する未婚者は，30歳くらいに結婚することを考えている。

　希望する結婚年齢が上昇していることは，平均初婚年齢にもあらわれている。全国調査の結果から，男性と女性の平均初婚年齢（ただし，各届出年に結婚生活に入った場合の数値）をみてみよう。厚生労働省統計情報部が毎年1月1日～12月31日に実施している人口動態調査によると，夫の平均初婚年齢は1993（平成5）年に28.4歳だったが，2013（平成25）年は30.9歳になった。一方，妻のほうも，1993年の26.1歳から2013年29.3歳と，30歳に近づいている（厚生労働省統計情報部　2014）。

　結婚生活が30歳前後に始まることは，女性の出産に影響する。第一子出生時の母親の平均年齢は，1975（昭和50）年の25.7歳から少しずつ高くなり，

2011（平成23）年には30.1歳に達し，その後も2012（平成24）年30.3歳，2013（平成25）年30.4歳と上昇している。

　第一子を出産する母親の年齢が上がっているため，一人の女性が一生のあいだに産む子どもの数の予測値とされる合計特殊出生率の年次推移も，1985（昭和60）年の1.76から，2013（平成25）年1.43まで一貫して低調である。その結果，出生数の年次推移は，2010（平成22）年1,071,304人，2011（平成23）年1,050,806人，2012（平成24）年1,037,231人と減少する傾向にあり，2013（平成25）年は過去最少の1,029,800人だった。

　男女とも晩婚化が進み，女性は30歳頃に第一子を出産する。大卒女性の場合，学卒後8～9年ほど働いて結婚し最初の子を産むのが平均的なキャリアかもしれない。大学を卒業後8～9年の就業経験は，中級管理職に昇進するための基礎となる。暗黙のうちに男性を想定した組織内キャリア発達の上昇経路に進む分岐点にさしかかって，男女の処遇の差異を実感する女性がいるかもしれない。また，昇進しても仕事の負荷と責任が増すなかで，仕事と生活とを調和させる困難に女性は対処しなければならないだろう。

　こうした結婚にまつわる悩みは，配偶者しだいで問題の性質が変わるかもしれない。配偶者のパーソナリティや能力，配偶者がもっている資源の有効性など，配偶者を選ぶ条件は，女性が結婚を考えるときの問題解決に関係すると思われる。

　結婚相手の条件について調査した結果をみると，いずれ結婚するつもりの未婚男女が結婚相手に求める条件は，人柄を重視（男性74.4％，女性88.4％）または考慮（男性20.7％，女性9.8％）する人がもっとも多い（国立社会保障・人口問題研究所 2012）。その他，家事・育児の能力（男性47.5％，女性62.4％），自分の仕事への理解（男性40.9％，女性48.9％）も重視されている。特に，家事・育児の能力を条件とする人の割合は，1997（平成9）年の男性34.9％，女性43.6％に比べ，2010（平成22）年は男性47.5％，女性62.4％と増加している。女性の割合がいちじるしく大きくなっているだけでなく，男性にも同様の傾向がみら

れ，男女とも将来の配偶者に家事や育児の能力を期待しているようである。自身の仕事への理解を結婚相手に求める条件とする女性の割合が男性より大きいことから，共働きを想定して回答しているのではないかと思われる。また，男性のなかに，将来の配偶者に家事や育児の能力を条件とする人が多いのは，家事や育児に積極的にかかわろうとする女性が少なくなっていると感じているからかもしれない。

　女性は，容姿（男性82.4％，女性77.1％），共通の趣味の有無（男性75.4％，女性78.6％）より，経済力（男性38.7％，女性93.9％），職業（男性43.4％，女性85.8％）を考慮ないし重視している。特に，経済力を重視する女性は，1992（平成4）年33.6％，1997（平成9）年33.5％，2002（平成14）年33.9％，2010（平成22）年42.0％，また，職業を重視する割合は，1992年22.5％，1997年21.8％，2002年22.6％，2010年31.9％と，いずれも2002年までに比べて2010年は顕著に増加している。

　結婚相手の経済力を重視することは，結婚の障害として結婚資金をあげる人が増加していることとも関係がありそうである。いずれ結婚するつもりの未婚男女が1年以内に結婚するとした場合の障害としてあげたのは，結婚資金（男性43.5％，女性41.5％）であり，これまででもっとも高い比率だった（国立社会保障・人口問題研究所 2012）。また，女性については，親の承諾（男性9.6％，女性17.1％），親との同居や扶養（男性6.3％，女性7.9％）を結婚の障害と考える人が，1987（昭和62）年以降，一貫して減っている。

　核家族世帯の夫婦277組（夫の平均年齢51.9歳，妻の平均年齢48.8歳）を対象にした調査結果によると，妻の学歴および収入は，夫の妻への理解や支持を促進するようである（柏木・平山 2003）。さらに詳しく分析した結果，妻の学歴と妻の収入とのあいだには交互作用が見出された。年収200万円以上の大卒の妻と年収200万円以上の高卒の妻について，妻の職種および収入を比較したところ，大卒の妻は，専門職，公務員，教員などが多く，平均年収約500万円台であるのに対して，高卒の妻は，専門職，公務員，教員は少なく，平均年収も

約300万円台という有意差がみられた。このような結果から，柏木・平山（2003）は，妻が高学歴で，専門性や継続性の高い職業に就いて経済力をもっていることが，夫の妻への理解や支持を促進させると推察した。

女性の学歴は，学卒後の就業および年収に影響し，さらに，就いた職種や得られる年収は，結婚後の家庭生活における経済的地位を規定し，同時に，夫の理解や支持を得る効果が見込めると考えられるだろう。

4. 結婚生活の見通し

男女が結婚や結婚生活に憧れつつ生活を現実的に見通すことが，婚姻関係を維持するためには必要である。結婚したら，家庭のためには自分の個性や生き方を半分犠牲にするのは当然だという意見に賛成の18～34歳未婚男性（$n=3,667$）は58.2％，18～34歳未婚女性（$n=3,406$）45.4％である。初婚どうしの夫婦の場合，35歳未満既婚女性（$n=1,776$）の52.4％が賛成と回答している（国立社会保障・人口問題研究所 2012）。一方，反対と回答したのは18～34歳未婚男性（$n=3,667$）38.0％，18～34歳未婚女性（$n=3,406$）51.2％，初婚どうしの夫婦の35歳未満既婚女性（$n=1,776$）44.8％である（国立社会保障・人口問題研究所 2012）。未婚女性より未婚男性のほうが，結婚後は家庭のために自身の個性や生き方を半分犠牲にするのは当然という考え方を支持している。しかし，既婚女性については，反対する人（44.8％）より賛成する人（52.4％）のほうが多い。

自身の個性や生き方に固執し，それを家庭生活で押し通すわけにはいかないと現実的に認知している未婚女性は，結婚してもあまり落胆せず日常に適応できるかもしれない。

少なくとも子どもが小さいうちは，母親は仕事をもたず家にいるのが望ましいという意見に賛成する18～34歳未婚男性（$n=3,667$）は73.3％，18～34歳未婚女性（$n=3,406$）75.4％，初婚どうしの夫婦の35歳未満既婚女性（$n=1,776$）66.2％である。この考え方に反対する18～34歳未婚男性（$n=3,667$）は

22.9％，18〜34歳未婚女性（$n=3,406$）21.5％，初婚どうしの夫婦の35歳未満既婚女性（$n=1,776$）30.7％である。

　未婚男女は，子どもが小さいうちは，母親は仕事をもたず家にいるのが望ましいという考え方を肯定しているが，既婚女性のうち賛成する人の割合は未婚男女より小さい。

　結婚後は，夫は外で働き，妻は家庭を守るべきだという意見に賛成の18〜34歳未婚男性（$n=3,667$）は36.0％，18〜34歳未婚女性（$n=3,406$）31.9％，初婚どうしの夫婦の35歳未満既婚女性（$n=1,776$）30.9％である。この考え方に反対する18〜34歳未婚男性（$n=3,667$）は60.1％，18〜34歳未婚女性（$n=3,406$）64.7％，初婚どうしの夫婦の35歳未満既婚女性（$n=1,776$）66.2％である。

　結婚したら夫は外で働き，妻は家庭を守るべきだという考え方に反対する人は，婚姻状態や性別によらず6割以上を占めているが，この考え方を支持する男性は女性よりやや多い。しかし，男は家庭の外，女は家庭の内とする性別役割分業に，35歳未満の男女の約3割が賛成していることは興味深い。伝統的な性役割観をもつ人は，性役割に関する社会的紋切型（social stereotype）を適用しやすい（Carter, Hall, Carney, & Rosip 2006）。男女の差異をそれぞれの特性と考えるなら，性別役割分業は男女の特性を生かす合理的な平等化であり，このような見方をする場合，性別役割分業を解消しようとする取り組みは，男女の特性を損なう不平等化とみなす議論もできるだろう。

　また，未婚女性の理想のライフコースは，専業主婦コース（19.7％），再就職コース（35.2％），両立コース（30.6％），DINKs（Double Income No Kids）コース（3.3％），非婚就業コース（4.9％）である（国立社会保障・人口問題研究所 2012）。未婚女性が，理想と違って現実になりそうだと考えるライフコースは，専業主婦コース（9.1％），再就職コース（36.1％），両立コース（24.7％），DINKsコース（2.9％），非婚就業コース（17.7％）である。

　未婚女性の場合，1992（平成4）年から1997（平成9）年にかけて，理想のライフコースとする専業主婦コースが減少し，その後も同程度の低水準で推移し

ている。反対に，1997（平成9）年から2002（平成14）年にかけて両立コースが増加し，2010（平成22）年まで続いている。また，未婚女性が実際になりそうだと考えるライフコースとして，専業主婦コースは一貫して減少し，反対に，両立コースと非婚就業コースは一貫して増加している。

　専業主婦を理想の人生と考える女性は1990年代後半（平成7～11年）に減少し，実際に専業主婦になりそうだと考える女性も減少している。1990年代後半（平成7～11年）以降，結婚し子どもをもつが，仕事も一生続けることを理想と考え，実際，そのように両立できると考える女性は増えているが，結婚せず仕事を一生続けるだろうと考える女性も増えつつある。

　一方，未婚男性がパートナーに望むライフコースは，専業主婦コース（10.9％），再就職コース（39.1％），両立コース（32.7％），DINKsコース（2.6％），非婚就業コース（3.7％）である。未婚男性の場合，1987（昭和62）年以降，専業主婦コースは一貫して減少しているのに対し，両立コースは一貫して増加している。

　しかし，こうした結婚後のライフコースの見通しは，世代による違いばかりでなく，生活する地域によっても異なるかもしれない。たとえば，農林水産業が主要産業になっている地域では，男女共同参画の理念を実践し，仕事や家事・育児を男女平等に分担することを求めてもなかなか受け容れられないようである。そうした事態に法規範を適用すれば，男女が不平等であることは明らかなのに，女性自身は置かれた状況にそれほど不満を感じていないようにみえることがある。法規範に基づく平等の基準は客観的であるが，特定の状況下で当事者が準拠する平等の基準は，主観的で複雑な構成になっているのだろう。

　東京に住む女性を対象にした調査の結果によると，25～29歳の人たちのなかには，夫は仕事と育児の両方，妻は育児に専念するのが理想という考え方を支持する傾向が，一定の割合でみられる（山田 2000，p.65）。性別役割分業を否定するが，自身と家族の経済面の生活水準を引き上げる責任は回避しようとする女性の理想と思われる。男性は，仕事に差し支えないかぎり家事や育児を手伝いたいと回答する人が多く，女性が仕事に就くのはかまわないが家事・育

児はきちんとやってからだと思っているようである。男性も性別役割分業を否定するが，家事や育児の責任を積極的に担うつもりではない。山田（2000）は，伝統的な性別役割分業を否定する考え方は，今日，広く受け容れられているようにみえるが，誰もが仕事と家事・育児を平等に分担したいと思っているわけではないと示唆した。

　ともあれ，男性と同じように大学を卒業して働き始めた女性は，キャリア発達初期の不安定な時期をのりこえて熱心に仕事や職場にかかわるうち，気がつけば30歳，そろそろ結婚しようかなと思う年齢になっていることを実感するのだろう。約9割の未婚女性は，子どもや家庭をもちたいから結婚するつもりでいるが，結婚生活や家庭生活の現実を想うと，経済的な余裕が感じられそうにない日常を思い描くのだろう。そうした想像から，結婚の利点や夫の条件として，最近，夫の経済力や職業が重視されているのかもしれない。

　この問題に関連して，思い描いていたとおりの満足できる結婚生活を実現しているかを明らかにする目的で行われたパネル調査（panel survey）の結果をみると，男女とも結婚の前後で生活満足度は上昇し，その変化に性差はみられなかった（脇田 2011）。主観的な生活満足度とは別に，客観的な生活水準をあらわす現在の暮らし向きの評定結果は，男性より女性のほうが結婚前後で変化しやすいようである。未婚女性に比べ結婚した女性は，暮らし向きが上昇した割合，低下した割合ともに大きくなっている。生活満足度は上昇しているが，暮らし向きは上昇した割合より低下した割合のほうが高い。女性については，暮らし向きとは関係なく，生活満足度は結婚によって上昇している。

　この結果について，脇田（2011）は，社会的地位のひとつの側面をあらわす学歴に注目し，低学歴の男性に未婚者が多い（白波瀬 2005）ことから，学歴上昇婚に焦点を合わせ，女性は自身より社会的地位の高い配偶者と結婚することで，自分自身の社会的地位が上昇したと感じるか，将来の経済的地位上昇を見込めるかもしれないと期待するから生活満足度が上昇するのだろうと考えた。分析の結果，女性の場合，学歴上昇婚は生活満足度の上昇に結びついていたが，

その他の結婚と生活満足度の上昇には明確な関係はみられなかった。
　女性は，高い社会的地位の男性と結婚して，将来の望ましい生活を見通せるとき生活満足度が上昇するのだろう。したがって，誰と結婚するかは，女性の社会的地位や生活機会（life chances）や生活満足度に影響する選択行動といえるかもしれない。

第9章
親になる選択

　日本では，子はかすがいといわれるように，子は夫婦の関係をつなぎとめる大切な存在とされている。子をもつと，夫婦関係に親子関係が重なって新しい家族の生活が始まる。

　夫婦が親になると，夫婦関係と親子関係との調和が課題になる。共働き夫婦の場合，家庭生活を維持するため，家事に加えて育児に費やす時間と労力を再配分しなければならない。時間の制約や育児に活用する資源の限界を考えて，子をもつことを諦める夫婦もいる。

　本章では，子が欲しい男女，特に女性の願望を文脈に，親になる選択をするときの障害に，女性がどのように取り組んでいるかをみてみよう。

1. 子をもつことの社会的位置づけ

　男性以上に女性は，子をもつことを結婚の理由とする傾向がみられる。出産という身体の機能を備えた女性は，男性には理解不能な子への情動を知覚するのかもしれない。そのような女性特有の心理への関心とは別に，生活基盤である経済力に注目すると，賃金格差などの男女の差異は依然としてあるため，女性が男性に依存しがちな実情は否定できない。つまり，子が欲しい女性は，男性の経済力を期待して結婚を選択することになるかもしれない。現行民法では，法律婚の男女から生まれた嫡出子は，親が扶養する義務を定めている。なお，嫡出子は推定される嫡出子と，推定されない嫡出子に分類される。

　ところが，子は欲しいが結婚はしたくないという場合，婚姻届を提出しない

事実婚という形態を選択することになる。事実婚の男女から生まれた非嫡出子は，その父または母が認知できる。認知された非嫡出子に相続権はあるが，法定相続分は嫡出子の半分となる。認知されないと非嫡出子は相続人になる資格がないため，相続権は認められない。旧民法では，父親に認知されない婚姻外の子を私生子，父親に認知された婚姻外の子を庶子と分類していたが，差別の原因になるため，現行民法では非嫡出子に統一された。

　事実婚の男女から生まれた非嫡出子は，出生時は非嫡出子でも，父母が婚姻すると準正により嫡出子の身分を取得する。準正とは，非嫡出子が嫡出子の身分を取得することをさす。準正には，次の2つの方法がある。① 父親が認知した子は，その父母の婚姻によって嫡出子の身分を取得する，② 婚姻中，父母が認知した子は，その認知時点（実際には，さかのぼって婚姻時点と解釈される）から，嫡出子の身分を取得する。

　嫡出子と非嫡出子との主な違いは，相続権の有無である。子の養育費など，生活の経済基盤を安定させるために相続権は重要な条件である。そのため，事実婚や離婚・再婚の場合，女性が妊娠して出産するまでの期間の嫡出推定に関しては法律で定められている。

　現行民法では，推定される嫡出子を次のように規定している。① 妻が婚姻中に懐胎（妊娠）した子は，夫の子と推定する。② 婚姻が成立した日（婚姻届を提出した日）から200日を経過後（200日目を含まない），または，婚姻の解消や取消しの日から300日以内（300日目を含む）に生まれた子は，婚姻中に懐胎（妊娠）したものと推定する。

　①と②はいずれも推定なので，夫の子であるとは限らない。夫は，当該の子が嫡出であることを否認できる。父子関係において夫が子の嫡出を否認するには，子または親権を行う母親に対する嫡出否認の訴えを，夫が子の出生を知ったときから1年以内に裁判所に提訴しなければならない。①と②の推定が重ならないようにするため，民法第733条1項は，女性は離婚から6ヵ月（180日）経過後でなければ再婚できないと規定し，再婚禁止期間を設けている。

婚姻が成立した日，つまり，婚姻届を提出した日から200日以内に生まれた子は，推定される嫡出子とならない。この場合，嫡出子ではあるが，夫の子であるとは推定されない。夫は，自身の子でないとして，親子関係不存在確認の訴えを提起できる。なお，嫡出否認の訴えは，夫（子からみた父親）が子の出生を知ったときから1年以内という限定された期間でしかできないが，親子関係不存在確認の訴えについてはそのような期限設定はない。そのため，相続をめぐる争いが起きると，推定されない嫡出子の立場は危うくなる。

　離婚から300日以内に生まれた子は，原則として前夫の子として扱われるが，2007（平成19）年5月21日から，婚姻の解消または取消し後300日以内に生まれた子の出生届の取扱いが，次のように変更された。

　懐胎時期に関する証明書が添付された出生の届出は，婚姻の解消または取消し後300日以内に生まれた子について，懐胎時期に関する証明書が添付され，当該証明書の記載から，推定される懐胎の時期のもっとも早い日が婚姻の解消または取消しの日より後の日である場合に限り，婚姻の解消または取消し後に懐胎したと認められ，民法第772条の推定が及ばないとして，母の嫡出でない子または後婚の夫を父とする嫡出子出生届出を受理する。つまり，離婚後に妊娠した場合に限り300日以内でも前夫以外を親とする出生届を提出できる。なお，懐胎時期に関する証明書とは，出生した子およびその母を特定する事項の他に，推定される懐胎の時期およびその時期を算出した根拠を診断した医師が記載した書面をさす。

　この届出が受理されると，戸籍の子の身分事項欄には出生事項とともに，民法第772条の推定が及ばないと記載されることになる。また，懐胎時期に関する証明書が添付されていない出生の届出の取り扱いは，従前のとおり，民法第772条の推定が及ぶものとして取り扱われることになる。つまり，前婚の夫を父とする嫡出子出生届でなければ受理されない。なお，婚姻を解消または取消す際，夫の子としてすでに記載されている戸籍の訂正については，これまでと同様に，裁判所の手続が必要である。

2. 離婚と再婚

　現在，結婚や子をもつことは個人の自由意思で選べるようになったので，配偶者や子に拘束されない自立感から離婚や再婚がしだいに増えている。

　1950（昭和25）年以降の離婚件数をみると，1967（昭和42）年までは69,323～83,689件で推移していたが，1965～1974年（昭和40年代）に入ってからは，1955～1964年（昭和30年代）の婚姻率の上昇に影響され離婚率も急上昇し，1983（昭和58）年の179,150件まで上昇を続けた。その後，1984（昭和59）年の178,746件から1988（昭和63）年の153,600件まで減少したが，1989（平成元）年から再び上昇に転じ，婚姻率の停滞とは対照的に，2002（平成14）年に289,836件となり，1899（明治32）年以降最高となった。2003（平成15）年以降はやや減少に転じ，2009（平成21）年は253,353件となっている（厚生労働省統計情報部　2010c）。

　年間離婚件数は1967年までは数万件で推移していたが，1971（昭和46）年の103,595件で10万件を超えた。1983（昭和58）年から1990（平成2）年のバブル経済期に一時的に減少した後また増加に転じ，今では毎年25万組以上の夫婦が離婚している。

　離婚件数の増加にともなって再婚件数も増えている。表9-1は，夫妻のそれぞれ一方からみた初婚と再婚の組合せ別婚姻件数およびその構成割合である。夫と再婚の妻の場合，1975（昭和50）年が70,183組（夫の総数に対して7.5％）だったが，2005（平成17）年は114,574組（夫の総数に対して16.0％）と増加している。また，妻と再婚の夫の場合は，1975（昭和50）年が85,803組（妻の総数に対して9.1％）だったが，2005（平成17）年は130,189組（妻の総数に対して18.2％）とやはり増加している。

　このような情勢から法制度改正の動きもみられ，1992（平成4）年12月，法制審議会民法部会は中間報告のなかで，再婚制限期間の緩和に関する改正案を提示した。現行民法では，女性は婚姻解消または取り消し後6ヵ月（180日）

表 9-1　夫妻のどちらか一方からみた初婚-再婚の組合せ別婚姻件数及び構成割合

(組)

夫	妻 総数	妻 初婚	妻 再婚
1975（昭和50）年			
総 数	941,628 (100.0%) [100.0%]	871,445 (92.5%) [100.0%]	70,183 (7.5%) [100.0%]
初 婚	855,825 (100.0%) [90.9%]	822,382 (96.1%) [94.4%]	33,443 (3.9%) [47.7%]
再 婚	85,803 (100.0%) [9.1%]	49,063 (57.2%) [5.6%]	36,740 (42.8%) [52.3%]
2005（平成17）年			
総 数	714,265 (100.0%) [100.0%]	599,691 (84.0%) [100.0%]	114,574 (16.0%) [100.0%]
初 婚	584,076 (100.0%) [81.8%]	533,498 (91.3%) [89.0%]	50,578 (8.7%) [44.1%]
再 婚	130,189 (100.0%) [18.2%]	66,193 (50.8%) [11.0%]	63,996 (49.2%) [55.9%]

(出所) 厚生労働省統計情報部（2010）「平成21年度離婚に関する統計の概況（人口動態統計特殊報告）」, p.11

以内は再婚をすることができないとされている。再婚禁止期間は，離婚した女性がすぐに再婚して子どもが生まれた場合，子どもの父親が誰かをめぐって争いになるのを防ぐ目的で，1898（明治31）年に設けられた。改正案では，嫡出推定の重複を避けるため再婚禁止期間の制度を設けることは必要であるが，医療技術が発達した現在，妊娠していないことは容易に確認できるから，その期間は6ヵ月（180日）から100日に短縮するのが相当とされた。そして，1996（平成8）年，法制審議会民法部会は法務大臣に6ヵ月（180日）を100日に短縮する法改正を答申した。

　女性に限って設けられた再婚禁止期間は，法の下の平等を定めた憲法に違反するかで争われた訴訟で，最高裁大法廷は，2015（平成27）年12月16日，再婚禁止期間の100日を超える部分については違憲とする初の判決を言い渡した

（朝日新聞 2015；日本経済新聞 2015b）。最高裁は違憲判決のなかで，晩婚化や離婚・再婚件数の増加にみられる社会情勢の変化に言及し，再婚の制約をできる限り少なくするという要請は高まっていると指摘して，再婚禁止期間の今日的な合理性の検討を示唆した。

最高裁大法廷の判決を受けて，2016（平成 28）年 2 月 26 日，法務省は，再婚禁止期間を 6 ヵ月（180 日）から 100 日に短縮したうえで，離婚時に妊娠していない場合は 100 日を経過していなくても再婚できると明記した民法改正案を自民党法務部会に報告した（毎日新聞 2016；読売新聞 2016）。民法第 733 条 2 項で，離婚前から妊娠していた場合，出産後は再婚できると規定しているのは，出産後に女性が再び妊娠しても，その子が前夫の子と推定されることはないからである。法務省はこれまで再婚禁止期間内でも，前夫と復縁した場合，高齢や卵巣摘出で妊娠できない場合，前夫が 3 年以上前から行方不明や音信不通といった場合は例外規定として，父親が不明確になることはないとし再婚を認める運用をしてきた。その一方で，離婚時に妊娠していない女性が再婚後に出産した場合は，父親の推定が重複しないのに再婚禁止期間が適用されてきた。最高裁判決は補足意見として，適用除外にして再婚を認めるべきだとした。また，前夫と再婚する場合は，再婚にあたらないとして復縁を認めている。

最高裁大法廷は，法務省が運用で再婚を認めている場合の他にも，不妊手術で子が生まれないことが確実の場合，離婚時に妊娠していない場合も，再婚禁止期間の規定が適用されないと解釈されると指摘した。妊娠していないことが証明されれば，年齢や身体の状態にかかわらず，離婚直後に再婚できることになる。法務省は，再婚禁止期間を 100 日に短縮したうえで，民法第 733 条 2 項も見直すことにした。実際の手続きについては，戸籍の窓口で妊娠していないことを明らかにする方法として，医師が作成した証明書の提出を想定し，証明書の書式や統一的な運用方法などの検討を進めていく方針を明らかにした（毎日新聞 2016；読売新聞 2016）。

ともあれ，結婚観や結婚形態の変化に応じて社会規範や法律が改正され，夫

や妻や子の社会における適切な位置づけが常に模索されていることがわかるだろう。社会を構成する個人の位置づけが結婚や離婚によって変わるので，一定のきまりを設けて全体の秩序を保つために法律が整備されている。そのため，結婚や離婚や再婚や子をもつことにかかわる社会的契約の実態を知ることは，この主題を考えるうえで必要である。

　しかし，結婚や離婚は，民事的，社会的な問題であるだけでなく，二人の人生を互いに責任をもって影響し合う関係を結ぶことに合意するおとなの選択行動である。イギリスの作家アルヴァレズ（Alvarez 1981）は，自身の離婚と離婚前の自殺未遂の経験から，離婚をめぐる苦悩について，個人的挫折感や社会的敗北感，ロマンティックな理想と創りだそうとした現実との開き，願望として考えていたこととやっと手に入れたものとの違いを認めることだと記した。結婚や離婚・再婚の実情を統計資料や関連する学説で把握し，併せて当事者一人ひとりの個人的な経験の特異性から，夢や希望，戸惑いや自己矛盾などの心の動きを見出して知識を補完することが大切である。

3. 夫婦関係の再形成

　一般に，未婚の若い男女が，いずれは結婚して子をもうけ親になりたいと望むのは，人の生涯発達の観点からみて健全な希望といえよう。新婚の夫婦が親になることを想像して，新しい心配事が増えるだろうし，家計にも負担がかかるようになるだろうとわかっていても，子の誕生がそうした不安以上に喜びや満足をもたらしてくれると期待する。

　しかし，実際に子が生まれると，予想もしない厄介な事態に陥ってしまうこともある。ベルスキーとケリー（Belsky & Kelly 1994）は，親へ移行するとき，結婚生活に何が起きているのかを知るため，第一子妊娠から7年間にわたって250組の米国人夫婦を追跡調査した。その結果，子が生まれた後に生じる結婚生活の問題は，子がもたらす新しいストレス状態ではなく，男女の生物学的違

い，夫婦それぞれのパーソナリティ形成の過程や加齢にともなう個人的な体験の違い，夫婦それぞれの家族にかかわる社会的，心理的背景の違いなどが，子の誕生によってあらわになり，夫婦をしだいに隔てていく分極化傾向によるとした。多くの夫婦は，生まれてくる子が2人を近づけ，もっと深い意味の"私たち"という感覚を与えてくれると想像するが，実際に子が生まれると，男性と女性の感じ方，考え方，理解の仕方の違い，夫婦それぞれの優先順位や必要とするものの違い，価値観や人生観の違いなど，夫婦が生まれ育ってきた過程の決定的な違いを改めて認識し戸惑うという。

　ベルスキーとケリー（Belsky & Kelly 1994）は，結婚生活の満足度を測るため，①配偶者への愛情，②配偶者に対する心理的葛藤，③摩擦発生の度合，④コミュニケーションの変化を指標として得点化した。その分析結果から，親への移行期に変化する結婚生活には次のような4つの型があると報告した。

　①ひどく悪化した夫婦は，全体の12〜13％にあたる。4つの指標すべてが悪化し，配偶者や結婚そのものへの信頼を失いかけていて，離婚寸前の状態にある。この型については，夫への妻の愛情34％減，妻への夫の愛情28％減，夫への妻の心理的葛藤160％増，妻への夫の心理的葛藤77％増，妻の摩擦発生の度合60％増，夫の摩擦発生の度合60％増，妻のコミュニケーション31％減，夫のコミュニケーション33％減となっている。

　②少し悪化した夫婦は，全体の38％を占めもっとも多かった。この型の夫婦は，移行期に最悪の状態は避けられたが，子が生まれる前に比べて夫婦は疎遠になった。4つの指標については，夫への妻の愛情10％減，妻への夫の愛情10％減，夫への妻の心理的葛藤98％増，妻への夫の心理的葛藤64％増，妻の摩擦発生の度合31％増，夫の摩擦発生の度合37％増，妻のコミュニケーション15％減，夫のコミュニケーション15％減だった。

　③変化のなかった，つまり，現状維持の夫婦は，全体の30％だった。結婚生活が悪化しないようにそれぞれの違いを克服できた。この型については，夫への妻の愛情1％減，妻への夫の愛情2％減，夫への妻の心理的葛藤0％，妻

への夫の心理的葛藤1％減，妻の摩擦発生の度合1％増，夫の摩擦発生の度合1.5％増，妻のコミュニケーション2％増，夫のコミュニケーション2％増と報告されている。

④ 向上した夫婦が全体の19％を占めた。移行期の結婚生活に露呈した二人の違いを克服した夫婦は，前にもまして強い絆で結ばれた。この型については，夫への妻の愛情16％増，妻への夫の愛情13％増，夫への妻の心理的葛藤31％減，妻への夫の心理的葛藤33％減，妻の摩擦発生の度合15％減，夫の摩擦発生の度合24％減，妻のコミュニケーション20％増，夫のコミュニケーション17％増となっている。

夫婦が移行期の不和や不一致を克服できるのは，① 夫と妻それぞれの自己を"私たち夫婦"に合体させる能力，② 男女の社会文化的性（gender）に関するイデオロギーをめぐる個人的な信念，③ ストレス状態への耐性に影響する性格特性，④ 子が結婚生活に与える影響への期待，⑤ 子が生まれた後の夫婦のコミュニケーション維持，⑥ 家事や育児や仕事についての意見の不一致を解決する能力に影響される（Belsky & Kelly 1994）。この6つの能力は夫と妻が親になる前に身につけた適応力であり，親になる移行過程で夫婦の不和や不一致を克服するという課題を構成する領域である。この領域をうまく機能させられる夫婦は親になっても結婚生活は向上するが，うまく機能させられない場合，結婚生活は悪化するとベルスキーとケリー（Belsky & Kelly 1994）は考えた。

結婚生活に満足している夫婦は気持ちに余裕があるから，子育てに細心の注意を払って，子が発する繊細な信号を受けとめ的確に返信できるだろう。反対に，結婚生活に不満を感じている夫婦は，親子関係に満たされない自身の欲求を投入するかもしれない。こうした不適切な親の行為が子の成長に悪影響を与えるおそれがある。その原因は，親への移行期に子の誕生によって克服しなければならないことがはっきりした夫婦間の差異を，ごまかさずに克服しようと夫婦がどのくらい努力したかに求めることができるだろう。

夫も妻も子育てに意欲をもって取り組むことが夫婦の絆を強くする。夫婦が

いっしょに何かをすることで満足感は高まる（Scanzoni 1980：White 1983）。子育てについて話し合い，子どもの将来像を共有することで，"私たち"の同一性も形成される（Davis 1973）。

4. 働き方の修整

　夫婦が共働きの場合，親への移行期に発生する諸問題を解決するのは，片働きよりおそらく難しい。雇用者は，職場から家に帰ってきたときからの時間が家庭生活になるが，夫婦が同じ時間に帰宅することはあまりないだろう。夫婦は共同生活を続けるため，帰宅後の時間をやりくりして家事をこなす夫婦独自の手段を編み出しているのだろう。

　しかし，新たに子が生まれると，それまで何とかしていた生活の仕方が機能しなくなる。育児が追加された新しい生活体系を機能させる方法と仕組みを創る必要に迫られる。その際，共働きから片働きに変えるという選択もあるだろう。日本では，夫婦が家事・育児を分担できない場合，多くの妻は仕事を辞め子育てに専念することを選ぶ。そして，子が学童期を迎える頃，つまり，育児にあまり手がかからなくなると母親は再び働き始める。

　このように，子育て期間中に女性が労働市場から退出し，その後，子が学童期に入るなど，子育てがほぼ終了する頃に再び労働市場に参入するという働き方を選んだときにあらわれるキャリアの軌跡をM字型就業率曲線という。縦軸に女性の労働力率を設定し，横軸は年齢階層を目盛にして図示すると，20歳代半ば前後と30歳代半ば前後に山と谷ができてM字型の形態になることから，M字型就業率曲線といわれている。最近は，子育て期間中も就業を継続する女性が増え，M字型のあいだの谷が上昇する傾向がみられる。

　たとえば，看護師をしているｓ（49歳）は，専門学校を卒業後，総合病院に就職したが，働き始めて2年目に退職した（武田 2015a）。職場の人間関係や給与に不満はなかったが，妊娠したからである。子どもを自分自身の手で育てた

かった彼女は，仕事を辞め子育てに専念することにした。夫や両親は，この意思決定に反対しなかった。

それに，総合病院の現実は，思い描いていた理想と違い，「しなければいけないことが次々と山積みになり，要領よくこなすのが苦手だった。忙しいなかで，患者のために仕事ができているか疑問だった。直感的に，仕事内容が楽しいと感じられなくなっていた」。

総合病院を退職した後の6年間，彼女は専業主婦になり，それから社会福祉協会に再就職した。「土日が休みだったこと，急に休まなければならなくなったときに対応しやすいこと，夜勤がないこと」が社会福祉協会を再就職先に選んだ理由だという。第二の職場では，病気の人やその家族の生活に関する相談に応じることが主な仕事で，困っている人の役に立っているという実感があり，やりがいを感じていた。

しかし，「(社会福祉協会での仕事は) 看護師でなければできない仕事ではない」と思うようになり，11年勤務した社会福祉協会を辞め，地方の診療所に転職した。やはり看護師の仕事をしたいという気持ちがあったという。「子どもが大きくなり，土日休みをいっしょにすごしたり，(子どもが) 病気になって急に休んだりすることが，以前より少なくなった。それに，(社会福祉協会では) 昇給率が低く上がる見込みもほぼないので，子どもの進学を考えると，給与がもう少し高ければ」という不満も転職を決意したひとつの理由だった。

6年間の子育て後にsが再就職した社会福祉協会は，家庭生活の時間を柔軟に調整できるので，まだ子どもに手がかかる時期に働く母親にとって働きやすい仕事環境だったと思われる。そうして11年間，社会福祉協会に勤務したsは，子育てをほぼ終えて，再び看護師の仕事に就いた。結婚しても出産しても仕事を継続するキャリアより，結婚や出産にあたって初職を辞め専業主婦になり，一定の期間を他のことに心を奪われず子にかかわることができる時間をすごした後，正規雇用されてもう一度働きだすというキャリアのほうが，日本の多くの女性には望まれるのではなかろうか。

また，sは高等学校を卒業した後，大学ではなく看護専門学校に進学した。sは看護師の資格をもっているので，この仕事に関する労働市場の需給関係から，離職しても本人の自由な意思でかなり容易に再就職できるだろう。大学に進学して学ぶことだけが，学卒後のキャリアに有効な進路選択なのかについて，改めて考えてみることも必要だろう。

　子育てを含め，家庭生活のもう少し広い範囲にかかわりそうな共働きの諸問題を解決する手段について，ベイリン（Bailyn 1993）は，協調（accomodation）の概念を重視した。協調とは，家庭のために，自身の仕事の欲求を抑制する個人の意思決定行動をさす。協調度の高い人は，仕事より家庭を大切にする人である。この協調の概念を共働き夫婦に適用すると，結婚の幸福＝f（夫の協調度）となる。この関数関係式によると，夫の協調度が低い場合，結婚生活の幸福度は低く，妻は高いストレス状態にあり，生涯にわたってキャリアを追求することが困難になる。

　こうした共働き夫婦の緊張を低減するため，ベイリン（Bailyn 1993）は，2つの基本的な方針を提示した。ひとつは，協調度に夫婦の差をつけるという考え方で，まず，①仕事優先者と家庭優先者を決める，それから，②①の区別を永続的な決定とするか，それとも一時的な決定とするかを決める。もうひとつの方針は，協調度に夫婦の差をつけないという考え方で，家事・育児の①責任を夫婦で平等に分担し，②①を永続的な決定とする。

　家庭生活の危機への対処に関する2つの基本方針の長所と短所を要約すると，協調度に夫婦の差をつける場合は，①危機の管理者が明確であること，②危機管理が容易であることが長所であり，③夫と妻のうち自身のキャリア形成の希望を最初に放棄する人が犠牲になりがちであることが短所とされる（Bailyn 1993）。一方，協調度に夫婦の差をつけない場合は，①危機管理が困難であることが短所で，長所は，②家事・育児の責任に差をつけず平等に長期的に分担し続けることが，将来，大きな報酬をもたらすことである。

　協調度に夫婦の差をつけない分担法としては，①職業生活領域と家庭生活

領域のどちらか一方を制限することが考えられる。たとえば，キャリアの望みを制限する，子どもをもたない，子どもをもつことを延期する，有利な雇用環境に変化することを期待する，働き方を変えるなどがある。次に，②生活周期を長期的に見通して，キャリア形成を重視する時期と家庭生活を重視する時期を決めて，夫婦それぞれの生涯を統制することである。また，③仕事を家に持ち帰らないようにしたり，育児休暇や長期休暇などを活用したりして，仕事と家庭とを分割することも有効だろう。さらに，④配偶者と共同で事業を運営するなら，2人でひとつのキャリアを追求できるし，仕事環境を結合させて，いっしょに活動することもできる。そして，⑤夫婦がそれぞれのキャリアを個別に追求することも考えられるだろう。この場合，仕事に好都合の住居に別居して互いに通い合うことや，子どもの保育者を雇って子育ての負担を軽減することなどが具体的な行動となるだろう。

第10章
仕事を辞める選択

　女性が家の外で働く場合，誰が家事や育児をするかが問題となる。家事を他人に依頼することはあっても，親はわが子を自ら育てたいと望むようである。育児は，子の世話だから繊細な対応が求められる。

　職場で半人前から一人前へ成長する30歳前後の女性にとって，それまで築いてきたキャリアの実績が認められ責任や権限を付与された職に就く頃，出産や育児への対処を迫られるのは複雑な思いかもしれない。本章では，仕事の満足感を文脈に，働く女性が仕事と子育てとをどのように調和させようとしているかについて考える。

1. 仕事と結婚

　若い独身者は，仕事の好不調からふと結婚を考えることがあるかもしれない。キャリアの成功を追い求めることに疑問を感じたり，迷いを覚えたりしたとき，仕事より結婚して子を産み家族を形成することに人生の意義を見つけようとする女性がいてもおかしくない。そこで，まず，愛知県内の20〜30歳代の大卒未婚男女（$n=229$）を対象にした質問紙調査（武田 2015a）の資料を使って，現職への満足感と結婚生活観との関係をみておこう。

　大卒未婚男女の結婚願望は，結婚したい男性39％，女性58％，どちらかといえば結婚したい男性39％，女性25％と男女とも高いが，男性より女性のほうがやや強いようである。将来，結婚したら，子どもが欲しいですかという質問への回答は，子どもが欲しい男性72％，女性71％，どちらかといえば子ど

もが欲しい男性20％，女性15％だった。ほとんどの大卒未婚男女は子どもが欲しいと思っている。家計の収入を考えると，子どもは何人くらい欲しいですかという質問について，男性の平均値1.85人，女性1.84人だったが，子どもは2人欲しいと答えた人の比率は，男性67％，女性69％を占めた。このように，大卒未婚男女の約7割は結婚して子どもを2人くらい欲しいと思っている。

仕事の満足感については勤務地と基本給に有意差がみられ，どちらも女性のほうが満足している（表10-1）。男女の賃金格差があるとしても，男性は勤務地を広域に移動する機会が多いので，そうした負荷が給与額の納得感を低下させると思われる。

ところが，離職を考えているのは，男性ではなくむしろ女性のほうである。女性が離職を考えるのは，仕事の満足感とは別の理由が関係しているかもしれない。その要因のひとつとして結婚が考えられる。早く結婚して身をかためなさいと親から言われるのは男性より女性で，彼女たちは仕事より恋愛を大切に考え，結婚相手の職業や収入への関心が高い。

結婚し出産した後，夫ではなく彼女たち自身が育児休暇を取得したいと思っ

表10-1　大卒未婚者の仕事満足感と結婚生活観の男女差

	男性($n=126$)		女性($n=103$)	
	M	SD	M	SD
年　齢	27.06	3.24	27.29	3.56
勤続月数	40.08	36.75	46.50	38.94
勤務地の満足感	3.10	1.00	3.41	0.81*
基本給の満足感	2.06	1.14	2.45	1.07*
離職の考え	1.67	1.18	2.06	1.21*
仕事と恋愛との比較	1.70	1.38	2.08	1.45*
結婚の催促	1.90	1.22	2.26	1.22*
結婚相手の職業	1.79	1.06	3.07	0.86***
結婚相手の収入	1.79	1.01	3.13	0.74***
育児休暇の取得希望	1.82	1.61	2.99	1.43***
配偶者への育児休暇取得期待	3.07	1.31	1.92	1.26***
職場復帰後の不快経験	0.55	0.61	0.81	0.76**

*$p<0.05$, **$p<0.01$, ***$p<0.001$

ている．父親が育児休暇の取得を希望しないわけではなく，最近，子育てを望む男性もあらわれているのに，母親は父親に乳幼児の世話を頼むことに消極的で自ら世話するつもりなのだろう．このような実情は，米国で行われた調査でも報告されている（Hochschild 1989）．

また，未婚女性は，産休・育休後の職場復帰が不快な経験になりそうだとも予想している．出産と育児のため必然的に仕事を休むときにつきまとう心理的・精神的な苦痛体験は，未婚女性でも想像するほど日常茶飯事なのだろうか．

次に，仕事の満足感と結婚生活観の変化をみるため，勤続年数によって4群に分け男女差を比較した．その結果，勤続年数5年以上の男性は，基本給や賞与の満足感が女性に比べ低いことがわかった（表10-2）．仕事の負荷に比べ給与額に満足できないのではないか．

女性は勤めて3年を過ぎる頃になると，男性に比べ結婚願望が高まるようである．女性は仕事を続けながら一貫して結婚相手の職業や収入を気にしている．

結婚後は，男性は妻に育児を期待し，女性も自らが育児をするつもりで，育児を夫に期待していないようである．そうした傾向は，入社1年目の女性が，学童期前は専業主婦が望ましいと男性以上に考えていることとも合致する．国立社会保障・人口問題研究所（2012）の調査結果をみても，少なくとも子どもが小さいうちは，母親は仕事をもたず家にいるのが望ましいという意見に賛成する18～34歳の未婚男性は73.3％，未婚女性75.4％，初婚どうしの夫婦の35歳未満の既婚女性66.2％となっている．結婚後，一部の女性は考えを変えることがあるかもしれないが，それでも約7割の男女が，乳児期に父親ではなく母親は，仕事をもたず家にいるのが望ましいと思っている．

こうした実態から，多くの女性は子育てをしたいのだろうと推察できる．同様に，子育てをしたい男性も増えているかもしれない．親子の関係の基礎が形成される乳幼児期に，親になるための日常の生活環境が充分ではないことへの不満や悩みは切実な問題である．産休・育休後の職場復帰を妨げる要因を特定し，有効な対策を検討しなければならない．

表 10-2 大卒未婚者の勤続年数別にみた仕事満足感と結婚生活観の男女差

	1年未満		1〜3年未満		3〜5年未満		5年以上	
	男性(n=19)	女性(n=12)	男性(n=49)	女性(n=36)	男性(n=26)	女性(n=25)	男性(n=32)	女性(n=30)
	M(SD)	M(SD)	M(SD)	M(SD)	M(SD)	M(SD)	M(SD)	M(SD)
年齢	25.63(2.67)	25.33(3.82)	25.57(2.12)	25.44(2.22)	26.58(1.30)	26.76(2.70)	30.59(3.48)	30.73(2.95)
配属先の満足感					2.88(0.86)	3.36*(0.64)	2.56(1.08)	3.17*(0.87)
勤務地の満足感							2.75(1.05)	3.37*(0.96)
基本給の満足感							1.88(1.04)	2.70**(0.99)
賞与(ボーナス)の満足感							1.81(1.12)	2.40*(1.13)
離職の考え	1.53(1.02)	2.50*(1.38)						
結婚願望					2.65(1.50)	3.48*(1.12)		
結婚相手の職業	1.63(1.07)	3.08**(1.00)	1.67(1.18)	3.03***(0.88)	1.73(0.87)	3.32***(0.75)	2.09(1.00)	2.90**(0.85)
結婚相手の収入	1.53(0.91)	3.25***(0.75)	1.86(1.04)	3.22***(0.64)	1.77(0.95)	3.28***(0.79)	1.88(1.07)	2.83***(0.75)
育児休暇の取得希望			1.71(1.61)	3.31***(1.22)	1.96(1.71)	3.28**(1.24)		
配偶者への育児休暇取得期待	3.21(1.23)	2.08*(1.31)	3.41(1.06)	2.08***(1.11)			2.75(1.37)	1.47***(1.25)
職場復帰後の不快経験					0.54(0.58)	0.88*(0.53)		
学童期以前の母親の就業状態	1.74(0.81)	1.17*(0.58)						
学童期以前の専業主婦の望ましさ	2.16(1.68)	3.42*(0.90)						

*p < 0.05, **p < 0.01, ***p < 0.001

　また，大卒女性の場合，能力や適性に見合った仕事に就けないことが，働く意欲の低下や職場への不満を感じさせ，離職をひき起こすことがあるだろう。経済協力開発機構（Organization for Economic Co-operation and Development：OECD）が加盟34ヵ国を対象にした調査の結果，日本は，大学以上の学位をもつ25〜64歳の高学歴者は26％，そのうち34歳までの若年者は35％を占め，

OECD の平均 30％ を上回った（朝日新聞 2014b）。しかし，男女別では，高学歴男性の 92％ が就業しているのに，就業している高学歴女性は 69％ で，OECD 平均 80％ より低い。大卒女性が職場に定着するために，育児休暇を終えた後の職場復帰や再就職に向けた育児休暇中の仕事能力の保持や開発を具体化し実践することが急がれる。

さらに，原調査（武田 2015a）で取り上げた変数について，将来の妻に専業または兼業主婦を期待する男性間の差異，自身が専業または兼業主婦を望む女性間の差異を個別に検討した結果，男女ともに専業主婦志向の人は，子が小学校に入学するまでは専業主婦が望ましいと考えていることが明らかになった（専業主婦期待の男性，$n=42$, $M=3.29$, $SD=1.09$，兼業主婦期待の男性，$n=84$, $M=2.33$, $SD=1.44$, $df=104.724$, $p<0.000$；専業主婦願望の女性，$n=28$, $M=3.36$, $SD=0.87$，兼業主婦願望の女性，$n=74$, $M=2.68$, $SD=1.30$, $df=72.962$, $p<0.000$）。なお，男性のうち専業主婦期待の人は 33.33％（$n=42$），兼業主婦期待の人 66.67％（$n=84$），女性のうち専業主婦願望の人 27.45％（$n=28$），兼業主婦願望の人 72.55％（$n=74$）だった。約 3 割の未婚男女が，結婚後に専業主婦を望むのは，学童期までの子育てに母親がかかわることを重視する考えによると推察される。

このように，働く大卒未婚女性のなかに専業主婦を志向する人がいることに注目したい。男性が結婚相手に兼業主婦を望むのは，結婚生活の経済面を考慮するからだろう。兼業主婦を志向する女性も結婚後の家計を予想しているかもしれないが，仕事や職場など，外の社会とかかわり続けたいという思いも多分にあるのだろう。

また，女性の場合，専業主婦願望と結婚後の退職希望とは正の相関関係にある（$r=0.299$, $p<0.001$）。おそらく一部の女性は，結婚後は子育てに専念するため退職したいと考えているので，結婚相手の職業や収入が気になるのだろう。仕事や職場にかかわりたいと願っても，納得できる職務に就けない現実への不満や疲れから，彼女たちは，子を産み育てることに個人的な関心を寄せるよう

になるのかもしれない。

　ところで，ここまで紹介した結婚生活観についての実情は，未婚男女から集めた調査資料に基づいている。実際に結婚して子どもが生まれると夫婦関係は変化する。そこで次に，夫婦それぞれの個別事情を聴き取った結果を要約したいくつかの事例を参考に，結婚した女性の視点から，仕事や職場，子どもや家族とどのようにかかわっているかをみてみよう。

2. 家族との調和

　父親が家の外で働いて，母親も同じように家の外で仕事をする場合の子育ては，夫婦以外の誰かに頼むしかない。日本では，その役割は夫妻の親が担うことが多いようである。育児休業制度の利用とは別に，家族が子育てを手伝ってくれるなら，働く母親は仕事を続けられるだろう。一般事務職として働いているt（47歳）は，消防士の夫（50歳），農業をしている義父（70歳）と義母（68歳），製造業の会社に勤めている長女（21歳），大学生の次女（19歳）と暮らしている（武田 2015a）。結婚後も仕事を続けたのは，子育てにかかる費用が不安だったからである。「夫の収入でやっていけないわけではないが，万が一何かあったときのことを考え，貯蓄しようと思った」。
「子どもを産む前だったので，忙しくはなかった。毎日，義母といっしょにいるのは，気を遣うので嫌だった。それに，女性が結婚後も働くことに抵抗感はなかった。世の中がそういうふうになってきていたから」。

　義母が家事を手伝っていたので，彼女は家事と仕事とを両立できた。一日中，特に何もせず義母といっしょにいると気まずいため，tは職場という居場所を保持したのだろう。

　彼女は，出産後も仕事を続けた。「義母が子どものめんどうをみると言ってくれた。もし，夫と私だけだったら，子どもの世話をしきれず仕事は辞めていただろう」。勤務先の会社には，1年間の育児休暇と残業の免除という制度が

あった。「育児休暇は1年しか取れなかったので大変だった。子どもを連れて会社に行き世話をした。会社には授乳室があったが，仕事の合間になかなか抜け出せなかった」。

結婚し出産した後も仕事を続けたことで，「子育てが一段落したとき，再就職しなければならないという苦労をせずに，それまで築き上げたキャリアをそのまま生かすことができた。また，子育てにかかる費用で特に困ることはなかった」。

その反面，「仕事に疲れて家事が疎かになりがちだった。それでも，義母に家事をお願いすることはできなかった。また，帰宅時間が遅いため，あまり子どもの遊び相手をしてあげられなかった。子どもが熱を出したら，夫と交代で看病した。夫は（消防士と農業の）仕事で忙しく，（消防士の仕事は）夜勤などで家にいないことが多かった」。

家族が子育てを引き受けてくれるなら，母親は仕事を続けることができ，子育てのために退職してキャリアを中断せずに済む。職場の役割期待と家庭の役割期待との不調和による葛藤は，離転職行動を想起させる（Boyar, Maertz Jr., Pearson, & Keough 2003）。

子育てばかりでなく家事についても同様である。そうした家族の支援が得られない共働き夫婦のなかには，家事代行の利用を希望する人もいるという。全国の20～50歳代の働く既婚女性200人，同未婚女性200人，同既婚男性200人を対象に，家事の負担についてインターネットで調査した結果，仕事がある日の家事・育児時間は2時間以上4時間未満が34.5%で最も多かった（日本経済新聞 2014）。家事時間を短くしたいと答えた人は52.8%（女性は62.8%）で，減らした時間の使い方としては，趣味68.5%，子どもとすごすなど，家族との時間30.0%，自己啓発29.7%，友人等との交流21.8%などが多かった。また，家事代行を利用している人は1.7%にすぎないが，現在利用していないが今後利用してみたい人は20.5%を占めた。家事代行を利用しないのは，自宅に他人が入るのが嫌などが主な理由だった。

親と成人子とが疎遠だと，子どものめんどうをみる人が見つからなければ，父親ではなくやはり母親の就業が制約されるだろう。子どもに充分かかわれなかったという母親の後悔が，子に影響したり，母子関係の性格に影響したりするかもしれない。

3. 子育ての考え方

子育ては母親が家の外で働くことを制限するので，母親は仕事と子への愛情との板挟みのなかで，葛藤を経験するだろう。そうして育てた子に，母親は何を期待するのか。子育ては親にとってどのような意味があるのか。また，子育ての考え方に性差や世代差はあるか。このような疑問から，三世代が同居し家庭生活の諸条件を共有する拡大家族の構成員を対象に質問紙調査（武田 2015a）をして得た資料を使って，家庭内地位に基づく世代差を一元配置分散分析した結果，男女ともに有意差が認められた（表10-3）。

女性について多重比較した結果，子育ての苦労の報恩期待について，母親の意見は三世代のうちで最も否定的である。親の老後のめんどうをみることもあまり肯定していない。他方，子どもに献身し子どもを生きがいとする価値観は，祖母が最も高かった。また，女子は，子どもに献身し子どもを生きがいとする価値観を積極的に支持していないが，子育ての苦労の報恩や，特に親の老後のめんどうについては母親より肯定している。多世代の家族集団のなかで生活する母親への娘の気遣いだろうか。

男性については女性と同様に，子どもへの献身を生きがいとする価値観は，祖父の支持がもっとも強い。子育ての苦労の報恩期待や老後のめんどうについて，母親と同じように父親も否定視しているが，息子は父親より肯定的である。それに男子は，親は子どものためにではなく，自分自身のために生きるほうがよいという意見をあまり支持していない。これが息子の親への要求なのか，自身が父親になったときの心積もりなのかはっきりしないが，やがて一家の主と

して家族を扶養する役割を負うという認知によるのかもしれない。

家庭内地位の違いを統制して，三世代を個別に比較した結果，表10-3の年齢を除く5項目について男女間の違いはなかった。つまり，子育ての認知について，男子と女子，父親と母親，祖父と祖母それぞれのあいだに男女差はない。そこで，性差と世代差以外に，子育てに関係する他の主要因である子の性別を基準に，男子，女子，男女子の3群について，まず，父母と祖父母の二世代内

表 10-3　男女別にみた子育てに関する認知の世代差

		男　性(n=197)						女　性(n=247)					
		男子(n=54)		父親(n=98)		祖父(n=45)		女子(n=74)		母親(n=91)		祖母(n=82)	
		M	SD	M	SD	M	SD	M	SD	M	SD	M	SD
	年　齢	19.48	0.82	49.87	2.87	75.53	5.78***	19.23	0.77	46.73	3.31	74.01	5.47***
1	あなたは，自分自身の欲求は我慢してでも，親は子どものために尽くしてやるほうが良いと思いますか	2.22	1.24	2.45	1.03	3.22	0.95***	2.03	1.03	2.31	0.99	2.90	1.04***
2	あなたは，親は子どものためにではなく，自分自身のために生きるほうが良いと思いますか	1.76	1.16	2.33	1.15	2.09	1.24*	2.00	1.12	2.32	0.89	2.06	1.23
3	あなたは，親にとって子どもは，何より生きがいだと思いますか	2.65	1.25	2.54	1.22	3.31	0.93**	2.61	1.06	2.74	1.03	3.44	0.74***
4	あなたは，親の子育ての苦労は，将来，子どもからめんどうをみてもらって報われると思いますか	2.20	1.20	1.48	0.82	2.49	1.01***	1.96	1.01	1.43	0.82	2.24	1.21***
5	あなたは，子どもは親の老後のめんどうをみるほうが良いと思いますか	2.94	1.12	2.42	1.13	3.09	0.97**	3.05	0.86	2.16	1.21	2.85	1.08***

*p < 0.05，**p < 0.01，***p < 0.001

で男女別に一元配置分散分析した。その結果，祖父母には子の性別による差異はみられなかったが，父母の世代では，母親は子どもへの献身，父親は自分自身のために生きる生き方について5％水準の有意差が認められた（表10-4）。

多重比較の結果，母親の子どもへの献身は，息子と娘とで5％水準の有意差がみられた。また，娘がいる父親と，息子と娘がいる父親とでは，自分のために生きる生き方に5％水準の有意差がみられた。母親は，息子に比べて娘には自身の欲求を我慢して尽くそうとする強い思いを抱いている。父親にも，娘には息子と違う気持ちがあるようで，娘がいると，子どものためにではなく自分自身のために生きようとする利己心があまり強くあらわれていない。父母ともに，息子より娘を思いやる気持ちが強いようである。

表10-4　世代別にみた子育てに関する認知の子どもの性別による差異

		父親(n=98)						母親(n=91)					
		男子(n=22)		女子(n=25)		男女子(n=51)		男子(n=17)		女子(n=22)		男女子(n=52)	
		M	SD	M	SD	M	SD	M	SD	M	SD	M	SD
	年齢	49.55	3.29	50.56	2.38	49.67	2.89	47.06	3.44	47.32	3.29	46.37	3.30
1	あなたは，自分自身の欲求は我慢してでも，親は子どものために尽くしてやるほうが良いと思いますか	2.27	1.32	2.32	1.11	2.59	0.83	1.88	0.99	2.68	0.78	2.29	1.02*
2	あなたは，親は子どものためにではなく，自分自身のために生きるほうが良いと思いますか	2.41	1.14	1.84	1.21	2.53	1.07*	2.29	0.99	2.09	0.75	2.42	0.92
3	あなたは，親にとって子どもは，何より生きがいだと思いますか	2.23	1.19	2.80	1.19	2.55	1.24	2.59	1.28	3.05	0.65	2.65	1.06
4	あなたは，親の子育ての苦労は，将来，子どもからめんどうをみてもらって報われると思いますか	1.50	0.80	1.44	0.87	1.49	0.81	1.12	0.60	1.50	0.80	1.50	0.87
5	あなたは，子どもは親の老後のめんどうをみるほうが良いと思いますか	2.18	1.10	2.44	1.19	2.51	1.12	1.65	1.12	2.27	1.35	2.29	1.16

*$p < 0.05$

このように，父母の世代には子どもの性別によって微妙な差異がみられたので，次に，子どもの性別を統制して，父母と祖父母の世代差を男女別に検討した。表10-5と表10-6から，子どもが同性ではなく異性，つまり，息子と娘の場合，二世代間の違いがより明確になった。二世代間の差異は，前述した表10-3の特徴とほぼ一致している。父母の世代は，自身の加齢の過程で男女の格差を是正しようとする第二次世界大戦後の価値観を経験しているが，祖父母の世代は，男子と女子の育て方がはっきり区別された社会環境下ですごした時間が長い。そのため，息子と娘を育てた祖父母は，男女子それぞれの育て方をめぐる社会規範の違いを確かに内化していると思われる。

表 10-5　子どもの性別にみた子育てに関する男性の認知の世代差

| | | 男　子 | | | 女　子 | | | 男女子 | | |
| | | 父親($n=22$) | | 祖父($n=12$) | | 父親($n=25$) | | 祖父($n=8$) | | 父親($n=51$) | | 祖父($n=25$) | |
		M	SD	M	SD	M	SD	M	SD	M	SD	M	SD
	年　齢	49.55	3.29	77.08	3.99***	50.56	2.38	75.38	2.67***	49.67	2.89	74.84	7.08***
1	あなたは，自分自身の欲求は我慢してでも，親は子どものために尽くしてやるほうが良いと思いますか	2.27	1.32	2.83	1.19	2.32	1.11	3.38	0.52*	2.59	0.83	3.36	0.91***
2	あなたは，親は子どものためにではなく，自分自身のために生きるほうが良いと思いますか	2.41	1.14	1.83	0.94	1.84	1.21	2.25	1.49	2.53	1.07	2.16	1.31
3	あなたは，親にとって子どもは，何より生きがいだと思いますか	2.23	1.19	2.92	1.08	2.80	1.19	3.63	0.52*	2.55	1.24	3.40	0.91**
4	あなたは，親の子育ての苦労は，将来，子どもからめんどうをみてもらって報われると思いますか	1.50	0.80	2.17	0.84*	1.44	0.87	2.75	1.04**	1.49	0.81	2.56	1.08***
5	あなたは，子どもは親の老後のめんどうをみるほうが良いと思いますか	2.18	1.10	2.92	0.67*	2.44	1.19	3.00	1.31	2.51	1.12	3.20	1.00*

*$p < 0.05$, **$p < 0.01$, ***$p < 0.001$

子育ての認知は子どもの性別でやや世代差がみられるので，相互の関係を明らかにするために二元配置分散分析を行った。その結果，男女ともに子どもへの献身（男性は $F(1,137) = 16.074$, $p < 0.001$；女性は $F(1,167) = 15.764$, $p < 0.001$），子どもは親の生きがい（男性は $F(1,137) = 12.374$, $p < 0.01$；女性は $F(1,167) = 19.521$, $p < 0.001$），子育ての苦労の報恩期待（男性は $F(1,137) = 33.397$, $p < 0.001$；女性は $F(1,167) = 20.982$, $p < 0.001$），親の老後のめんどう（男性は $F(1,137) = 9.366$, $p < 0.01$；女性は $F(1,167) = 18.579$, $p < 0.001$）に有意差がみられ，いずれも世代差の主効果だけが認められた。したがって，育てる親および育てられる子の性差より，世代によって子育ての意味は異なると考えられる。

表 10-6　子どもの性別にみた子育てに関する女性の認知の世代差

| | | 男　子 | | | 女　子 | | | | 男女子 | | | |
| | | 母親(n=17) | | 祖母(n=20) | | 母親(n=22) | | 祖母(n=13) | | 母親(n=52) | | 祖母(n=49) | |
		M	SD	M	SD	M	SD	M	SD	M	SD	M	SD
	年　齢	47.06	3.44	74.25	4.48***	47.32	3.29	71.23	8.23***	46.37	3.30	74.65	4.81***
1	あなたは，自分自身の欲求は我慢してでも，親は子どものために尽くしてやるほうが良いと思いますか	1.88	0.99	2.95	0.83**	2.68	0.78	3.15	0.80	2.29	1.02	2.82	1.17*
2	あなたは，親は子どものためにではなく，自分自身のために生きるほうが良いと思いますか	2.29	0.99	2.15	1.14	2.09	0.75	2.31	1.25	2.42	0.92	1.96	1.27*
3	あなたは，親にとって子どもは，何より生きがいだと思いますか	2.59	1.28	3.30	0.66*	3.05	0.65	3.62	0.51*	2.65	1.06	3.45	0.82***
4	あなたは，親の子育ての苦労は，将来，子どもからめんどうをみてもらって報われると思いますか	1.12	0.60	1.85	1.35*	1.50	0.80	2.31	1.11*	1.50	0.87	2.39	1.17***
5	あなたは，子どもは親の老後のめんどうをみるほうが良いと思いますか	1.65	1.12	2.75	1.21**	2.27	1.35	3.23	0.73*	2.29	1.16	2.80	1.10*

*$p < 0.05$，**$p < 0.01$，***$p < 0.001$

家計収入を一定水準以下に統制して，女性が出産・育児のために働くことを休止する年齢と考えられている34〜35歳前後で，働くことの意味や報酬について母親の意見を比較した結果，第一子が就学前から働いていた母親は，35歳を超えて子育ての繁忙期をのりこえ，子育てから少しずつ解放される年齢になると，働くことの子どもへの好影響を確信し，子育てだけでなく仕事もできるという自尊心の高揚を感じている。働く母親が考えているような子どもへの好ましい影響は，実際に子どもの成長を追跡調査しないと検証できないが，仕事か子育てどちらかのキャリアより両方に従事する母親のほうが，キャリア発達から得られる充足感は高いと思われる。これは，人生を自己統御し楽しみや喜びを感じている心理的に幸福な女性とそうでない女性とを差異化するのは，前者の有職と後者の無職との違いであると指摘したバルクとバーネット（Baruch & Barnett 1986）の報告とも矛盾しない。仕事だけで子育てにあまり関与しない父親より，働きながら子育てもする母親のほうが豊かなキャリアを形成しているのかもしれない。

　原調査（武田 2015a）では，収入格差による就業理由の違いをできるだけ解消するため，一定の収入基準を条件にして対象者を選定した。当該対象者の総収入金額の高低は，原調査を行った愛知県T市内の全世帯の収入構成に位置づけてみないと判明しないが，母親が働くことに関して収入基準をある程度は統制した結果として，働くことの母親自身にとっての意味や報酬を考える手がかりを得たことは意義があると思う。その分析結果から，母親がおよそ34〜35歳まで子どもや家族のために働くという利他的な態度が，母親に仕事と家庭とを両立させようと試行錯誤させ，母親の自己成長を促進するといえよう。

　こうした献身的な行為を，母親が自己犠牲と感じるかが問題であるが，子が成長し子育ての成否が実感される頃の親子関係をとおして，子の成長が母親に子育ての達成感や充足感を認知させる場合，自己犠牲の思いは相殺され，母親はそれまでの献身を肯定視できるのだろう。つまり，母親は子が育つまで子育ての報酬を得られないし，その報酬を得るためには良好な親子関係を築くこと

も求められる。

　子どもや家族のために自己を犠牲にする母親は，自分自身の欲求や希望や夢などにあまり関心がないという指摘がある（Rubenstein 1998）。野波（1993）は，集団内で少ない報酬しか得ていない少数者（minority）の行動は集団構成員に影響すると報告したが，その際，少数者の行動が，報酬志向ではなく自身の信念や態度に基づいていると帰因されることが条件と考えられた。外在する報酬を得るために母親が犠牲を払っているとは思えないから，母親は自身の欲求や希望や夢より子どもや家族のために働いていると，他の家族構成員が認知する場合，母親は家族構成員に影響力をもつだろう。

　しかし，子育てに関する母親の自己犠牲について，たとえば，人の生涯発達のような長い時間幅で見直すと，子育て中やその直後とは違った考えを思い抱く人もいるだろう。つまり，子育てのように報酬を得るまで時間がかかる行為の犠牲を評定するには，子育ての成果の多面性ばかりでなく継時的な意味の可変性にも注意する必要がある。意図した自己利益追求ではない純粋な利他的行動が，結局は自己利益につながる可能性も指摘されている（高橋・山岸 1996）。

　また，子育ての考え方は，子の成長に応じて変化するだけでなく，世代による違いもみられる。幼児に対するアメリカ人のしつけ観は，社会の経済状況や時代精神によって変化してきたという（Eyer 1992）。過去の日本にも，母親の自己犠牲を助長する国家政策下で子育てが行われていた時代があった。原調査（武田 2015a）の対象者のうち祖父母にあたる人たちは，国家のために子が戦死する名誉を報酬とし，自己を犠牲にして子を育てた親の子である。父母は，祖父母が準拠する男女不平等や滅私奉公などの価値観に反発しながらも，育ててもらった報恩の気持ちを拭えないのかもしれない。父母は，人情，つまり，祖父母の立場で気持ちを考え共感して，義理，つまり，祖父母の期待に応え立派な良い子の役割を遂行しようとするだろう。北山・唐澤（1995）は，役割志向性，つまり，義理と，情緒的態度，つまり，人情との融合が，日本人の相互協調の理想と指摘した。敗戦前後の相反する価値を理解する父母は，家族のなかで自

己を抑圧しがちではないかと思われる。

　そうした祖父母と父母との親子関係を共有する男女子は，父母の葛藤を認知しているようである。特に，祖父母の世話や介護をする母親に，娘は共感するだろう。将来，娘が結婚して子が生まれ母になり，娘の母が祖母になると，家族集団内に今と同じような女性の世代間連鎖が再形成され，子育てを機軸に仕事と家庭とを両立させるための相互扶助関係が引き続き機能すると推察される。このような女性の家族内世代間連鎖は，子育ての報酬や返報を次世代に先送りするという合理性で成立するので，各世代の時代背景が異なっても維持されるだけの普遍性をもつと考えられる。

4．職場との調和

　働く女性が子育てするには，家族だけでなく職場の支援が必要である。女性のキャリア発達を妨げる要因には，①自信や信念の欠如，低い自尊心や向上心など，女性が自身の可能性を自ら制限してしまう性向，②家族にまつわる諸問題，③職場のお粗末な管理や支援不足，④年齢や容姿，⑤コーチング（coaching）やメンタリング（mentoring）や勤務評定など，組織の支援体制の不備，⑥男女差別の実情，⑦キャリア初期の誤った選択や同じ仕事ばかりを続けてきたことによる仕事経験の乏しさなど，不本意なキャリアの経路への進入，⑧組織内の政治的な駆け引きが考えられる（Holton & Dent 2012）。働く女性は，このような障害に遭遇したときどのように対処しているのだろうか。

　会計事務所で，顧客数十社の売上や給与計算，決算などの仕事をしているu（54歳）は，これまで二度の転職を経て現在の勤務先に就職した。最初に勤めたのは，出版の取り次ぎをしている会社で，営業事務の仕事をしていた。彼女は，本が好きだったからその会社を選び，そこで簿記や珠算の資格を生かしたかったので事務職を希望した。

「仕事は忙しく大変だったが，毎日，本屋よりも多くの本に囲まれて仕事がで

きることに幸せを感じていた。しかし，仕事に関しては，特にやりがいを感じていたわけではない。

職場の雰囲気はよく，人間関係も良好だった。同僚とは昼食をともにしたり，退社後や休日に食事や買い物をしたり，慰安旅行も毎年あったし，上司ともコミュニケーションをとりながら働いていた。仕事を教えてくれた上司もとてもよい人で，頼れる存在だった」。

職場でのメンタリング（mentoring）は，離転職行動の抑制効果がある（Smith, Smith, & Markham 2000）。また，家庭での役割遂行責任が，職務遂行に影響することにともなう葛藤を，職場のメンターが抑制するという報告もある（Nielson, Carlson, & Lankau 2001）。

しかし，その上司が結婚して退職し，彼女が部下をもつようになってから，伝えたいことがうまく伝わらず，部下に仕事を教えることに苦労したという。「周りに迷惑をかけないことだけを考えて仕事をしていた。毎日，時間に追われながらも，割り当てられた仕事をこなせるようになるのが目標だったから，職場でどのような存在になりたいか，会社にどのように尽くしていきたいかということは，あまり考えなかった」。

そのうち，結婚して退職する女性社員がしだいに増え，上司などから「まだ結婚しないのか」と何度も聞かれるのが苦痛だったという。「会社は，新しい人を安く雇いたいと考えていたようで，周りからの圧力を受けるうちに仕事を辞めたいと感じるようになった」。

こうして彼女は，最初の勤務先に勤めて5年目の秋に辞めることを決意し，その半年後の年末に退職した。転職先を見つけていなかったので，防災用品を扱う総合商社の経理事務に再就職するまでの半年間は，貯金を取り崩しながら生活した。

働き続けるうちに仕事の熟練度が増し，上司や同僚からますます期待され，同時に，責任を負うようになる。このような組織社会化の標準的な進行は，女性にもあてはまるだろうか。結婚し退社することを想定して女性を雇用する場

合，仕事能力の育成や開発の機会が，男性に比べて女性には与えられないかもしれない。その結果，女性は仕事の熟練度が上がらないと評価され，昇進や昇格が難しくなりかねない。

調理師として介護老人ホームで食事をつくっている v（48歳）は，毎朝5時に出社するため4時半には起きる。午後6時には退社するが，日によって職場が違うため，そこまでの移動距離に応じて起床時間や帰宅時間は異なる。彼女は支社の責任者なので，週に2日ある休みの日は，書類の作成に追われている。同僚の女性は，体力的に辛いとよくこぼすという。彼女も「家に帰ってまで料理はしたくない」。

最近，産休を取った女性が，「（仕事を）完全に覚えていないから，まだ仕事をしていたい」と主張したが，責任者である彼女は，「何かあったとき責任が取れないから，産休を取るように説得した。女性従業員には産休があるが，仕事に穴を空けたくない人や，産休に入った後の雇用の問題を危惧する人は，産休を取ることを嫌がる」。

育休どころか産休で休むことすらためらう女性もいるようである。仕事への意欲が高いからといって，はたして子を産むために休暇を取得するのを躊躇するだろうか。出産のためとはいえ仕事や職場を離れてしまうと，戻りにくくなる状況を予感するのかもしれない。また，産休や育休や短時間勤務の制度が整っている職場に勤めていても，子どもを世話してもらえる人や施設が身近に見つからない場合，職場に完全復帰するのは難しそうである。

一般に，公務員は出産や育児に配慮した仕事環境が比較的に整っているので，女性は働きやすいのではないかと思われる。地方公務員として区役所で働くw（50歳）は，「職場の同僚は大半が男性で，男性の目を気にしなければならなかったり，受付窓口に来た人から，女性だからと相手にされなかったりしたこともある」という。彼女は，長女と次女を出産するときも，育児休業制度を利用して仕事を辞めず働き続けた。

「区役所の前は，給食をつくる仕事をしていた。そこは同僚のほとんどが女性

で，仕事は女性に合っているし，女性にしか相談できない出産や子育ての話ができた。女性特有の嫉妬などもあったが，仕事上の男女の差別を感じることはなく，働きやすい職場だった」。

彼女は，「区役所に勤務する前に出産を終えていたので，（出産育児のために）長期休暇を取らなくてもすむから気にしなくていいが，男性のなかには，女性だけが育児休暇のような長期休暇を取ることに不満を抱いている人もいる」。制度が整備されていても，職場の男女数が偏っている場合，育児休暇の取得は女性だけの特権ではないのに，多数の男性のなかにいると，少数の女性は権利を行使しづらい実情もあるだろう。

働く女性が語ったこのような職場の現実を，組織はどのように改善しようとしているのだろうか。ここで，愛知県N市とT市の企業の取り組みをみてみよう（武田 2015b）。

コンピュータ関連機器卸売業のF社人事総務部のxによると，「社員に要求する能力に男女の違いはない。女性にはきめ細やかな提案を求める割合がやや大きいが，性差があるとまではいえない。F社の総合職に就いている社員は，給料やキャリア・アップ，仕事内容の面でみな平等であり，意識的に性別で分けることはない。お客様のニーズを引き出し，それについて自身でいろいろな企画を提案する能力が男女関係なく全社員に求められている。

F社は，性別より個性を重視している。個性とは，個々人がそれぞれの人生で培った能力であり，ユーモアがある，データ解析が得意だなど，それぞれにさまざまな能力がある」。

「優れている点についても同じである。優れている点も基本的には男女間での違いはみられない。優れた点は性別より個々人でそれぞれ違うものである。だから，F社では優れた点もあくまで個々人の違いとし，性差が生み出したものとは考えていない」。

「職場に女性がいることでよいことがあるとしたら，考え方に多様性が生まれることである。特に，出産に関しては男性と女性とで考え方が異なるため，育

児休暇・時短勤務といった会社の支援にもつながる。また，職場に多様性が生まれるとは，たとえば，子育てのため時間に制約される人は，家庭と仕事とをどうつなげるかを考え，限られた時間のなかで効率化を図るので，あらかじめ一日のワーク・スケジュールを社員に示す。そうすることでメリハリのある働きとなり，周りの手本となる。また，時間に制約のない人は，忙しい仕事を，時間に制約がある人に頼むのをやめようというような思いやりにつながる」。

「女性に限定して積極的に配属しようと考えている部門はない。待遇面で男女は同じであり，また，配属の傾向は，総合職部門では男性社員・女性社員ともに転勤は同じようにあり，女性も営業・企画・管理の部門などに配属されている。その際，男女の偏りがないように気をつけている。ただし，一般職の本社勤務については，経理・営業企画・人事総務・お客様サポート・受注など，営業以外の部門で女性社員が若干多い」。

「男性の育児休暇の取得率は，ほとんどゼロである。ただし，1年以上の育児休暇を取得した男性社員が1人いた。一方，女性については，育児休暇の取得率は100％であり2014（平成26）年6月27日現在，5人が育児休暇を利用しており，利用した人は基本的に少なくとも1年以上の休暇を取得している。なかには，保育園が確保できたら早めに入園させたいと，10ヵ月ほどで職場復帰した人もいる。

　また，2010（平成22）年から始まった取り組みとして，育児休業支援休暇がある。これは，男性が長期的に休暇を取ることが実際には困難な現状にあって，それでも家庭を大事にできるようにと設けた制度であり，最大8日間休むことが可能である。（2014（平成26）年6月27日現在）19名の男性社員がこの制度を利用している。さらに，2年ほど前に，女性の育児やキャリアについて考える女性のみが参加する会議が開かれた。育休に入ることによってキャリア・アップを諦めてほしくないということから，全国から該当者が集められ育休などについての意見を交換した。そして，出産後の社員についてはできるだけ転勤をなくし，社員が仕事と家庭とを両立できるように配慮している」。

次に，百貨店G社人事部のyによると，「G社は，非正規社員を含めると，男女の割合は3対7で女性が多い。しかし，無期雇用の正規社員については，男女はほぼ同数である。

　女性社員が多いので，やはり女性に優しい企業でなければならない。たとえば，産休育休については，1年間の保障に加え3年まで延長できる。時間短縮勤務も適用している。現在，人事部では3人の社員が産休中であり，育児をしながら勤務している人も3人いる。

　女性が多いことで安心して働ける。女性への配慮ができる男性社員を求めている。女性の視点だけでなく，日頃，百貨店に足を運ばないような男性の意見が欲しい。基本的に，人に優しい人を男女ともに求めている。正規社員はすべて総合職として採用しているので，男女ともに定期的に実施される昇格試験を受験する」。

　そして，乳製品乳酸菌飲料の卸売・小売業H社のCS（Customer Satisfaction）サポート課長zによると，「H社の総従業員277人のうち，パートを含む正規雇用者は81人で，その他は請負業者である。正規雇用者の内訳は，男性23人，女性58人，女性のうち正規雇用者は28人，パート30人である。H社の定年年齢は65歳，年齢構成は男女ともに40歳代が最も多く，50歳以上は全体の三分の一程度である。女性社員は中途入社の人が多く，子育て終了後に再就職した人たちである。また，総合職の正社員28人のうち，女性は7人である。

　H社はライフスタイルに合う働き方を実践している。具体的には，業務委託契約，扶養範囲内の希望する働き方として扶養対象の制限を考慮した定額制契約，嘱託契約社員，一般職正社員，総合職正社員，定年後再雇用制度として嘱託契約のいずれかを選択できる」。

　「一般職と総合職とは男女の壁のような違いである。一般職は女性，総合職は男性を想定できる。両者の違いは，能力の差というより仕事に集中できる時間の差と考えている。それは，仕事以外の生活の要求が男女で異なることを反映しているといえよう。

H社は，女性の働き方の多様性を認めるという理念を掲げて，① これまでの仕事経験を生かしステップ・アップを図れる仕組みづくり，② 子育てしながら仕事を続けるために，子どもを預かってくれる環境づくりに取り組んでいる」。
「産休育休後は全員が復職している。妊娠をきっかけに退職した人は最近10年で1人もいない。1年間の産休育休後に復職する場合，業務内容にもよるが，一人ひとりの事情に応じて就業時間を短縮するように配慮している。たとえば，最初は8時30分から14時まで，その後，8時30分から15時までに延長という具合である。産休育休は一定の期間を設定できるが，介護休暇は所定の期間を設定できないので，対応については検討中である。就業時間も個別事情に応じてまちまちである。そのため，時間の要求や管理が重要である」。
「30年前，自社内に保育室を併設した。営業所の隣に空き部屋があったから，『そこで子どもをみてあげるよ』と自然発生的に始まった。
　当時，牛乳配達と同じように，H社の製品も冷蔵庫が普及するまでは早配（早朝からの配達）をしていた。家庭の主婦に配達の仕事をしてもらおうと考えた。その背景には，家族の健康を考える妻であり母でありたいという理念がある。家庭の主婦を採用するには，子どもがいるから外に出られないという事情に対処する必要があった。
　その後，保育の考え方が変わってきた。子どもを預かるので事故が起きた場合，組織として責任をもつことになる。保育の環境整備が10年ほど前から強化されるようになった。
　現在，保育施設全従業員の三分の一は，保育資格者が占めることが義務づけられている。H社の場合，保育スタッフと呼ばれる保育資格者は，約30人が本社採用され，9ヵ所の保育施設にそれぞれ3〜4人が配属されている。他の従業員との差別化を避けるため，保育スタッフは，○△×先生ではなく，○△×さんと呼ぶようにしている。保育スタッフについても通勤時間など，一人ひとりの個別事情に応じて配属先を決めている」。
「小さな職場なので全社員と顔を合せる。アット・ホームな雰囲気である。社

長は男女共同参画に理解がある。そのため，社員が社長に対して直にフレンドリーに意見を伝えられる。そのとき，その場で意見を交換し，なるべく問題を溜めこまないように配慮している」。

zはH社で初めての女性課長である。「後輩の目標になるように努めている。後に続く後輩が出てきてほしい。人に言うからには，自分自身がしっかりしていないといけない。後輩の育成のために，背筋を正して言動をしっかりしようと心がけている。できること，知っていること，できないこと，わからないことを，正直に伝えるようにしている」。

「身体や精神など，男女の根本的な違いを認めて，男女を対等と考えないほうがよいと思う。互いに違いを認め合うほうが望ましいだろう。だから，男性にないものを自己に見つけてアピールすることを女性には勧めたい」。

これらの事例から，働く女性を支援する職場づくりの様子をうかがい知ることができる。こうした取り組みによって，女性の意識が前向きに変わっていくことが期待される。

第11章
専業主婦になる選択

　第一子を妊娠すると，仕事を辞めて専業主婦になる女性が多い。育児休暇後，もとの職場に復職する女性は少ない。そのため，出産・育児期の女性が労働市場から姿を消し，就業率が一時的に低下する。

　高等教育を受けた大卒女性が職場で経験する現実は，働き続けることへの失望や不満を喚起させるようである。仕事に追われる日常が常態なので，結婚や出産の時機を逃しそうな不安を感じて，一部の女性は子育てに専念するため専業主婦になろうとする。

　本章では，専業主婦志向を文脈に，仕事より家族，特に子へのかかわりを女性が選択することの合理性について考える。

1. 専業主婦の出現

　複数の人が同じ目的を共有し仕事の役割を分担して，一人では成し遂げられない目的の達成にむけて各人の課題に取り組むという人の結合体が集団や組織である。家族は社会を構成する基礎集団として，職場と家庭の二つの生活領域を区分すると，職場で有償の仕事をする男性と家庭で無償の仕事をする女性という性別役割分業の形態は，日本の近代化，つまり，欧州化が進展するなかで出現した。職場の集団や組織は，生産性を高めるため，構成員の適性や能力を生かして仕事を分担し効率よく成果を上げようとする。ところが，家族は生産性ではなく構成員の生活保障と福祉の追求が基本的な目的で，夫婦や親子間の感情で結びついた集団なので，経済合理的な考え方による分業はなじまない。

従来，家族の分業は社会文化的性（gender）に準拠し遂行されてきたといえよう。つまり，社会文化的に男らしいとは家庭の外で働くこと，同様に，女らしいのは家庭の内で働くことという社会通念が広く受け容れられた。生物学的・解剖学的性（sex）と違い社会文化的性は，国や地域，歴史や時代によって異なった男らしさ・女らしさの基礎学習を加齢とともに体験させる。こうして社会文化的性に基づく性別役割分業は，役割や地位などの男女の違いだけでなく，男らしい生き方・女らしい生き方の指針にも影響する。

　家庭内の仕事をする女性は，家庭の外で男性が分業する仕事が有償であるのに，家事や育児は無償であることに不満を感じるかもしれない。家族が生活するには，家族構成員の誰かが働いて得た収入が必要である。集団の分業という問題については，有償労働の役割を男性ではなく女性が担ってもおかしくない。

　一般に，妻子のために稼いで頼りにされ，家族集団を経済的に扶養する責任を負うのが既婚男性の役割と思われている。一方，既婚女性は，家族に愛情を注ぎ世話するという利他的行動を本能的に動機づけられているとされる。そうした見方は，たとえば，女性が出産・育児・子育てをとおして社会文化的に形成する母親としての性質や母親であることの現実に関連して，子育てへの献身や子への無償の愛情など，家事や育児の分業責任者としての母親の理想像を意味する母性（maternity）の概念をめぐる議論のひとつの論点である。

　家庭外で働かずもっぱら家庭内で，家族への利他性から無償で家事や育児をこなすとされる専業主婦（homemaker）は，1955（昭和30）～1964（昭和39）年の高度経済成長期に，主に農山漁村の次三男と娘の人口移動にともなって形成された都市に住む勤労者世帯の妻が最初である（武田 2008a）。昭和30年代（1955～1964年）の高度経済成長期以前に遡ると，日本の既婚女性は家庭の内外で働いていた兼業主婦（housewife with a job outside the home）だった。

　専業主婦の数は，1955（昭和30）年890万人，1960（昭和35）年995万人，1965（昭和40）年1,104万人，1970（昭和45）年1,213万人，1980（昭和55）年1,526万人と増加した後，1990（平成2）年に1,255万人と減少し，2000（平成

12) 年に1,365万人と再びやや増えている（内閣府 2002）。全専業主婦のうち，サラリーマン世帯の専業主婦の数をみると，1955（昭和30）年517万人，1960（昭和35）年643万人，1965（昭和40）年797万人，1970（昭和45）年898万人，1980（昭和55）年1,093万人と増え続けた後，1990（平成2）年878万人，2000（平成12）年859万人と減少傾向にある。同様に，全有配偶女性に占めるサラリーマン世帯の専業主婦の比率も，1955（昭和30）年29.9％，1960（昭和35）年33.2％，1965（昭和40）年36.3％，1970（昭和45）年36.4％，1980（昭和55）年37.1％と高まったが，1990年代（平成2〜11年）以降は1990（平成2）年28.1％，2000（平成12）年26.5％と低下している。バブル経済が崩壊した1990年代以前は，専業主婦が増えていたことから，都市勤労者世帯の生活様式（way of life）を志向する人が多かったのだろう。

　都市勤労者世帯の妻が専業主婦だったのは，母性愛のような観念とは別に，若年期の賃金は相対的に低く，中高年期に高くなるように設計された賃金体系によるといえよう。夫の賃金は，加齢にともなう家計収支の変化に見合って支給される生活給だった。それは男性を対象とした日本企業の年功序列と終身雇用，つまり，長期安定雇用を特徴とする労務管理体系がもたらした生活様式である。多くの女性は，都市でサラリーマンとして働く男性と結婚すれば専業主婦になって安定した生活ができると期待したのかもしれない。

　生活の基盤は家計の健全な収支であり，収入が消費を規定する。どのような生活を望むかは，家計収入の見通しによるだろう。仕事と家庭との均衡は，望む収入を得たうえで家事や育児について考えるような問題ともいえよう。

　しかし，都市勤労者世帯の場合，世帯収入はサラリーマンの夫に依存し，夫は失業せず，夫の賃金は加齢とともに上昇することが前提の生活である。ところが，バブル経済が崩壊した1990年代（平成2〜11年）以降になって失業率は上昇し，男性就業者の実質賃金は伸びなくなった。夫の収入に依存する生活は，経済社会環境の変化に対して不安定な家計を基盤にしている。

2. 子育ての障害

　夫だけの収入に依存していたのでは不安だからという理由で、妻も家庭の外で働く共働きの世帯は、専業主婦世帯と比べてどのくらい収入の差があるのだろうか。全国の学生を除く20～34歳の男女309人を対象にした質問紙調査の結果によると、共働き世帯の税込み年間収入は746万円、妻パート世帯495万円、専業主婦世帯488万円となっていて、共働き世帯の収入は多いが、妻パート世帯と専業主婦世帯とのあいだにほとんど差はないことから、専業主婦世帯の夫は高収入であることがうかがえる（内閣府 2003）。ここでは、親非同居の世帯の税込み年間収入平均額を世帯収入としている。

　また、全国の学生を除く20～34歳の男性206人を対象に行われた質問紙調査の結果をみると、各世帯の夫の収入は、共働き世帯451万円、妻パート世帯396万円、専業主婦世帯427万円であり、妻パート世帯の夫の収入は他の世帯より低い（内閣府 2003）。夫の収入だけでは家計を維持できないので、妻がパートやアルバイトで働いている家庭と、妻が働かず専業主婦でも夫の収入だけで家計を維持できる家庭とに分かれるようである。なお、夫の収入は、正社員の夫の税込み年間収入の平均額である。

　専業主婦世帯と兼業主婦世帯とを分けるひとつの要因は、夫の収入だろう。世帯収入が低い家庭では、切詰めた家計支出が子の教育に影響すると思われる。総務省が5年ごとに実施する就業構造基本調査と、厚生労働省が毎年実施する被保護者調査の資料を使って、総世帯のうち、最低生活費以下の収入しか得ていない世帯の比率を貧困率、また、18歳未満の末子がいる世帯のうち、最低生活費以下の収入しか得ていない世帯の比率を子どもの貧困率とし、世帯人数や地域による生活費の違いを考慮して貧困率を分析した結果によると、全国の子どもの貧困率は1992（平成4）年は5.4％だったが、2012（平成24）年は13.8％に上昇した（戸室 2016）。また、全国の子どものいる貧困世帯数は、1992（平成4）年の約70万世帯から2012（平成24）年には約146万世帯まで増えている。

子どもの貧困率は，1992（平成4）年の5.4％から2012（平成24）年の13.8％へ20年間で約2.56倍に増大した。

家計を維持するために妻が家の外で働くことを選択する場合，夫婦は，子をもうけ，どのように育てるかという問題をはじめ，家庭の内の分業について見直し再考しなければならない。子育てには人手がいる。母親は，仕事に拘束されながらも育児にかかわろうとするかもしれないが，他人の助けがどうしても必要である。共働き夫婦の子育ては，同居もしくは近居している夫婦どちらかの親に頼ることが多い（武田 2015a）。

共働き夫婦の親が遠く離れて暮らしていたり，高齢や病気など，体力や健康状態が良好でなかったりして，子の世話を頼めない場合は託児所や保育施設に預かってもらうしかないだろう。最近，待機児童の問題が論議されているように，託児所や保育施設の数は，そこで働く保育士の不足も併せて，利用状況の地域差がみられる。厚生労働省は，2015（平成27）年4月現在，子を保育施設に預けず親が育児休暇を延長した人が5,334人，求職活動を諦めた人が4,896人いたと発表した（朝日新聞 2016）。また，2015（平成27）年10月現在の待機児童数は45,315人と公表した。こうした実態から，働く女性のなかには，結婚や子育てについて不安を感じ悩んでいる人が少なくないと思われる。

現在，保険の仕事をしている aa（32歳）は，大学を卒業後に金融会社に入社したが，職場の人間関係になじめず，在職中に取得した保険に関する資格を生かし23歳のときに転職した（武田 2015a）。彼女は，学生の頃，英語を使って航空業界で働きたかったという。しかし，2001（平成13）年9月11日，アメリカ合衆国で起きた同時多発テロの影響で，航空業界の新卒採用はなく希望はかなわなかった。

今の仕事は前職に比べてよいというが，「できれば仕事はしたくない」。勤務先には，「終業の時間できっちり終わってほしい。就業時間をしっかり守ってほしい。育児制度などを整備してほしい。子どもができても，仕事を辞めるつもりはない。でも，育児休暇は1年しかない。実際，育児休暇を取って1年経

った同僚をみると大変そうで，保育所に預けなければ（仕事を）続けられない。そのために，仕事を辞めてしまう人もいる。育児休暇は，最低2年は欲しい。時短制度があるので，子どもが3歳までは利用できる。しかし，今の会社の制度では，育児ができるとは思えない。（育児に関する）制度は，会社によってまちまちなので，国が（一括して）決めてくれると嬉しい」。

　育児のために認められている休職期間が短いという意見である。乳幼児の発達に関する科学的な知識に基づいて，育児や子育てに必要な期間を定める必要があるだろう。

　商業高校を卒業した後，病院で整形外科の事務員として働いている ab（21歳）によると，「（勤務先の病院では）産休・育休の他に，子どもがいる女性は残業をしなくてもよく，規定の就業時間より1時間早く終業し帰宅できる制度がある」（武田 2015a）。

　こうした制度が整っているのに，「以前，正規雇用者として働いていた女性が，育児休業後に退職してしまった。子どもを預かってくれるところがなかったから，その人は仕事を辞めた。保育所などの施設は定員に達していて，子どものめんどうをみてくれる人がいなかったことが退職の理由である。産休・育休や残業の面では配慮されているが，子どものことを考えると，（この病院に）託児所があったら，なお働きやすい環境になるだろう」。

　20〜49歳の既婚者（$n=420$）が，今後，子どもをもつ場合の条件としたのは，働きながら子育てができる職場環境であること（56.4%），教育にお金があまりかからないこと（51.9%），健康上の問題がないこと（47.4%），保育所や一時預かりなど，地域の保育サービスが整うこと（46.2%），雇用が安定すること（41.9%）である（内閣府政府統括官 2014）。また，子どもが小学校に入学するまでのあいだ，子どもの祖父母が，育児や家事の手助けをすることが望ましいかについては，とてもそう思う（46.9%），ややそう思う（31.8%）と，全体の78.7%が祖父母の手助けを望ましいと回答した。

　現状では育児のために休める期間はせいぜい1年間くらいしかなく，1年経

った後の子育ては，託児所や保育施設，親をはじめ家族の協力がなくては実現できそうにない。家計を維持するために働く女性が子育てをする社会環境は充分に整備されていない。

3. 兼業主婦の現実

　兼業主婦について，まず，家庭内の分業の実態をみてみよう。家庭内の無償労働の貨幣評価額を，家計が無償労働を行うことによる逸失利益，つまり，市場に労働を提供しなかったことによって失う賃金で評価する機会費用法（opportunity cost method：OC法）で推計した結果をみると，1981（昭和56）年は男性50,820億円，女性481,820億円だったが，2006（平成18）年は男性257,490億円，女性1,061,200億円となっている（内閣府経済社会総合研究所 2009）。2006年の無償労働の貨幣評価額は約132兆円で，そのうち80.47%を女性が占めている。その後，2011（平成23）年に無償労働の貨幣評価額は，約138.5兆円に増加し，女性の構成比は80.0%だった（内閣府経済社会総合研究所 2013）。

　また，無償労働の貨幣評価額を活動の種類別にみると，炊事，掃除，洗濯，縫物・編物，家庭雑事を含む家事合計が全体の64.5%（男性12.0%，女性88.0%）を占めている。家事合計のなかでは，炊事の比率が最も大きく36.2%（男性11.3%，女性88.7%）となっている（内閣府経済社会総合研究所 2009）。活動の種類別に男女の構成比をみると，全体の19.5%は男性であるが，家事合計は，男性12.0%と低い。家事合計の中心である炊事も，男性の構成比は11.3%にすぎない。家事合計以外の活動について男性の構成比をみると，介護31.1%，育児19.9%，買物36.2%となっていて，家事合計の12.0%より高い。こうした実情は2011（平成23）年もあまり変わっていない（内閣府経済社会総合研究所 2013）。家事合計が全体の6割以上を占め，特に炊事の比率が高い。家事合計のうち男性は10～12%を分業し，清掃，家庭雑事などの比率が高い。家事合計以外の活動では，買物，育児，介護などの男性の構成比は家事合計の構成比より高い。

このように，家庭内の無償労働は依然として女性のほうが多くの経済的価値を生み出している。

家庭の外で働く女性の実情について，採用選考に携わり部下に業務を指示するという組織のなかでの立場から，ソーラー・システムの広報や宣伝の仕事をしている男性の管理職者 ac（50歳）は，次のように述べている（武田 2015a）。「今では，採用の際に，（女性に）結婚の意思や予定を聞くことはないが，実際の感覚として，男性（採用候補者）の場合は，原則として一生勤務する人という視点で採用を検討するが，女性（採用候補者）については，結婚や出産を機に退職する可能性が高いと意識することが少なくないのが実態であり，そのこと自体が，すでに差別になっているということも否定はできない。そのような視点をもっているため，採用にあたり，男性には専門的な分野で高いレヴェルを要求するが，女性には，必ずしも専門分野の能力ではなく，一般常識や第一印象，言葉使い，態度などがある程度の判断材料になる」。

「専門的な業務を担当する人と一般的な事務を担当する人とは，仕事の経験や専門的な技能（skill）の差がつくことも少なくない。そうした（仕事の経験や技能の）差が継続してつくようだと，会社にとって必要不可欠な人と交代が可能な人という評価のより大きな差になることもある。もちろん，これは男女に関係なく起こりうることであるが，採用の時点で，結婚や出産のため一生勤務しないかもしれないと思われることによって，（女性採用候補者は）専門分野に就くという前提で採用されないことが，入社後の業務内容や評価に影響するとしたら，それは男女の差別ということだろう」。

「専門的な分野，一般的な事務によらず業務指示の違いとして，たとえば，男性には残業や長期もしくは遠方への出張を指示するが，女性にはそのような指示は出しにくい。女性が結婚すると，より依頼しにくくなるのが現状である。これは差別というより（女性への）配慮である。しかし，女性自身が残業や出張を強く希望するなら，そのような指示をもらえなかったという差別感を感じるだろう。たしかに，残業や出張の経験を重ねたり，それによって成果を出し

たりすることで評価が得られるのは事実である。こうしたことからも，配慮ととるか差別ととるかについては，(残業や長期もしくは遠方への出張を) 指示する側と指示される側とのコミュニケーションや信頼関係が不可欠であることは間違いない」。

「女性は，出産にあたって長期休暇が必要なので，そのあいだ，その (女性が勤務していた) 部署には新たな人員を補充するため，出産後に職場復帰した際，居場所がないという状態になる。そうしたことから，出産後に会社に復帰しにくい現状もある。ただし，出産については，本人の健康や体調への配慮，生まれたばかりの赤ちゃんを世話することへの理解はある。しかし，子育てになると 10 年から 15 年という長期にわたることや，(出産と違い子育てをすることは) 特別な状態ではないという認識から，出産に比べ配慮が行き届かないことが多い。それに，男性には子育てにかかわる配慮をほとんどしないため，結果として子育ての役割は女性に集中し，女性の仕事の役割や責任は小さくならざるをえない」。

以上は一人の男性管理職者の意見であり，これを一般化して論じるわけにはいかないが，女性管理職者の見方や考え方とは違っているかもしれない。仮に，管理職としての行動に男女差があるとしたら，女性管理職者の行動特性を明らかにしなければならない。

男性の管理職者 ac (50 歳) が証言したように，女性を採用する場合，結婚や出産を理由に退職する可能性を考慮し，専門分野への配属が男性に比べて少なく，入社後の業務内容や評価にも影響するという実態があるのかもしれない。

このような女性の処遇は，短い勤続を前提とした新しい組織構成員に対する教育訓練投資の見返りを設定して行われているようである。しかし，労働力人口の減少にともなって，人的資源の量が不足するようになったので，女性の短い勤続を延長させる施策が求められる。それには，結婚や出産や育児を前提にした人的資源の労務管理体制が適合するだろう。つまり，女性については，一時的に職場を離れることをキャリアの規定路線として織り込み，そのあいだの

人員補充を，たとえば，職場内研修や教育訓練の一環として運用するような体制づくりが考えられる。また，休職中の女性にも，復職に備えて自宅学習や職場外研修に参加し，仕事能力の低下を防いで適性の自己開発に取り組むことが求められるだろう。ともあれ，女性の子育てにかかわりたいという願望に配慮した人的資源の管理については，現行の体制に工夫する余地があるといえよう。

それにしても，ようやく就いた職の機会を捨て子を産み育てたいという女性の情念は，よほど強いのだろう。そこで最後に，専業主婦の生きがいについて考えてみたい。

4. 専業主婦の生きがい

大学に入学して間もない１年生のために開講している基礎演習の時間に，社会文化的性の男女差の現状を説明した後，次回までに次のように記した用紙に自身の意見を記述してくるように指示した。「最近，女性が活躍する場を整備し積極的に登用しようという気運が高まっていますが，働く環境の現実的な制約から，退職して専業主婦になる若い女性が少なくありません。仕事と（家庭）生活とを調和できないとしたら，あなたはどうしますか。問１．あなたが男性の場合，① 配偶者に仕事を続けてもらいたい，② 配偶者に仕事を辞めてもらいたい。あなたが女性の場合，① 私は仕事を続けたい，② 私は仕事を辞めたい。問２．問１の回答について，その理由を記してください」。そして，１週間後に，兼業主婦と専業主婦をそれぞれ希望する２つの集団に分かれて討論した。

男性のうち，配偶者に仕事を続けてもらいたいと思っている人は９人，配偶者に仕事を辞めてもらいたいと思っている人は２人だった。また，仕事を続けたいと回答した女性は１１人，仕事を辞めたいと答えた女性は５人だった。各自の意見をいくつか紹介しよう。

配偶者に仕事を続けてほしいと思っている男性 ad は，「近年，男は外で仕事をし，女は家で家事をするという一般理念が薄れ，働く女性や家事をする男

性が現れるといった男女平等の考えが広く認知されたといえるので，家事も家族で協力し合ってするべきだし，仕事も男女がするべきだと考える。それにもちろん，もうひとつ金銭的な理由もある。今の時代，夫だけの収入で安定した生活ができる家庭は少なくなっている。家族の生活を豊かにするために共働きすることは必要ではないかと思う」。同じように，配偶者に仕事を続けてもらいたいと思っている男性 ae は，「配偶者が仕事を続けたいと希望する場合に限る。また，配偶者が仕事をすることで，以前より男性が地域との関係を強めることができると考える。女性の社会進出はこれまでの社会のあり方を変え，男性が地域に参入するという新しい社会へと変わっていくだろう」。同じく男性 af は，「お互いがなるべく平等に生活するほうが安定した生活ができると思うから。人はやりがいをもたなければ安定した生活をおくることはできないと思っていて，仕事をやりがいとする人が多いと思うから」。

　また，仕事を続けたいと思っている女性 ag は，「私は自分の仕事にやりがいや生きがいを見つけたいと考えています。仕事は私のなかで体の一部，生活の一部であると思います。結婚したからといって，体の一部を切り落とせないことと同様に，仕事を辞めることはできないし，辞めたくありません。それに，夫だけが稼ぐことになると，自然に主導権や家庭での立場が明らかになってきます。夫は，妻の立場を自分よりも下だと認識し始める傾向がみられるように思います。そうなると，女性側はお金を稼いでくる夫の言いつけに従わなければいけなくなると思うので，そんなギスギスしたなかで生活する可能性はゼロに近くしたいと思います。仕事のことを専業主婦は理解し難く，夫に言っても邪魔だと思われるかもしれない。やっぱり互いが働いており，互いが家事をこなしているのが一番いいと思います」。同じく女性 ah は，「仕事を続けたいという理由は，たくさん勉強して就職活動をして得た仕事，やりたかった仕事を簡単に手放したくないと思ったからです。また，経済面をみて，共働きのほうが子どもの将来を考えるといいと思います。子どもといる時間が少なくなってしまうので，なるべく育休を取ったり，自分の親に預けたりして，少しでも家

族といる時間を増やしてあげたいと思います。一番は，できる限り仕事を続けて，子どもが幼い時期は退職し，子どもが大きくなったら資格で職を探したり，パートで働いたりするのが良いと思います」。同じく女性 ai は，「私は，将来，家庭に入らず仕事を続けたいと思っています。もしもそのことで家事の分担が難しかったり，自分の役割が増えることになったりしても，専業主婦になるという決断はしないと思います。私は自分の性格的に専業主婦が勤まると思えません。ずっと家にいて，話せる人は親しいママ友やご近所さんだけで，お金は旦那さんに稼いでもらっているので自由に使えない。よく考えてみると，一番制約が多そうに私は思ってしまいます。専業主婦は，家のことをするのが仕事でも，家族のためにやっていると自分で思ってしまって，仕事をしても感謝されないと嫌になってしまうと思います。夫は，自分は家族のために働いて疲れて帰ってきたのに，なぜ，毎日，感謝しなければならないのだ，それが妻の仕事だろうと思ってしまうこともあるのではないでしょうか。私は，専業主婦の仕事である家事に，仕事と同じようなやりがいを見つけることは難しいと思います。仕事をしてそれを認められるのは，男性だけでなく女性にもあてはまる社会活動だと思います。自分がずっと家のことをして，初めは感謝されるかもしれませんが，しだいにあたりまえになって感謝されなくなって，楽しみは家で昼ドラを見ることなどになってしまうのは絶対に嫌です。仕事をして能力や努力を評価されるような生活がしたいです」。

　仕事を続けたい女性のなかには，子どもの気持ちを思いやって退職することを考えるかもしれないという意見もある。女性 aj は，「ただ自分が小さい頃，帰宅したときに親がいたことはふつうで，親が朝早く仕事に出かけてしまい，朝食抜きで登校してきたという友人がよくいて，そんなふうに子どもに悲しい思いをさせたくはないと思う。家に帰って親がおらず，晩ご飯も夜遅くになるとよく聞いていたので，仕事を続けてみてどうにもならなくなったら辞めるという選択肢も出てくるのかなぁと思う」。また，「子どもに関しては，絶対にいらんという友だちがいたりしたので，相手しだいかなと思います。子どもを産

まないという選択肢もありかなと思う」という女性 ak のような意見もある。

　一方，配偶者に仕事を辞めてもらいたいと思っている男性 al は次のような意見である。「子どもができるまでは働いてほしい。子どもができると経済的に不安定になると思うから，それまでになるべく稼ぐ。そして，子どもができたら家族を大事にするべきだと思う。子どもが外で失敗したり，不安になったりしたときは，家族で落ち着かせるような温かい家庭が大事だと思う」。男性 am は，「現代の社会では，女性の社会進出が進んでいることは理解している。しかし，子どもが生まれ，家事や育児と同時に仕事に就くのは困難を極めると思う。たしかに，子どもを預ける場所やベビーシッターという制度もあるが，私は，赤ん坊のうちは特に親の愛情をできるだけたくさん受けて育つべきだと思う。だから，私は幼稚園に行くまでは（配偶者に）育児や家事に専念してほしいと考えている」。

　また，仕事を辞めたいという女性 an は，「子どもが小学生くらいまではしっかりめんどうをみてあげて，産休が終わった後でも，できるだけ傍にいてあげたい。働くことはいつでもできるけれど，子どもを育てる経験は何回もあるものではないから。子どもが大きくなってきたら，仕事を探すか，パートをすればいいと思う」。また，女性 ao は，「女性は子どもが生まれたら家事に加えて育児もしなければならないので，私は仕事を辞めたい。今，アルバイトをしているけど，働いた後はやっぱり疲れるし，他の何かを両立させるのはなかなか難しい。共働きの家庭は家事を分担しているとよく聞くけど，分担だと，結局，中途半端になってしまいそうなので。片方は外で，もう片方は内で働くのがいいかなと思った」。同じように女性 ap は，「両立ができないなら，仕事と家庭の両方を取るべきではないと思ったからです。家庭が安定していてこそ，仕事で精が出るのだと私は思います。働けるのなら働きたいですが，旦那さんが仕事を頑張れるように家庭を支えるのが妻の役目でもあると思うので，私が仕事を辞めようと思いました」。さらに女性 aq は，「もし，仕事と家庭生活とを調和できないとしたら，どちらかを捨てて生きるしか方法はない。私は，夫

のために家を守り，夫に尽くしたいと考えているからです。仕事で疲れた夫を温かく迎えたいと思っています。夫も私も仕事と家事を両方少しずつやっていくよりも，夫は仕事，妻は家事と分けて生きていったほうが効率がよいと思います。同じことを続ける経験と実績を積んでいくから。また，私には，お金を稼ぐのは男性の役割という固定観念があるからです。女性は正社員ではなく派遣社員になる可能性が高い。それだけ男性より給料が少ない。だから，男に働いてもらったほうがお金を稼いでもらえる」。

このように，夫婦とも仕事を続けることを選択する共働きのほうが，家計に余裕があり経済的に楽な生活が実現できるという意見が多い。女性のなかには，男性と対等でいたい，自由に使えるお金が欲しい，家事に生きがいを感じられそうにない，仕事を辞めるのはもったいない，家事と仕事との両立は中途半端になりそうなので嫌であるなど，男性に比べて一人ひとりの態度や価値観の個人差がみられる。しかし，子育てについては，仕事を選択するつもりの女性にも迷いがあるのだろう。

一方，専業主婦を選ぶつもりの女性は，子や夫をはじめ家族のために役立ちたいという利他的な態度のようである。兼業主婦志向の女性に比べて，専業主婦志向の女性には母性の態度があらわれているといえるかもしれない。今日でも，夫や家族，特に子への利他的な情動にもとづいて自身のキャリアを選択しようとする20歳前後の若い女性がいる。

ここまで，仕事と家庭生活との調和について未婚者の意見をみてきたが，結婚生活の実際を経験している既婚者はどのように考えているのだろう。子育てをめぐる社会環境の貧困を知っている女性のなかには，キャリアの形成を中断または中止して，子とかかわることを選択する人がいる。また，仕事で忙しく疲れてしまい，子育てが思うようにできないという理由から，退職して専業主婦になる人も少なくない。一方，仕事を続けながら子育てにも奮闘している兼業主婦は，子どもとかかわる限られた時間を有効にしようと努力している。専業主婦と兼業主婦は，それぞれどのような日常生活をすごしているのだろうか。

原田（2010）は，専業主婦2人，兼業主婦2人，そして，兼業主婦から専業主婦になった1人への面接法による聴き取り調査の結果に基づいて，考え方と行動と情動の各側面別に専業主婦と兼業主婦とを比較検討した。

　それによると，兼業主婦は，仕事をすることで，覚えられることが多く楽しい，できなかったことができるようになったときは楽しい，成長できる機会がたくさんあるなど，自身の成長を実感できることが，仕事のやりがいやおもしろさになっている。また，仕事でいろんな人と話せる，研修で出会った人たちと交流できる，職場の同僚と旅行，飲み会，カラオケに行くなど，家族以外の人間関係も広がって，休日を楽しんでいる。

「私自身が楽しく生きたい」という考えも共通している。「家族のために何かをやめよう，諦めようとは思わない」と主張し，通信制大学を受講したり，資格取得を目指したり，趣味の音楽ライブに出かけ仲間と食事をしたりしている。

　彼女たちが働く理由は，仕事では自分というものがあり自分らしくいられるから，自立したいから，子どもたちが大学に行きたいと言ったら，行かせてあげられるくらいの経済力をもちたいので，お金を少しでも貯めておいてあげたいからというように，"私"の存在を確保することと，子どもの将来に必要な金銭を貯蓄することである。

　一方，専業主婦は，子どもや家族のために時間を使うことに意義を感じている。子育ては自分自身の手でしたい，子どもの成長を常に見守れるなど，専業主婦の生活は子ども中心である。帰宅した子どもを迎えることと，子どもと食事をすることは，兼業主婦には難しい専業主婦の行動特性といえよう。専業主婦は子どもと接する時間が兼業主婦より長い。

　また，専業主婦は，子どもを含め家族集団を維持するという役割を積極的に担っている。自分の仕事は家族を支えていくこと，家族の幸せが自分の幸せという考えは共通している。自分だけでなく，家族で楽しんでいきたい，常に家族が楽しくいられることを考えているなど，家族のために働くことにやりがいを感じているようである。

そして，兼業主婦から専業主婦になった人は，「仕事を辞めたが後悔していない。(専業主婦になってからの生活は) 今までにないくらい楽しい，満足」という。働いていた頃は，「常に仕事をしていた。子どもと接する時間は，多くて1日2時間くらい。学校行事は参加せず，子どもが病気のときも看ていなかった」。

「働いていた頃のほうが，イラっとすることが多かった。いつも頭のなかが混乱していた。自分も子どもも疲れていたので，怒ることが多く大変だった」が，「仕事を辞めて，余裕で家族のことを考えられるようになった。家族のためだけに時間をすごせるようになった」。

　こうした兼業主婦の証言から，家族の生活を支えるより自身の仕事や楽しみ，子どもの将来を優先する態度がうかがえるが，原田 (2010) が行った調査の対象者は，家事や育児を手伝ってくれる親と同居ないし近居している人たちだったので，家事や育児のために割く自身の時間が軽減されている。同じような条件下で，この調査の対象となった専業主婦，つまり，家事や育児を手伝ってくれる人が身近にいない専業主婦が，自分の仕事は家族を支えていくこと，家族の幸せが自分の幸せと発言するかは，今後の観察の注意点だろう。

　女性が家事や育児，とりわけ子育てに専念するには，家の外で有償労働に従事しなくても生活できるだけの世帯収入が前提になるといえよう。働かなくても暮らせるのに，家庭の外で働こうとする女性の動機や状況と，働かないと暮らせないのに，家庭の内で家事や育児をする女性の動機や状況について，さらに探索してみたいと思う (表11-1)。

表 11-1　専業・兼業主婦に関する探索課題

家庭外の有償労働の必要性	家庭外の有償労働の実行	
	働いている	働いていない
必　要		動機・状況の探索
不　要	動機・状況の探索	

第12章
隣近所と共生する選択

　子育て中または子育てをほぼ終えた主婦たちが，家庭の外に社会的なかかわりを求めて始めたまちづくりの活動が，あたりまえの発想とは少しズレているように思えて興味深い。

　地域社会に居場所を求めて隣近所の仲間を集め，家事や仕事の合間に地元のまちづくりに取り組む女性がいる。彼女たちは，みんなの活動を組織化して，まちなかに意味ある居場所をつくっている（荒金・川端・森野 1993；地域づくり団体全国協議会 1998）。

　本章では，家庭の外の人的ネットワークを文脈に，まちづくりで中核的な働きをしている女性が，隣近所と共生するためどのような日常生活を選択しているかをみていこう。

1. 気持ちよい暮らし

　安くて便利な製品やサーヴィスを効率よく大量に生産し，たくさんの人に供給することで経済成長を持続してきた前世期までと違い，右肩上がりの高揚感を実感しづらい低成長期に入った今世紀では，短期的な経済合理性だけを考えて毎日をすごすわけにはいかなくなった（武田 2008a）。これまでもっぱら物質面の豊かさばかりを追求してきたが，その成果を基盤とする安定した生活を確立したとは未だ言い難く，日常にはまだ多くの不安がとりまいているように思える。改めて幸福の概念を問い直す機運が生じているのではなかろうか（Frey 2008；Graham 2011；橘木 2013）。

こうした現状下にあって，「気持ちいい毎日をすごしたい。どうしたら気持ちよく暮らせるだろうか」と考えている人は少なくないだろう。気持ちのよい暮らしとはどんな暮らしなのだろう。無数の答えがありそうである。暮らしの気持ちよさは，人によってそれぞれ違うので，気持ちよくするものを残らず示すことは難しいし，それらを網羅したところで実際にはあまり役に立たないかもしれない。ある人の暮らしを気持ちよくするものが，他の人にも有効とは限らないだろう。

　どうしたら気持ちよく暮らせるだろうかという問題について，どんな暮らしが気持ちよくないかという反対の視点から考えてみよう。たとえば，毎日がつまらなくて不快だと訴える人がいた場合，その人は我慢できない緊張状態にあるのだろうと想像できる。たくさんの仕事に追われ心身ともに疲れていたり，家族の問題に直面して精神的に消耗していたり，不満や怒りや不安や困惑など，人を不快な気持ちにさせる出来事は毎日のように起こる。不快な出来事は外圧として心や身体を歪めるように影響する。外圧を受け心身が押されて歪んでいるのがストレス状態である。

　ストレス状態をひき起こす外圧に対しては，人の内から反発する力が働いて，心や身体の歪みを元のかたちに戻そうとする。その結果，外圧による一時的な不快感は解消され，再び気持ちを持ち直すことができる。このとき，心身は外圧と内圧とが均衡し適度な張りのある状態にあると考えられる。

　気持ちよくない不快な毎日は，非常に強い外圧を受けたり，いつまでも長く外圧を受け続けたりすることによるが，それだけではなくて弱い外圧もしくは外圧をほとんど受けないことも不快の原因になる。

　その典型的な例として，定年退職して仕事の世界から引退した人が，引退生活の初めの頃は，会社勤めから解放されやっと自由な時間をもつことができたと喜んでいたのに，そのうちやることがなくなって，家のなかでぶらぶらすごすことが多くなり，だんだん元気を失くしてしまうことがあげられる（武田 1993）。働いていたときは，仕事の責任や目標があり，同僚や顧客との関係

をとおして役割をはたすことが適度な外圧になっていたのである。現役のあいだは，そのような外圧をときに辛く感じることもあっただろうが，定年退職を境に心身に加わる外圧が急に少なく，しかも弱くなってしまうので，内から反発する力も低下して元気がなくなったようにみえるのだろう。

　このように心身を歪める外圧は，強すぎると不快な気持ちにさせ，弱すぎても気持ちの張りがなくなるのでよくない。つまり，気持ちよい暮らしには，適度な外圧が発生するような生活環境が必要である。気持ちが少し揺らぐような刺激を受けることが，暮らしに張り合いを感じさせるのかもしれない。心身を歪めるような外圧を適度な刺激と感じられる人は，自身で外圧の影響をある程度は統制できるという感覚をもっている。

　ところで，人が何かに意欲的に取り組んで一所懸命になっている心理状態は，努力して得られるはずの報酬に動機づけられている場合と，取り組むことそのものに魅力を感じ興味や関心を覚える場合とに区別して説明される。前者を外発的動機づけ，後者を内発的動機づけという。動機づけ要因を個人の外ではなく内に求める内発的動機づけの説明は，日常の諸問題を自身で解決するという有能感や自己決定の欲求を重視する（Deci 1975）。

　人が強い意欲をもって何かに取り組んでいるとき，本人の価値観や外的報酬の社会的・経済的な価値が努力を誘発しているのはもちろんであるが，取り組んでいる最中の気持ちよさを感じたくて努力することもある。内発的動機づけは，取り組もうと思っていることについて，本人が，私にもできるだろう，私にはやり遂げる力があると思えるかどうかに左右される。何かを達成できそうだと予感させる自分自身の力への評価である自己効力感（Bandura 1977, 1997）は，目標の達成や直面している問題の解決など，人が困難な外圧を受けている場面で，自信をもって目標達成や状況改善に取り組もうとする思考様式である。気持ちよい暮らしは，自己効力感をもてそうで，しかもやりたいことに内発的に動機づけられて取り組むことによって実現できるかもしれない。

　また，自己効力感は，強い外圧を受けている状況下で，何とか対処できると

考えることができる力である．運や偶然で事態は収束すると考えるのではなくて，自分自身で解決できると見越して取り組む力である．自己効力感を発揮することが，目標達成への気持ちよい取り組みを動機づけるだろう．そのために，やりたいことのなかから，最初は少し努力すればできそうなことに挑戦してみるといいかもしれない．それをうまくやり遂げたら，次は，さらに努力すればできそうなことに取り組むというように，易しい目標から難しい目標へ段階を踏んで課題にかかわるうちに，周りの人が目標への挑戦と努力を評価してくれるかもしれない．もとより，やりたいことをやっているので，周囲の評価など気にならないだろうが，他人から褒められるとますます意欲がわいてくるだろう．

　こうして，自己効力感が向上し安定してくると，外圧への耐性が高まる．つまり，不快な外圧を適度な刺激と感じて対処できるようになるには，自己効力感を高める努力や挑戦が必要である．不快な外圧に気持ちを乱されないように心がけて，どのような暮らしが気持ちよいのか，どうしたら気持ちよく暮らせるかについて考え，やってみたら気持ちよくなれそうと期待できることを実行してみよう．このような思考や行動は，日常生活の時間に新しい意味を与えることであり，生きていることや人生の意味に気づくきっかけになるかもしれない．やりたいことをする楽しさを実感している人は，生き生きして意欲的で前向きなので，いっしょにいると周囲の人たちも気持ちよくなれるだろう．

　不思議なことに，つまらなくて嫌なことをしているときは疲労するのに，楽しいことをしているあいだはあまり疲れを感じない．無我夢中になっている最中は，やっていることの成果や成果にともなう報酬など一切気にせず楽しんでいることが多い．楽しくやっていることに対する他人の評価や報酬は，あまり動機づけにはならないだろう．はたから見て報われそうにない活動に熱心に取り組んでいる人は，やっていることそのものから何らかの報酬を得て満足していると考えられる．このように，自身の内からこみ上げてくる楽しさを感じられることが，気持ちよい暮らしを創造する原動力になるかもしれない．

これまで何かに没頭して時間が経つのも忘れたという経験はないだろうか。趣味や娯楽，スポーツ，読書，音楽，家族や親しい人とのおしゃべり，もちろん仕事でもかまわない。手がかりは，時が経つのをすっかり忘れてしまったという感覚の記憶にある。

　このように，自己をすっかり没入させて行動しているときの包括的な感覚を，最適経験またはフロー経験という（Csikszentmihalyi 1975, 1990）。最適経験中の行動は，エネルギー効率がとてもよいため，疲れをあまり感じないのに大きな成果を上げることができると考えられている。一流の芸術家に，優れた作品を創作しているときや，トップ・アスリートに，素晴らしい演技や試合をしているときを思い出してもらい，どのように心身を使ったのかを尋ねても，本人もよく覚えていないことが多く，自分自身でも説明できない瞬間を体験しているようである（Goleman 1995）。彼らに共通しているのは，身体や精神が楽に動いて気持ちよくやれたという感覚の記憶である。

　また，他人の評価や成果にともなう報酬に無関心で楽しく取り組んだことが，結果として賞賛をもたらすこともあるだろう。楽しむこととその成果とは無関係ではない。しかし，重要なことは，最適経験の快な感覚は，実際に楽しいことをしているあいだしか実感できないということである。長く楽しみ続けたいのなら，状況に応じて楽しい遊び方のきまりを適切に変える努力が求められる。

　やり続けているうちに，つまらなくなって退屈するのは，やっていることの技能に習熟したことが一因である。そんなにがんばらなくても，簡単にやれるようになってしまったというわけである。そうなると，より深い楽しさを感じるには，これまで以上に心身を没入させて身につけねばならないもっと高い水準の技能を要求される新しいことに取り組まなければならない。このように，楽しみを追求してやり続けることに際限はないだろう。

2．商店街のおかみさんの活動

　今までやらなかったことには，暮らしを変える何かを期待できるかもしれない。もっと気持ちよく暮らすため，みんなで楽しめそうなことを提案してみる勇気がいるだろう。

　そうした考えから，隣近所の人たちと協働して少しでも気持ちよく暮らそうと，主体的に活動している女性がいる。彼女たちは周囲の人との共生を目指し試行錯誤しているが，活動資金が乏しいため知恵を絞るしかない。日常生活のあたりまえとズレているから，愉快に笑える女性の行為に注目し，お金をかけず気持ちよく暮らすコツを探ってみたい。

　生きていることを実感できて満足し充実した毎日をすごすには，① 人の役に立つこと，② 人に存在を認められること，③ 人といっしょにいられる居場所があることが必要とされる（佐藤・土井・平塚 2011）。この要件を充足できるなら，孤独や不安に苛まれることはないだろう。暮らしの気持ちよさは，他の人とかかわって感情や考えを交換し，互いに理解し合う行為が基本となる。

　ここでは，日常生活のあたりまえを気にしないで，他の人に働きかけて何か役に立つことをいっしょにしている女性の笑える活動事例に基づいて，彼女たちの組織化された活動の共通要素について考えてみよう。男性ではなく女性の感性に焦点を合わせることが，すでにあたりまえではないかもしれない。また，笑いの理論の本質は，そうなるのはあたりまえと予期されることとズレた発想にある（Morreall 1983）。ただし，その発想は，嘲笑や差別ではなく愉快な笑いであることが要件とされる。

　そこで，近所の人たちと協働して気持ちよく暮らそうと，身の周りの問題解決に主体的に取り組んでいる女性に注目したい。まちなかで，彼女たちは，周囲の人たちと支え合いながら共生しようと試行錯誤している。暮らしを気持ちよくするための試行錯誤は，活動の構造ではなく人と人との関係性の質を問題にするので，数値化しにくい諸特性を適切な変数にして検討しなければならな

い（Granovetter 1973；Watts 1999, 2003；Watts & Strogatz 1998）。主婦がまちづくりの人的ネットワークをどのように形成したのか，また，どのような女性がまちづくりで中核的な活躍をしているのかについて，主婦による地域活動を調査した結果をまとめた事例（武田 2015a）に基づいて考えてみたい。

女性によるまちづくりは，これまで男性が男性のやり方で行ってきたまちの活動にはみられない目標を掲げ，独自の視点から暮らしを気持ちよくしようとする取り組みである。そうした取り組みが組織化されていることは，組織の目標に賛同し協働する仲間が少なからずいて，社会的に受け容れられた活動であることを証明している。

彼女たちは，自身の暮らしを快適にしたいという利己的な願望を原動力に，隣近所と気持ちよく暮らせる環境の実現・整備を目指しているので，一人ひとりの組織への関与は強い。当初の利己的な願望は，共感する仲間が増え，いろいろな利害関係者がかかわるようになると，しだいに公共性を帯び利他的な性格へ変わっていくと考えられる。このような非営利活動は，経済低成長期を生き生きと暮らす指針として参考になるだろう。

愛知県 G 商店街では，各商店のおかみさんたちがつくったなごみ会という集団が活動している。なごみ会は，まちの環境を少しでもよくしようと，女性の視点から日常生活の細部に目配りしつつ地道な活動を続けている。なごみ会の活動をひとつ紹介しよう。

商店街の車道と歩道との境目には支柱が立っていて，駐車帯に車を止めた買い物客が，車から降りようとしてドアを開けるとき，支柱にぶつけてドアに傷がつくという出来事がときどき起きるという。運転席からは支柱の位置が見えにくいからである。

おかみさんたちはこの問題を何とか解決したいと，G 市に支柱を取り除くことはできないかと問い合わせたところ，「支柱は歩行者の安全のためなので，それを取り除くと（歩行者が）危険になるからだめだ」と言われた。そこで，支柱に緑色のロープを巻いたら目につくしクッションにもなっていいだろうと

思いついて，なごみ会のみんなが手分けして支柱にロープを巻きつけた。ロープを巻きつける作業はかなり大変で，みなさんの手は真っ赤になったという。それでも，「車に傷がつかなかったわ」と買い物客が喜んでくれるようになったので，今でもロープ巻を続けている。

　せっかくロープを巻くなら，ついでに絵を飾って通りを歩く人に見てもらおうと考え，幼稚園や老人会や児童館などに依頼して，商店街の通りにふさわしい絵を描いてもらい，それを支柱の上に乗せてロープをかけるようにした。そのおかげで，商店街の歩道を歩きながら動物や花の絵を楽しめるようにもなったという。

　車のドアを支柱にぶつけて傷がつくという日常の出来事を解決するためのアイディアを，隣近所の仲間に提案してみんなで実行したところ，そこから支柱に絵を飾るという別の新しいアイディアが生まれて，より気持ちのよい環境にすることができたという事例である。

　商店街の支柱に緑色のロープを巻いて，動物や花の絵を飾るというアイディアが笑える，つまり，常識とは違う発想といえよう。買い物客が困らないようにしたいという配慮に加えて，公共の空間を少しでも美しく飾るという行為が気持ちのよい環境を生み出した。

　ちなみに，G市は繊維ロープの生産量が日本でも有数のまちで，商店街の支柱にロープを巻きたいというなごみ会の要望が地元のG新聞に載ったところ，ロープを製造している地元企業が緑のロープを提供してくれた。なごみ会の活動に地元企業が呼応して，地域内の組織間に新たな関係が形成された。

　集団や組織の公式の場では，調整や意思決定など，従来のやり方を前提とした意見交換（Schein 1980；Weick 1979）が多くなり，新しいやり方や常識からズレた笑えるアイディアは提案しにくいだろう。したがって，これまでの常識にとらわれず自由に意見を交換できる非公式の場が欲しくなる。

「仲間といっしょに活動すると，新しいアイディアがよく出てくる。アイディアは，みんなで机やテーブルを囲んで，『ではこれからじっくり議論しましょう』

というような雰囲気のなかの話し合いではなく，たまたま空いた時間に，お菓子を食べお茶を飲みながら雑談しているときにふと思いつくことが多いような気がする」。

なごみ会の会長 ar への聴き取り調査は ar の店内で行ったが，調査をしているあいだも，隣近所の人が入れ替わり店に入ってきて，仕事の連絡をしたり，家族や知り合いの近況についておしゃべりしたりして，取り留めもない会話を交わしていた。店内には，中央に小さなテーブルと椅子がいくつか置かれ，テーブルの上には菓子が入った器が用意されていて，誰でも気軽に腰かけて話ができるような空間になっている。このような店内の雰囲気は，特に用事はないけれど暇つぶしにちょっとのぞいてみるかというような気楽な訪問をうながす効果があるだろう。

ar によると，「活動内容については，店ではなく別の場所で定期的に会合を開いて議論しているが，活動のアイディアは，定期会議の席上ではなく，店のなかで雑談しているときに生まれることが多い」。無駄話は，効率よく生産活動をしようとする場合は排除されるが，楽しむことを重視する活動には，そもそも無駄という観念はないといえよう。無駄話，つまり，何かを決めなくてもよい話し合いは，アイディアの源泉である。

ar たちは，女性どうしで話し合いながら，男性の活動を支援するという態度でまちづくりにかかわっている。「商店街の女性は，自ら先頭に立って何かするというより，むしろ男性を支援する側にまわるほうがよい。商店街の清掃や近隣の学校との交流などをしながら，商店街の活性化運動に取り組んでいる」。

3. 専業主婦のネットワーク

静岡県 Y 市の専業主婦 as は，たまたま依頼された仕事を引き受けたことから，地域の主婦たちを集め，まちづくりに貢献する活動にかかわるようになっていった。

「1998（平成10）年当時，小学校2年生と幼稚園年長児の男の子2人の子育てに追われる専業主婦だった私に，突然，再就職のお話が舞い込んできた。再就職といっても，夫は夜中まで帰ってこない仕事人間なので，家事や育児の協力がまるで期待できない私には，いきなりフルタイムの正社員では（再就職は）難しい状況だった。そんな私にいただいたお話は，週に2日1回3時間と，社会への再チャレンジの第一歩としては，願ってもない条件で，近くの小学校でパソコンの非常勤講師というのが，そのお仕事だった」。

専業主婦だった as がいきなり小学校の先生になるという意外性に，常識とは違う状況での笑える意思決定が認められる。このときの心理状態について語った as の話から，ともかく新しいことには挑戦してみようという彼女の楽観的な性格が感じ取れる。

「子どもを産んでから，しばらく家庭に入っていたので，仕事を始めるということ自体，楽しみな反面，不安もあったし，ましてやふつうの会社勤務と違って，小学校の先生という，まったく初めてのチャレンジだった。はたして自分に務まるのだろうかと思いつつも，子どもたちにパソコンを教える仕事なんて，めったにあるものではない。これはもしかすると，貴重なチャンスなのかもと思い直し，お引き受けすることにした」。

「事前の打ち合わせでは，授業は（小学校の）先生が進めるので，サポートしてくれればいいですよというお話だった。しかし，お忙しい先生方とは事前の打ち合わせ時間をとることができず，小学校1年生から6年生まで，次に授業にやってくる子どもたちの学年は，部屋に入ってくるまでまったくわからないという凄まじい状況だった。今思えば，よくそれで授業ができたと思う。でも，そこは若さというか，知らない怖さというか，当時の私は，条件が違うので断るとか，業務改善のために交渉するということを知らなかった。とにかく一度お引き受けしたことは，最後までやり遂げなければならないと思っていたし，そうこうしているうちに，この学校は県内でも上位に入るくらいの大規模校で，1学年5〜6クラスあったので，一度成功した授業カリキュラムは，最低5回

は使いまわせるということに気づいてしまった」。

「知らない怖さ」からやったことは，たとえ失敗しても許されるだろうし，その経験を次の機会に生かすこともできるだろう。重要なことは，知らない怖さを感じる眼前の状況から逃げ出さずやってみることであり，それが新しいことへの挑戦なのである。as が逃げずに挑戦してみようと決めたのは，「とにかく一度お引き受けしたことは，最後までやり遂げなければならないと思っていた」という課題達成の責任感と信念からなのだろう。

また，目標を掲げて自ら行動する自発性が重要と as は示唆する。「人間は目標をもち，それに向かって自発的な行動を起こすということが本当に大切である」。

パソコンやインターネット好きな主婦の自主勉強会が NPO 法人に成長するまでには，地域内外と交流してきた豊富な実績がある。

「ドタバタの綱渡り授業が評価されたのかどうかはわからないが，1年契約だった小学校の非常勤講師の仕事は継続のご依頼をいただき，ほんの少し気持ちに余裕が出てきた頃，今度は地元の私立大学から非常勤講師のお話をいただいた。そうして，大学に通い出した頃，同時進行で主婦を集めてミセス・パソコン講座を始めた。主婦を集めて，パソコンやインターネットの楽しさに触れようという趣旨の講座である。3ヵ月の予定で始めた講座だったが，毎週顔を合わせているうちにメンバー間に仲間意識が芽生え，パソコンをもっと勉強したいという共通の学習意欲が高まり，自主勉強会を続けるサークルが生まれた」。

「しばらくすると，お母さんたちが，昼間，楽しみながらパソコンの勉強を続けているサークルに初めてのお仕事依頼が飛び込んできた。地元のスーパーのホーム・ページの更新作業を依頼されたのである。スーパーと主婦の相性の良さを基軸として，消費者目線で，四季折々のスーパーのイチオシ商品を取材し，そのレポートをホーム・ページにアップするというお仕事だった。これをきっかけにして，それぞれのメンバーのなかに，『私たちにも，もっとやれることがあるんじゃないか。社会貢献できることがあれば，役に立ちたい』という思いが育っていった。その後，小学校の夏休みに親子パソコン講座を企画し

たり，ボーイスカウトでパソコン指導したりなど，自分たちの身の周りにある小さな地域活動を積み重ねた3年間を経て，2003（平成15）年にNPO法人格を取得し，新たなスタートを切ることになり，私は理事長になった」。

「地域の情報化支援と女性の社会参加の応援をミッションに掲げ，パソコン好きの主婦をネットワーク化し，子どもが幼稚園や学校へ行っている昼間の時間をつなぎ合わせて，本格的な活動の再スタートとなった。地域に目を向ければ，それぞれの生活の場に課題は山ほどある。それらを何とか解決しようと思ったときには，同じ思いをしている仲間を集め，コミュニティをつくって課題解決にチャレンジするのもひとつの方法である」。

4. ずっと続けられるように

集団や組織の活動をする際，仲間と協調して行動するようにと言われることがある。みんなが気持ちよく動ける状態を維持するため，逸脱せず型どおりに行動することが要求される。つまり，みんなが協調して活動することを，集団は構成員に求める。このような集団や組織に発生する同調圧力は，基本的に集団や組織の多数派の考えや行動に同意するように強制する力である。

同調圧力が影響して形成されるみんなの意見を集合知という。集合知については，一人ひとりの個性的な意見が集約されて多様でなくなるにつれて，知的な有効性が失われることが明らかになっている。つまり，各人が考えていることは，人によってさまざまだから，いろいろな人が集まると力になるのに，集団や組織の同調圧力が，それぞれ考えていることを多数派の考えに取り込んでしまうので，みんなの意見は画一的になって力を失ってしまうだろう。一人ひとりの行動や考えを多数派に同調させないように保護して，各人の考えや行動の個性を保持しながら全体の合意を形成することで，集合知，つまり，みんなの意見は有効なのである。わがままではない自己主張を認め合い，やりたくないことや，つまらないことを我慢しながらやるような活動にならないように注

意を払いたい。

　arは，「でも今が一番やりやすい。やっぱり本当に前向きの人が多いからである。とにかくいいと思ったことは何でもやってみようって言ってくれる人がほとんどなので，とってもやりやすい。なごみ会ができる前は，ご近所でもほとんど口を聞いたことがなかった。私たちって自分の店をほったらかしにして（外に）出るわけにいかないじゃない。お友だちとか知り合いとか本当にできなかったのに，なごみ会ができたおかげで，まちのなかに仲間がいっぱいできて，ちょっと出るとあっちからもこっちからも声がかかる。私はなごみ会ができて本当によかったなって思っている」。

　たくさんの人が自由に参加して集団や組織が形成され，活動の規模が大きくなり構成員も増えると，一人ひとりの喜びや楽しみを個別に追求することがしだいに難しくなる。みんなが同じくらいに気持ちよく楽しめる活動には，集団や組織の最適な規模があるのかもしれない。arたちの集団も，当初は50人から始まったのに現在の会員は16人である。個人の意見をなるべく生かしながら集団の目標を達成しようとすると，集団の最適規模に収斂していくのかもしれない。

　毎日の生活は，すでに日常の無駄な行動を排除した時間構成になっていて窮屈な状態だろう。それでも，切詰められる時間は，まだ見つかるかもしれない。G商店街のなごみ会のみなさんも，多忙な日常のなかで話し合いの時間を調整しながら活動している。

　「おかみさんたちは自分の店もあるから，みんな本当に忙しい。たいがい朝から夜8時くらいまでは開店しているので，そのあいだにちょこちょこ抜けるのはとても難しい。じゃあ，どうしようって，せめて7時半くらいからということで会議はいつも夜だった。勤労福祉会館を借りて7時半から9時まで話し合っている。9時10分前くらいになると，係のおじさんが部屋の廊下を行ったり来たりする。早く帰ってくれと急かしているように思える。9時には閉めたいから。『もうおじさんが来ているから，（この案件を）やりますか，やりま

せんか』『じゃあやってみようよ』。そんな会議のやり方である。だいたい仕事に差し支えないようにやるってことで，今までやってきた」。

　また，いっしょにいて楽しい仲間は，活動しているときに限らず親密な関係でつながる。仲間が傍にいなくても互いに結びついているという感覚は持続するので，気持ちが安定し安心できる。このような心理状態が気持ちよい暮らしを支えると思われる。

　as を中心とする活動も，「元気なミセスのネットワークを最初のキャッチ・フレーズにしたから，ミセスだけでスタートしている。女子高みたいで非常に居心地がいい。女ばっかりで，言いたいことを言って活動している」。

　何人かの人が集まって，一人ではやれないことを協力して実行する場合，彼らは互いに依存し合う関係で結びついている。自身の個人的な楽しみを求める行動は，他の人が同じようにその人自身の個人的な楽しみを求める行動と相互に関係している。そのため，より大きな楽しみを得ることをめぐって，仲間どうしの利害関係が生まれる可能性がある。

　自身の個人的な楽しみを求める行動によって，他の人が楽しくなるような関係が理想だろう。集団全体が満足することを考慮して各人は行動すること，つまり，分担した役割を遂行することについて構成員全員が合意し，みんながそれぞれの役割を間違いなく遂行するだろうという互いの信頼を前提に，集団全体の成果にともなって，一人ひとりの個人的な楽しみが公平に得られるようにするという考え方が有効だと思われる。コヴィー（Covey 1989）は，このような考え方をウィン-ウィン関係に基づいて説明した。ウィン-ウィン関係とは，互いに関係している人みんなが同等の利益を得るということを意味する。

　しかし，残念ながら，誰もがついつい利己的になりがちである。ウィン-ウィン関係にある人が利己的になるのは，個人的な欲求を満たすために，みんなで共有している資金や資材や人脈などの資源を使って，他の仲間の役割遂行と無関連に行動する場合である。このような状態は，公共資源に対する規制の必要性を考えるとき参考にすることが多い共有地の悲劇説（the tragedy of the commons）に基づいて説明できるかもしれない（Hardin 1968）。これは，集団が所有する共有資源を，集団の構成員が利己的な利害を追求せず，互いに協力し合って活用するなら全員に利益がもたらされるが，一部の構成員が自己の利益の最大化を図って合理的に行動すると，他の構成員もそれぞれ利己的に利益追求する非協力的な状態に陥ってしまい，結局，誰も利益を得られなくなってしまうことを予測する理論モデルである。つまり，みんなのために拠出し共有している時間，資金，資材，人脈，情報などの資源は，各人が個人的な欲求のために使ってしまうとやがて枯渇してしまうから，集団の活動を継続できなくなる。共有地を維持するには，集団の構成員一人ひとりに自主的な管理を委ねたうえで，相互に調整する解決の仕方と，共有地が公平に使われるように，集団のリーダーが各人の使い方を管理する解決の仕方が考えられる。

　また，参加のきまりと同様に，活動を維持するうえで決めておかねばならないのが必要な経費をどのように賄うかという問題である。無償のボランティアが理想とはいえ，実際に発生する支出への対処は明確にしておく必要があるだろう。asは，構成員の活動に一定の報酬を支払うことで，責任感を自覚する意義を主張する。

　「活動したメンバーには必ず謝金を払うことを決めた。基本的にボランティアはやらない方針である。ボランティアを否定するわけではないが，報酬がないということは，どうしても責任感が薄くなりがちである。急に熱を出した子を夫に預けて家を空けるにも，無給のボランティアに出るのと，報酬をもらう活動（＝仕事）に出るのとでは家族からの理解も違う。それに，団体の発足当初は熱い思いでボランティア活動ができても，長く継続するには，緩やかではあっても，ある程度は給与規定をはじめとしたルールが必要だった」。

　集団活動を長く安定して維持するために，活動の初期と比べ一定期間が経過した後では，構成員の動機づけが変質することにリーダーは注意しなければならないだろう。報酬に動機づけられて，構成員の行動の質と水準が保持され，しだいに向上することも考えられる。

ともあれ，活動が過重にならないように考慮しつつ無理なくできることを丁寧に継続することが，気持ちよい暮らしを共有できる仲間を増やすことにつながるだろう。

第13章
子のための選択

　子どもはやがておとなになるというあまりにも自明のことは，人の生涯発達論の忘れられがちな仮定である。おとなになるまで，子どもはおとなから保護され援助される。家族は，その役割をはたすことを社会的に期待されている。

　親は子のパーソナリティを考慮し，子にとって望ましいと思われる選択や意思決定を代行することがある。ときには，子のために親自身の夢や計画を変更することもあるだろう。

　本章では，子が親の生活やキャリアにおよぼす影響を文脈に，母親が子のためにどのような選択をしたかについて考える。

1. 子の教育をめぐる夫婦の考え

　子どもとおとなとの社会的な境界を，学校を卒業し仕事の世界へ移行するときに設定できるかもしれない。生徒や学生という社会的な位置づけは，保護や援助の対象であることを示している。たとえば，日本では中等教育を受ける権利は保証されているし，鉄道などの公共交通機関を利用する際，学生割引が適用されるのも生徒や学生への援助といえよう。

　青年後期から成人前期への移行は，親の生活から離れ自立することが課題とされている（Levinson, *et al.* 1978；Newman & Newman 1984；Santrock 1985；山本・ワップナー 1992）。親からの自立には，精神面だけでなく経済面でも自身の生活基盤を築くことが含まれる。子どもをめぐっては，彼らをどのように支援し自立した社会の構成員にするかという問題がある。最近よく話題になる

若年無業者とは，高等学校や大学，予備校や専修学校などに通学していない配偶者のいない独身者であり，ふだん収入をともなう仕事に就いていない15歳以上34歳以下の人をさす（内閣府 2015a）。その数は2014（平成26）年に56万人だった。15～34歳人口に占める若年無業者数の割合は微増傾向にあるが，2014（平成26）年は2年連続で減少し2.1％となっている。しかし，年齢階級別にみると，15～19歳が8万人，20～24歳14万人，25～29歳16万人，30～34歳18万人，35～39歳20万人と，30歳以上の無業者が滞留していることがうかがえる。学校を卒業した後も無業のまま加齢が進み，精神面と経済面ともに親から自立できない，子どもでもおとなでもない人たちを社会的に保護し援助する取り組みが続いている。

　親は子が自立するまで学校に通わせ教育を受けさせる。義務教育である中学校を卒業した青年が，引き続き高等教育を受ける場合，社会的な援助は中学校までと比べて減少する。それでも高等学校や大学への高い進学率が示すように，多くの親が子により高い教育を受けさせようとする。子の精神面の成長にともなう親子間の問題（Argyle & Henderson 1985）もあるが，まず，経済面の実情をみてみよう。

　日本，米国，韓国の0歳から15歳までの子どもをもつ父母への調査によると，子どものことでよく話し合うと回答した日本人は50.5％，ときどき話し合う日本人38.9％，よく話し合う米国人66.2％，ときどき話し合う米国人29.8％，よく話し合う韓国人68.5％，ときどき話し合う韓国人27.2％となっている（内閣府政策統括官 1995）。日本より米国や韓国の父母のほうが，15歳以下の子どものことでよく意見を交わしているようである。

　夫婦間では子の教育がよく話題になる。高等学校や大学への進学，進学先の選定，進学費用など，進路選択は進学の経路や進学先だけでなく必要な資金の確保の問題でもある。

　長子が大学生以下の子どもをもつ20～59歳の男女への調査結果をみると，夫婦ともに教育熱心だという意見に，非常にあてはまる，ややあてはまると回

答した人は41.6％だった（ソニー生命保険 2016）。一方，夫婦間で教育方針が異なるという意見にあてはまると答えた人が34.2％と，三分の一は子の教育について考えが一致していないようである。また，夫婦喧嘩の原因は教育に関することが多いという意見に，あてはまると回答した人は15.1％となっている。子の教育問題が夫婦間の葛藤をひき起こすこともあるだろう。

　次に，長子の将来について，受験や進学に不安を感じる人が75.3％，また，就職活動の不安も76.4％と高い。教育資金の不安は79.4％でさらに高い（ソニー生命保険 2016）。

　教育資金に不安を感じると回答した人は，その理由として，教育資金がどのくらい必要となるかわからない54.5％，消費税10％への増税45.1％，社会保険料の負担増30.4％などをあげた。税制や社会保障制度の変化が家計のなかで子の教育資金を工面するとき影響しているようである。子の就学段階別の結果をみると，教育資金がどのくらい必要となるかわからないと回答した未就学児の親は63.7％，同じく小学生の親62.4％でともに6割を超え，他の就学段階の親に比べて高くなっている（ソニー生命保険 2016）。

　また，小学生から学卒後に自立するまでの教育資金は，どのくらいかかると思っているかについては，500〜900万円と回答した未就学児の親は16.9％であるが，1,000〜1,400万円という回答が41.9％で比較的に多く，全体の平均額は1,136万円だった。これまでの平均予想金額と比べると，2014（平成26）年1,229万円，2015（平成27）年1,156万円，2016（平成28）年1,136万円と，微減傾向が続いている（ソニー生命保険 2016）。

　夫婦が子の教育方針を話し合う場合，基本的に世帯収入に応じて進学や進路の実現可能な選択をすることになるだろう。世帯収入が子の教育機会に影響し，教育のひとつの成果である学歴もしくは学校歴が子のキャリア形成や発達に影響するという関係性は否定できない。

　たとえば，東京大学生の親の世帯年収をみると，450万円未満13.5％，450万円以上750万円未満13.8％，750万円以上950万円未満15.7％，950万円以

上1,050万円未満19.4％，1,050万円以上1,250万円未満9.4％，1,250万円以上1,550万円未満11.1％，1,550万円以上17.1％となっている（東京大学学生委員会学生生活調査室，2013）。親の世帯所得1,050万円以上の比率は，2000（平成12）年33.0％，2005（平成17）年41.9％，2010（平成22）年35.1％，2012（平成24）年37.6％と，常に3割以上を占めている。男女別では，450万円未満の男性14.4％に対して女性9.9％，1,550万円以上の男性15.1％に対して女性23.8％となっている。親の世帯収入が低い息子と高い娘という差異がみられる。

こうした教育費の負担感が少子化をもたらしているのかもしれない。国立社会保障・人口問題研究所（2003）は，親が理想とする子ども数より実際に予定する子ども数のほうが少ない理由として，子育てや教育の経済的な負担感をあげる人が多く，特に若い世代の親に顕著であると報告した。第二子を出産する予定の親は，経済的な負担を軽減する方策を考えながら子の教育方針について夫婦で話し合うことになる。

夫婦が会話をとおして苦楽の共有感を互いに確かめ合うことが妻の出生意欲に影響する（山口 2005）。また，夫婦双方の情緒的支援が第二子の現実的出生意欲にも関係し，特に夫への情緒的支援は，第二子の出生意欲と同じように第三子の出生意欲に影響する（山田ほか 2013）。さらに，男性については，夫の所得が500万円未満の場合，第三子の現実的出生意欲が低い傾向がみられ，各家庭の経済的事情が夫の現実的出生意欲に影響していると思われる。世帯年収が低い場合，子育てにかかる費用が出生数を抑制し，世帯年収が中程度の場合は，子どもへの大学進学期待や留学期待が出生数を抑制することから，子育てや教育の経済的負担が夫婦の出生力に影響すると考えられる。

このような出生数の抑制は，長子の後に第二子をもうけるかという夫婦の選択の際にあらわれるようである。長子を産んで次に第二子を予定する場合，子への進学期待が低下する傾向がみられることから，出生意欲と子への進学期待とのあいだには二律背反的な関係がうかがえる（新谷 2005）。また，新谷（2005）は，2002（平成14）年12月から2005（平成17）年1月にかけての調査

期間中に，20〜49歳だった既婚女性から集めた資料を用いて，教育費の負担意識の有無を従属変数にしたロジスティック回帰分析を行った。その結果，独立変数のうち1965（昭和40）年以降生まれであること，世帯年収が400万円以上700万円以下であること，妻の就業上の地位がパート・アルバイト・派遣であること，現在の子ども数が多いこと，予定している子ども数が2人以上であること，子どもへの進学期待が高いこと，学歴の効用を肯定していることの有意性を報告した。

学歴もしくは学校歴を重要視し，子どもへの進学期待が高いという親の心理が一般的に認められるなら，子が獲得する学歴もしくは学校歴は，進学志望校の入学試験に合格するための教育機会を充分に与えられるだけの世帯収入によるところが大きいと推察される。

2. 山中の過疎集落への移住

次に，子の教育をめぐる夫婦の選択とは違う観点から，子に対する親の保護や援助について考えてみたい。親は子の日常に目配りするとき，生活環境の子への影響を気にかけるだろう。一部の親は，子のために好ましい住宅や居住地域で暮らすことを選択する。たとえば，都市の生活環境は子どもの成長に良くないと考え，地方のまちへIターンする人がいる（武田 2008a）。atは，「ずっと都内の幼稚園に勤めていて，東京のようなところで子どもを育てたくないと思った。広尾に住んでいると（子どもは）外で遊ぶ相手もいない。（atの子が）私立中学校を受験しないというと，私立中学校を受験するため塾に通う友だちから仲間はずれにされる。広尾は，若い独身時代に遊ぶにはいいところかもしれないが，子どもを育てる環境ではない」。atは，居住地域の生活環境が子どもの心身に良くない影響をおよぼすのではないかと不安になって，東京都内から長野県へ移住した。

このように，学校教育環境ばかりでなく居住している地域社会の子どもにと

っての環境特性を考え，より好ましいところへ引越す親もいる。そこで，移住という選択行動に着目し，移住にともなう生活環境や人間関係の変化に，移住者がどのように適応しようとしたかを女性の視点から考えてみたい。調査したのは，都市から山村に移り住むことを選択した女性である（武田 2015a）。彼女の家族が移住先に選んだのは，集落の住人の多くが高齢者で，過疎化に歯止めがかからない中山間地のまちである。地元の人が去ってしまい帰って来ない山中の地縁も血縁もないまちに，都会に住む人が，なぜ，移住したのかという素朴な疑問から調査をした。

　日本創成会議は，国立社会保障・人口問題研究所（2013）の日本の地域別将来推計人口に基づいて，2040 年に 20〜39 歳の女性の人口が市区町村別にどのくらい減少するかを推計し，子どもを産む年齢の女性が減るため，全国の 49.8％にあたる 896 市区町村の存立が難しくなると予測した（増田 2014）。このうち，523 市町村の人口は 2040 年に 1 万人を割るという。一般に，地域の将来が明るいわけではない中山間地へ I ターンするという選択行動は，中高年期に特有な生活の問題を反映しているのかもしれない。

　移住前後では，地域生活環境と生活主体との相互作用が主題になる。地域生活環境システムは，生活諸資源と生活諸関係の集合体である生活構造に，生活主体が生活諸資源を獲得し享受するうえで媒介となる他の生活主体と結ぶ生活諸関係を加え構成される（山本 1989）。

　山本（1989）によると，環境心理学や建築学では，社会学が地域生活の研究領域に必ずしも含めない自然環境を取り入れ，地域生活者の満足感，幸福感，生活の質，精神健康などについて論議する。生活諸資源には，① 物財やサーヴィス財などの物的・経済的資源，② 威信や権利などの社会的・関係的資源，③ 是認や愛情などの心理的・関係的資源，④ 知識や技能などの文化的・情報的資源がある（山本 1989, p.69）。また，生活諸関係には，① 親子関係や夫婦関係など，社会的ネットワークへの参加を意味する他の生活主体との制度的な社会関係，② 恋愛や友情など，個人的ネットワークへの参加を意味する他の

生活主体との非制度的・個人的関係，③ 職場の組織や地域集団や自発的結社など，組織や集団などの集合全体，④ 企業や行政や地域社会の物財，サーヴィスなどの提供主体との外的・社会関係がある（山本 1989, p.69）。そして，生活主体の生活システムと地域環境システムとの適合性（man-environment fit）を高めるため，あるいは，両者間の不適合度を調整するため，個人が負荷された生活課題に対処する過程を記述することが最初の課題になる。

そこで次に，au の事例をみてみよう。au が高槻市から愛知県 T 町に移住したのは，1994（平成 6）年 4 月，35 歳になる年である。愛知県北東部に位置する T 町は奥三河にあり，豊川と天竜川支流の源流地域である。そして，町の総面積 123.4 km² の 91％を山林原野が占める中山間地である。1955～1964 年（昭和 30 年代），林業や製材の拠点として繁栄した T 町も，その後，木材価格の低迷によってしだいに衰退し，過疎化にともなう林業従事者の減少や，au への聴き取り調査を行った 2011（平成 23）年 4 月 1 日現在，高齢化率 45.5％という人口構成が田畑や山林の保全を困難にしている。

au は名古屋市で生まれ育った。au の夫は福井県で生まれ大阪で育った。au 夫婦が T 町に移住したとき，長女は 10 歳，長男 5 歳，次男 2 歳だった。次男は食物アレルギーで強度のアトピー性皮膚炎だったので，au 夫婦は水と空気がきれいな田舎に移り住むことにした。

「田舎暮らしの本を買って，あちこち見学にも行った。一番遠くは，島根県隠岐の島だった。海に囲まれた島は，魚好きの主人には最高の環境だったが，乗ってきたフェリーに救急車が乗り込んだのを見て，医療設備のない孤島での生活に不安が過り諦めた」。

新聞や雑誌で情報を収集しているうち，au の母親が，T 町で若者定住促進住宅を建設し入居者を募集していることを伝えた。100 坪の土地に新築一戸建てが，毎月の家賃を 20 年支払えば所有できるという条件だった。au の夫は山仕事を希望していたので，町の 90％以上が山林という T 町に I ターン者向けの住宅があるとは願ってもないことだったという。

「空き家があっても都会の者には貸せないとか，住宅確保は移住者にとって第一関門である。それなのに町が住宅を用意してくれるなんて，田舎の人は閉鎖的と言うけど，町をあげて歓迎してくれる，きっと都会の人にも優しい開けた町なんだと，期待に胸膨らませ意気揚々と応募した。そして，見事当選し晴れてT町民となった。現地を見学して，わずか2ヵ月で移住が決まった」。

子どもの健康を優先し田舎に住もうとしたauだったが，住む家を見つけるのは容易ではない。空き家はあっても余所者には与えないところが多い。

auがT町への移住に動機づけられたのは次男の病気療養が主要因であるが，最終的な意思決定は日常生活の基本要件が備わっていることを確認したうえでの結論である。具体的な生活の基本要件は，①T町の外に出かけるための公共交通機関，②病院医療施設，③ゴルフ場がないことだった。これらの要件を点検し，au家族はT町に移住したが，事前の確認は充分ではなかったようである。

「移住の決め手となったのは，JRの駅と病院があり，ゴルフ場がなかったことである。しかし，いざ住んでみると，電車は1時間に1本で，T駅まで1時間半かかる。停車する駅の多さには閉口した。大阪では同じ距離を快速電車で半分の時間で行ける。やがて子どもたちが高校に通うにも，この電車を利用することになったが，毎日片道45分の乗車にうんざりしていたようだった。

もうひとつ期待はずれになったのが病院である。移住当初は国保の総合病院で産婦人科や皮膚科もあったが，規模が縮小され，今では公設民営の病院となっている。お産をするのにH市の病院まで通院しなくてはいけない。これでは少子化に拍車をかけるようなものである。実際，お産ができないから町外へ引越された方もいる。過疎の町で地域医療の充実を図ることは難しいと思うが，教育とともに医療はなくてはならないものである。これ以上の規模縮小にならないよう願っている」。

T町移住を決心したときの決め手となった生活の基本要件が，実際に住んでみると期待はずれだったことをauは痛感した。それでもau家族はT町に住

み続けている。諸々の期待はずれを補完して余りある他の利点を見つけたのか，都会では所有し難い広い家や土地を手に入れたことでT町に拘束されてしまったのか，auが未だに暮らしていることに帰因する情報は原調査で得られていない。

しかし，移住直後の認知的不協和を解消する過程で，auはT町内の人間関係を形成しながら，移住したという自身の行動を肯定できる新たな情報を得ることで，移住を正当化するような認知が安定化したと思われる。移住を肯定的に認知することが，auが自身の居場所を見つけ，そこに地域社会全体の一部分として自己を存在させようという行為なのだろう。

3. 集落の生活環境

3人の子どもと移り住んだau家族の場合，子どもの学校生活をとおしてT町の人間関係を知ることができる。長女は，小学校5年生の新学期からT町の小学校に転校した。生徒数が極端に少なくなったので，学校の友だちや教師との関係が濃密になったようである。

「全校児童800人の学校から50人の学校への転校は，ちょっとしたカルチャー・ショックだったと思う。クラスメイトは11人。授業はマン・ツー・マンみたいなもので，落ちこぼれの心配がなくて喜んだのは親だけで，少人数だから授業中に当てられる回数が多くて大変だと娘はこぼしていた」。

長女は，田舎暮らしを嫌っていたという。都会の便利な生活に慣れていたので，「マンガを買うのにも苦労する（田舎の）生活が嫌で，早くT町から脱出したいと言っていた」。

実際，長女は高校卒業と同時に，都会で一人暮らしを始めた。8年間，T町で暮らして都会生活に戻った長女は，重度のアトピー性皮膚炎になったり，空き巣に入られたり，車上荒らしに合ったりと，「一人暮らしをして，都会の怖さもいろいろ経験しているが，娘はずっと都会で暮らしている。田舎の退屈な

生活より刺激的な（都会の）生活が魅力的なのかもしれない。T町では，ちょっと見慣れぬ車が部落に入って来るだけで警戒し，いい意味でのムラ意識が発揮されている。若い人はそれを息苦しいと感じることもあるのだろうが，いつか，『やっぱり，T町がいい』と言って娘は帰って来てくれるのではないかと密かに願っている」。

限られた人たちとの交流が保障する安心と安全は，生活の行動範囲が広がる社会化の段階の青年には退屈で窮屈な環境に思えるだろう。ふるさとの心象が形成された時期として多くの人が回顧するのは，小学校を卒業するまでの個人的な時間である（武田 2008a）。小学校5年生のとき移住した長女が，T町をふるさととして心象化するかについては，微妙な臨界性を含むと思われる。

「息子たちは5歳と2歳だったため，それほど田舎の生活を嫌がることもなく，T町っ子として育っていった。美味しい水と空気のおかげで，下の息子のアトピーはみるみる治っていった。頬ずりすることすらためらったほっぺたもすべすべになり，薬でむくんでいた顔もすっきりとなって，T町に移住した目的を達成でき，思い切って田舎暮らしを始めて本当によかったと思った」。

次男の病気を治すことが移住の最大の目的だったが，その恩恵を受けたのはむしろ長男だったかもしれないという。T町に引越す1年前，長男は通っていた幼稚園になじめなかった。T町には保育園しかないので，働いていないauの長男は，小学校に入学するまでの一年間を自宅ですごした。移住した翌年の4月に同級生9人で入学式を迎えた。

「（長男は）食が細く，好き嫌いが多くてあまり食べない。かけっこも遅く，逆上がりもできないので，みんなについていけるか心配だった。案の定，まずつまずいたのが給食。一人最後まで残っても食べられず，苦痛の時間となっていた。すると，担任の先生が『好きなものは何ですか。少しでも給食が楽しくなるように，好きなメニューにします』と言ってくれるではないか。都会の学校では考えられないこと。次男もアレルギーのため卵が食べられないことから，卵料理の日は次男だけ特別メニューにしてくれた。こういったきめ細かい対応

ができるのも小規模校だからこそと思う。クラスメイトが10人前後で，勉強面，生活面に充分な配慮ができ，子どもの個性を伸ばせるのは田舎の学校の良さだと思う。都会にいたら，長男は，きっといじめられっ子になっていただろう」。

　少人数の生徒一人ひとりに時間をかけて教育指導できる学校の環境下で，長男は苦手だった運動も得意になり，音楽の才能を伸ばすことができたとauは思っている。

「昨年，1浪の末，（長男は）希望する大学で大好きな音楽の勉強ができることになった。そこにたどり着くまで，いろんな人の励ましがあって，泣きべそでわがままな息子が，親の仕送りは一切なし，バイトで生活費を稼ぐというたくましい子に育った。これも田舎暮らしの賜物だと思う」。

　移住前，専業主婦だったauは，家計を補助するため移住後に働くようになった。auの仕事は生協の配達とCAクラブの事務局である。配達の仕事は週2日で10年以上続けている。

「老人世帯などに食材を配達しているが，畑の新鮮な野菜をいただいたり，地域のことを教えてもらったりと，地元の人とコミュニケーションができて，Iターンで来た私にとっては，なかなか有意義な仕事である」。

　CAクラブ事務局の仕事は5年目で，auは四代目の事務局長である。こちらは仕事があるときだけ出向けばよく，自由勤務だし事務局はauだけなので気楽に働けるという。auがこの仕事をするようになったのは，Iターン者としてT町役場に出入りしていたことがきっかけだった。

「移住した当初は，まちづくりの企画などの会議に参加を要請され，よく出かけた。ずっとT町で暮らしている人にはあたりまえのことが，Iターン者にはそうではなかったりすることが多々ある。そういうことを率直に言うと反感を買うこともあるが，受け入れてくれることもある。言い方もあろうかと思うが，あまりにいろいろと言い過ぎて失敗した人もいる。何もしがらみがないから言いたいことを言えるが，地元の人との調和も大切かと思う。それをわきまえたうえで発言すれば，小さい町なので意見が採用される確率は大きい。実際，

私も『えっ？　私の意見でいいの』と思ったことはある。それでも，田舎の人は新しいものを取り入れるのには慎重だなと思う。どうしてそうしなきゃいけないのか，今のままでいいじゃないかという意見が大半なのだろう」。

　従来の秩序体系に，新規の様式や価値観を持ち込むと，共有されてきた態度や行動の型が変形したり変質したりするので，反発や抵抗を受けることになる（河原・杉万 2003；森 1997）。au は革新（innovation）を表明し伝える際，従来の秩序体系の常識を理解しようと努め，新しい考えを地元の常識と調和するように調整し導入することで，意思決定の場で居場所を確保していった。CA クラブ事務局長という位置づけは，こうして au が T 町の人間関係に適応した結果をあらわしている。

　T 町の CA クラブは，毎年，競技大会を開催しているが，au は資料作りから役場との折衝，海外選手とのやりとりなどを一人でこなしている。

　「やりがいはあるが深夜まで残業することもあり，かなりのハード・ワークである。それでも続けているのは，新しい人とのつながりが全国に，また，世界にできて，人生が広がった気がするからである。そして，好きな英語が使える仕事であり，まちおこしの一環に携われるという喜びがある」。

　T 町の CA クラブを中核とする人のつながりは，国内外に拡大している。その中心で活動しているのは，T 町に移住してきた余所者であることが興味深い。

4.　余所者の居場所

　地元の人にとって，外部参入者は余所者である。余所者を仲間として迎え入れるのに，地元住民は慎重である。au は余所者であることを次のように実感したという。

　「地元の人にとって都会から来た人は，いわゆる余所者。その余所者が，本気でここに住んでくれるのかを確かめる場所が酒の席。私たちもよく『骨を埋める覚悟で来てくれたんだよな』と言われた。そこまで真剣に考えていなかっ

たので，はぁという感じだった。実際，気に入らなかったらいつでも出て行く覚悟でいた」。

T町では，仲間であることを絶えず確認し合うため，さまざまなつき合いがある。

「田舎暮らしで大変なのは，つき合いではないかと思う。つき合いと一言で言ってもいろいろある。祭りだけでも私の住んでいる地区は，地元の神社，地区の神社，そして有名な祭りと3つもある。消防団も田舎特有の組織で，主人も39歳まで務めた。私も婦人消防団に入っていた。小学校の運動会は家族総出となる。出場選手も婦人会や敬老会の人も交えて，さながら地区の大運動会となる。それだけ地域のつながりが濃いということだろう。都会から来た私たちにはとても新鮮な運動会だった。こういった集まりのたびに，酒の席となる。主人もずいぶん鍛えられた。でも，飲みニケーションも大事なつき合いのひとつ。お酒の飲めない人には田舎暮らしは苦痛かもしれない。つき合いが苦手という人は，田舎暮らしは大変かもしれない」。

また，「都会だとマンションでは，隣に住んでいる人も知らないような生活であるが，田舎は，誰が何をしたかがすぐわかるし，噂はすぐに広まり，大変な目に会うこともある。それを覚悟するのも田舎暮らしの必須条件かもしれない」。

auのように，郷に入っては郷に従えという教えを自然体でうまく実践できる人ばかりではない。東三河のある地方都市からT町のはずれに移住してきた高齢の夫婦は，引越して間もない頃の出来事が原因で，隣近所の地元住民から村八分のようにされて孤立していた。

問題の発端は，移住した夫婦の妻が，新築した家の近くを流れる川の畔で筍を見つけて採ってしまったことだった。妻が採った筍は，その辺りに住む地元の人たちが共有地のようにしているところに生えていた。特に柵や囲いはなく，標識も立て看板もなかったから，妻は筍が自生していると思って，都市の暮らしでは体験できない田舎の良さを実感して喜んだという。

ところがしばらくして，誰かが勝手に筍を採ったことが隣近所に知れわたり，

やがて新しく移ってきた余所者の仕業だということになった。それから，日常のいろいろな場面で，地元住民による高齢夫婦への執拗な嫌がらせが始まったという。中山間地の暮らしや生活環境を主題に調査をしていたときに遭遇した事例である。あらかじめ配布していた調査票の回収と補足的な聴き取りをするため，その夫婦が住む家を訪ねたとき，隣近所の住民の卑劣さや残忍さを涙ながらに罵る妻の激情に，調査どころではなくなって2時間近く足止めされた。

「夫が定年で退職したので，それまで住んでいた家を処分し，退職金もすべて使ってここに新しい家を建て，老後をゆっくり静かに暮らしたかったんです。もうどこにも行けないから，ここに住むしかないんです」と大声で訴えた妻のことばは未だに耳から離れない。地方創生や田舎暮らしの薦めなど，東京一極集中に代表される偏った人口分布を是正しようと，さまざまな施策が提言されているが，その課題の本質は，人と人との結びつきにまつわる社会心理の解明といえよう。

ともあれ，T町に移住したauは，地域生活環境を構成するひとつの部分としての自己を受容しようと努めている。生活環境とのあいだには，ときに緊張する相互作用もみられるが，auは日常生活の均衡と調和を実現しているようである。

「最近，どうしてT町に来たのだろうと不思議に思うことがある。縁もゆかりもない土地にいきなり来たわけで，どこかで何かがつながっているのかなと運命的なものも感じる。私はT町に来て，後悔していない。むしろ，こんなに私の人生をおもしろくしてくれたことに感謝している。いろんな条件やタイミングもあったのだろうが，この町に住めてよかったと思う」というauのことばから，移住地にあるがままでいられる"私"の居場所をようやく確保した余裕が感じられる。

第14章
親のための選択

　多くの既婚女性は，老年期を夫のふるさとですごすことになるかもしれない。都市で暮らす高齢者をめぐる問題（唐沢 2006；野辺・田中 1994）もたくさんあるが，農山漁村では深刻な過疎化が高齢者の居場所そのものを浸食している。

　最後に残った高齢の寡婦は，夫のふるさとで独り臨死を迎える。彼女らは異文化体験を重ね生きてきたが，気がつくと，余所に居場所はなく身動きがとれない孤独のなかにいる。

　本章では，老年期の生活環境を文脈に，山中の過疎集落で暮らす高齢女性が抱く老いへの不安と，ふるさとへのかかわりについて考える。

1. 老人保健施設がある山村

　av が名古屋市から愛知県 T 町に移住したのは，2005（平成17）年8月，60歳になる年である（武田 2015a）。av の夫も名古屋市の出身で，夫婦ともに小中学校生のときに田舎暮らしを経験し，その原体験を共有している。av は夏休みに従兄が住む恵那山中腹ですごし，av の夫は戦時中の縁故疎開で，山梨県身延の駅から車で30分の山奥に住む叔父の家で生活した。学童期に都会と違う生活環境ですごした経験が記憶に強く残り，いつか田舎で緑に囲まれて暮らしたいと思っていたという。

　そうした思いから，子育てをする頃，夫婦は名古屋市東方の東郷町に家を構えた。東郷町は，当時，周囲を畑に囲まれ，小さな丘には小川が流れ，山菜が採れる里山が残っている田園風景だった。ところが，子どもが他出する頃，田

畑は宅地になり，丘は造成されてマンション等が建ち，家の前の道路は車がひっきりなしに通り抜けるようになった。

「ある程度は覚悟していたが，これから今まで以上に人とふれあい，ゆったりと，のんびりと老後を暮らしたいと思っていたのに，家の周りは二人が望む環境ではなくなってしまった」。

子育てを終えた後，学童期の原体験を再現した生活環境のなかで，成人後期から老年期を迎えるという夫婦の計画は，根本的に見直さざるをえないような状況になってしまった。

「さあ，どうする。緑に囲まれた生活にするのか。田舎に行くのか，行くならいつか。行くなら定住で地に足をつけて暮らしたい。引越しにはエネルギーがいる。体力もいる。今まで築き上げた人間関係はどうするのか。こうして，思いつくさまざまなことを検討した」。

av が転機を感じたのは，1998（平成10）年4月，自動車運転免許を取得し，T町の老人保健施設Y荘を見学するため，同年11月，豊川インターからT町までドライブしたときの道程と，Y荘に車を止め，目の前に山々の風景を見た瞬間だという。「ほっとする，なぜか懐かしい思いをした」。

翌1999（平成11）年9月，av の母親がY荘に入所することになり，2002（平成14）年12月末に亡くなるまで，夫婦はT町を頻繁に訪ねた。二人は，地図で東郷町からT町までを扇形に囲み，その囲んだ地域に実際に出向いてみて体感し，しだいに田舎暮らしを望むようになっていったという。

「名古屋で，伊吹おろしの冷たい寒さで鍛えられている二人は，山間部で四季を感じられるところを（移住先の候補地として）探した。田原や浜松など，静岡方面の季節の穏やかすぎるところは除外した。三河山間部か長野県，または県境の静岡県辺りを，季節や天候に関係なく暇さえあれば，地図に載っている道が舗装されていれば，林道でも車を走らせ，そのつど集落の生活環境などもチェックした。現在の豊田市で，旧小原村，旧旭町，旧足助町，旧下山村，それに設楽町，旧作手村などは，温暖化とはいっても，冬は道路が凍てつき歩

行や車の運転が難しい。Ｔ町の中心地区は，昼間は雪などもなく，買物に出かけることができる。寝雪になることは，ほとんどない。このようなことから，子どもたちから（Ｔ町に移住することの）了解を取りつけることができた。（Ｔ町は）住みやすいところだけれど，冬は中心部を除くと大変厳しい」。

2005（平成17）年の春頃には，Ｔ町への移住を決心し，週に一度は母親が入所していたＹ荘でボランティア活動を続けた。Ｔ町をより深く知るためである。現在，Ｔ町役場は広報誌などで空き家に関する情報を伝えているが，当時はそうした活動をしていなかった。役場に問い合わせると，空き家はたくさんあるが，貸しても売ってもよいという空き家はごく僅かということだった。

「役場がだめなら当って砕けろ」と，町内を訪ねて情報を集め，借家や売家を手探りで探した。Ｔ町を離れた（家の持主である）子（の親に会ったり），留守を預かる親戚などを訪ねたりしたが，なかなか（家の持主に）交渉できなかった。

どこの馬の骨かわからん者とは，話もしたくないという状況で，不動産屋さんでさえ，まったく相手にしていただけなかった。そんなとき，貸してもよいと言ってくれる人が現れて，その家を見せていただいた。そこには亡くなられた両親の荷物と，そのお子さんたちの不用品があり，整理してくれたら，貸してもよいとのことだった。しかし，その荷物の多さは，並大抵の量ではなく，また，冬対策を考えると（その家の状態では）断念せざるをえなかった。こうした経験から，この地域も他の田舎と同じで閉鎖的なのだと感じた」。

avがＴ町への移住を諦めかけていた2003（平成15）年4月，「今度，町が分譲地を売り出すそうよ」という情報を得た。さっそくＴ町役場の企画課へ出向いて確認した。そこは，北側の山を背に東側には小川が流れ，スーパーマーケット，診療所，役場などが徒歩圏内にあり，この位置なら子どもたちも納得し安心してくれると思った。ここを購入できなければＴ町を諦め，他の地域を当ろうと受付日に臨み，運よく購入権利を得て現在に至っている。

老母を老人保健施設に入所させることが，Ｔ町移住の直接のきっかけになっ

たようであるが，avが探し求めていた成人後期から老年期をすごすのにふさわしいところをT町に感じ取ったのは，「豊川インターからT町までドライブしたときの道程と，Y荘の駐車場に車を止め，目の前に山々の風景を見た瞬間」の自己知覚と思われる。その瞬間，avはT町の環境の一部に自己を違和感なく組み込み，自己を含む環境全体のまとまりのよさを知覚したのだろう。

　人間行動を個人のパーソナリティ，環境，そして両者の相互作用の関数とみなす社会心理学の基本方程式（Lewin 1951）は，個人が全体の部分を構成し，同時に，影響を受ける社会的な場や文脈のなかで人の行動を考えることを意味する。この文脈内存在者（person-in-context）の概念は，個人がその一部となる環境を微視水準から巨視水準までの入れ籠状の構造体と仮定する（Orford 1992）。また，環境の概念には，社会環境だけでなく自然環境を含めて考える必要があるだろう（山本 1989）。

2. 移住の意思決定と新しい社会環境

　avが初めてT町を訪れたときから約3年間，avの母親はY荘で余生をすごし亡くなった。av夫婦はY荘に母親を訪ねてT町に通ううち，しだいに田舎暮らしを実現する気持ちになっていった。

　こうしてみると，avがT町に移住しようと決心したのは，そこに老母を預かってくれる施設が見つかったことがきっかけになった。そうした施設が名古屋市内や周辺地域になかったのか，それとも，田舎暮らしを念頭に，都会を離れて探しているうちにT町に行き着いたのか，実際についてはavから聴き出せなかった。核家族世帯化や単独世帯化が進むなかで，農村高齢者は依然として直系家族中心の人間関係を維持し，それに強く依存している（広田 2003）が，都市高齢者も同様に家族に頼っている。しかし，母親をY荘に入所させると同時に，av夫婦もT町へ移住する準備にとりかかったということではないようなので，Y荘を見つけたことは，T町への移住を意思決定するまでの慎重な

検討の始まりだったのだろう。

　それから一年間，av夫婦は，移住を前提に家を探し求めた。空き家はあるのに借りられない状況にあって，T町役場が分譲地を売り出し，それを購入できたので移住が実現した。移住の実現は，住宅の確保が直接の要因であった。

　移住先の生活環境に慣れるまでには一定の時間を費やす。T町の気候風土や，そこで暮らす人たちの生活観，生活様式，人間関係などにどうしてもなじめず，しばらく暮らした後，再び別の土地へ移ることを選択した移住者もいる。avによると，「この10年間，他地域から（T町の）空き家などへ転居された方が12件あまりあったらしいが，今現在，その約半数がT町を去っている。冬が想像以上の寒さだった，地域環境になじめなかった，祭りにかかわるためにT町に来たのではない，祭りの出役は大変迷惑であったなどが，（T町から）転出した理由だと聞く」。

　集落の限られた人たちとの人間関係は，日常生活に大きな変化がなく安定しているので安心や信頼を感じられる反面，僅かな逸脱に対しても敏感に反応する窮屈さをともなう。

　そのため，移住者が地域生活環境に円滑に適応できるようにと，地元の人たちが事前に移住計画の説明を求め検討する機会を設けているところもある。熊本県小国町北里地区では，移住者が積極的に地域と交流し，固有の役割を担う決意であることを確認するため，育才舎という30〜40歳代の会社員，公務員，自営業者などで構成されたコミュニティ・プランニング・チームが，移住希望者に移住前の地ならしを行っている（岡田・河原 1997）。行政は移住者の選択ではないというが，地元住民のなかには，来たい人より来てもらいたい人を選択するという思いがあるのかもしれない。

　T町移住後の生活は，新しい社会環境である隣近所の人たちとの交流をとおして，地域社会の慣習やしきたりを学習し，新しい構成員としての社会化が進む。自宅住居を中心にT町内の生活圏が拡大するなかで，地元の人たちとの交流にまつわるavの証言からT町の社会環境を考えてみよう。

子どもが他出し親を看取った後，「今まで以上に人とふれあい，ゆったりと，のんびりと老後を暮らしたいと思っていた」avは，T町をはじめ奥三河山間部には結いが残っているという。

　「田植え，稲刈り，茶摘みの他に，昔は屋根の葺き替えなども（みんなで）していたらしい。ご近所や血縁関係で結いの仲間が構成されていて，ひとつの作業を結いの仲間全員が，順番に一軒，一軒していく。今，結いは全国的に消えつつあると聞く。機械化で（結いの協働作業が）必要でなくなったところや，（結いの構成員が）高齢のために，お礼のお返し作業が体力的にできなくなって脱会せざるをえないというのが現状のようである」。

　結いのような長年にわたって維持されてきた集落共同体内の人間関係は，長幼の序を基本とするタテの秩序体系を構成している。一方，ほぼ同年代の構成員は，ヨコにつながって集団を形成し，年齢を基準に割り当てられた役割を遂行する。年長者は，集落共同体の活動や作業を指示し統制する。若年者は，年長者の指示にしたがって行動する。そのため，同年代のヨコ集団は，子どもの頃からの仲間集団でもあり，互いに気心が知れた親しい関係にある。「若者たちは，大変仲がよい。何事か起きると，みんなが集まり，知恵を出し合い事にあたっている」。

　その反面，指示する年代と指示される年代とのタテ関係には，摩擦や緊張が感じられる。

　「そんなおとなたちについて，知り合いの若者は，『僕らは人数も減って，一人ひとりの負担が増えて大変だからと改善案を出しても，（おとなに）『いいや，今までどおりにやってもらおう』と言われて，いろいろな場面でおとなに阻止されるんよ。まあ十年もしたらおとなもいなくなるんで，それまで待つわね』と諦めている」。

　ここで，"おとな"とは，「みんなの上に位置づけられ，権力がある」80歳代ぐらいの高齢者をさす。たとえば，葬儀の場合，組（隣組）が手順や方法など，葬儀全般の運営を担当し進行するが，実際にはおとなの指示で執り行われ

る。仮に，若い喪主が間違えて先走ったことをすると，組の若者が，おとなと若い喪主との関係修復に努め，本来の手順に戻す。そうしたことの煩わしさもあってか，最近は，自宅ではなく会場を借りて葬儀屋にすべて任せる人が増えているという。

「多くの遺族が，S市やT市など，他地域の住人なので，そこの会場を利用するようになった。また，亡くなられたときの役所への手続きは組の方にお願いし，葬儀そのものは葬儀屋に依頼している。そうすることで，おとなとのあつれきや摩擦を最小限にし，不満も解消できるという若者の知恵かもしれない」。

集落共同体の主要な協働作業のひとつである葬儀を，従来の型どおりに執行しようと若年者に指示する高齢者に対して，葬儀の執行者と葬儀の場を集落の外に外注し，死亡届などの必要な手続きは，これまで同様，組に任せるという対応で調和を図ろうとする若年者の工夫が興味深い。高齢者の勢力（power）は，集落共同体内の慣習やしきたりなどを熟知し経験も豊富であることが源泉と思われる。彼らの知識や経験の大半は，集落共同体に継承されてきた思考や思考の定式化された型に関する情報である。一方，若年者は，高齢者がよく知っている思考や行動の型を遂行することによって得られる結果と同じくらいの成果を，別の仕方で達成するための情報をもっている。それは，集落共同体の外にある思考や行動に関する情報である。

葬儀を執り行うことの結果や成果だけを考えるなら，集落共同体内の思考や行動でも外のそれでも大差ないかもしれない。しかし，集落共同体の凝集性を一定水準で維持し，まとまりを保つには，共有されてきた思考や行動の型を無視するわけにはいかないだろう。T町では，現在，葬儀の執行に関する新しい思考や行動の型が定式化されつつあるのかもしれない。それが集落共同体の構成員の規範となり，常識となるかについては，まだしばらく経過を観察しなければならないだろう。

3. 土地と墓の守り役

　老いていくと誰もが身体や精神の活動の衰えを自覚し、日常の安全な生活を安心してすごせる場所を求めるだろう。その際、生活の場を新たに探すというよりは、これまで暮らしてきた場所で何か不都合な問題はないかと、改めて身辺を点検するのではなかろうか。

　そうした生活の保障は、従来、家族が担ってきた。現在でも、老いた家族構成員を、他の家族が世話し介護することが、福祉をめぐる公共の諸施策の基本的な前提となっている。そのため、長時間労働や出社・退社時刻を自己都合で変えることができないなどの事情から、家族の介護や看護を理由に離職する雇用者は、毎年約8～10万人に達している（厚生労働省雇用均等・児童家庭局 2013）。同じ地域社会に住む隣近所の住民が、互いに声を掛け合ったり、手を差し伸べたりしながら、老いた社会的弱者の老後を辛うじて支えてきた。

　しかし、そうして助けてくれる人が周りから姿を消してしまったら、老人はどうするのだろうか。子や孫が他出し、配偶者も亡くなり、近隣の世帯も同じような事情になっている地域に住む高齢者は、自分自身の置かれている状況をどのように認知しているのだろうか（武田 1993）。特に、夫のイエに他所から嫁いで来た高齢の妻は、将来の自身の居場所についてどう思っているのだろうか。

　ふるさとに帰ってきた成人子が、老親と同居ないし近居し再び家族生活を始める事例（武田 2008a）もないわけではないが、今日、日本の多くの地域では、過疎化と高齢化にともなって、住民の地域生活が縮小し硬直しているようである。そこで、過疎化が止まらず高齢者が大半を占める静岡県内の中山間地のある集落で暮らしている女性の生活意識について考えてみよう。

　山中の暮らしについて、定住願望者と移住願望者それぞれの居住理由をまとめると表14-1のようになった。現住地で暮らす理由として上位を占めたのは、夫と暮らすため、先祖代々の土地があるため、家があるため、家族が住んでいるためなど、家族、家屋、土地という生活の基本要素にかかわる考えであり、

表 14-1 居住理由

人（%）

	定住願望者 ($n=147$)	移住願望者 ($n=63$)
夫と暮らすため	38 (25.9)	9 (14.3)
先祖代々の土地があるため	27 (18.4)	8 (12.7)
家があるため	26 (17.7)	6 (9.5)
家族が住んでいるため	20 (13.6)	7 (11.1)
その他	11 (7.5)	2 (3.2)
所有する田畑や山があるため	8 (5.4)	1 (1.6)
夫が仕事を続けるため	3 (2.0)	3 (4.8)
夫の親が住んでいるため	2 (1.4)	6 (9.5)
自分自身が仕事を続けるため	2 (1.4)	1 (1.6)
旧友が住んでいるため	2 (1.4)	1 (1.6)
自分自身の親が住んでいるため	1 (0.7)	1 (1.6)
墓があるため	0 (0.0)	1 (1.6)

（注）欠測値（定住願望者 $n=7$，移住願望者 $n=17$）を除いた集計結果である。

両群間に違いはない。

　しかし，定住願望者が，その他（$n=11$）として自由に記述した理由をみると，ここが好きだから（$n=1$）という肯定的な意見もあるが，大半は，現住地に拘束され移住できない事情を訴えるような内容になっている。行くところがない，歳なので他の場所へ行く足がない，ここに来て 50 年。他に行くところがないため，この地で一生終わりたい，お嫁にきたから，嫁ぎ先だから離れられない，第一に田舎が好きだから，夫は他界していますが，やはり，所有する田畑や山，お墓を守るためなどがその具体例である。

　イエ制度や第二次世界大戦前の婚姻関係に関する価値観が，老いた女性を未だに嫁ぎ先につなぎ留めている実情がうかがえる。このように，嫁ぎ先に定住することを望む人のなかにも，他所に移住できない事情を抱えて仕方なく暮らしているように思われる人がいる。

　また，標本数が少ないのであまり明確な事実とはいえないが，夫の親が住んでいることを居住理由とする傾向が移住願望者にややみられる。夫の親が住んでいるため，その世話や介護をしなければならないから現住地で暮らしている

が，できれば他所に移住したいというのが移住願望者の本心かもしれない。

　次に，日常生活について，医療サービスの現状，緊急時や災害時の対処，新しい産業の可能性，地元の生活の各側面で，定住願望者と移住願望者とのあいだにどのような認知差がみられるかを比較した（表14-2）。その結果，新しい産業の可能性に関する項目にはほとんど有意差はみられなかったが，他の3つの側面については，いずれの項目も定住願望者のほうが肯定視する傾向がある。現住地に定住しようと思っている人のほうが，生活環境を好ましくみている。ただし，両群間の年齢差に注意を払う必要があるだろう。居住理由にもあらわれているように，高齢のため他所に移住し難い状況にある人がやむなく定住しているなら，現住地を努めて肯定視しようとする思いが強く影響しているかもしれない。

　しかし，全般に，得点結果は低い水準になっていることから，定住願望者と移住願望者との認知差は相対的な差異にすぎず，現住地の生活環境への評価はあまり芳しくないようである。特に，移住願望者は，生活環境の医療，災害時援助，福祉の現状に悲観している。

　過疎がさまざまな問題をひき起こしている実態から，他の地域から当該地区に移住する人が増えて，当該地区と都市との交流が増えたほうがいいと考えている人は少なくない。高齢者が多い集落の日常生活は，相互扶助の関係性でかろうじて成立している。「近所どうしで，お年寄りの世話を助け合ってしていますか」には，肯定的な回答が得られた。

　相互扶助の関係性は，地元の生活にかかわる伝統的な考えに準拠しているようである。義理やしきたりを必要とし，伝統や習慣を尊重し守っていくべきと考える生活態度が，高年齢の地元住民間に無理や違和感なく共有されているため，日常生活を共同できているのだろう。心配事の相談や失望したり落胆したりしているときの慰めを，近隣者や友人に期待するようである（野邊 2005）。

　その反面，お年寄りの世話や介護を若者に期待できると思う，親の老後のめんどうは子がみるべきだと思うと回答した人も少なくない。しかし，若年者へ

表 14-2　定住願望者と移住願望者との差異

	移住願望者($n=63$)		定住願望者($n=147$)	
	M	SD	M	SD
医療施設の整備	1.29	0.68	1.43	0.80
医療関係者数	1.00	0.44	1.23	0.85*
介護や福祉の人材数	0.90	0.67	1.22	1.05**
緊急時や災害時の医療サービス	1.16	0.72	1.14	0.79
重病者や難病者への医療サービス	0.94	0.62	1.18	0.82*
医療サービスの協力体制	1.08	0.97	1.27	1.17
医者や看護師の確保	0.94	0.64	1.07	0.83
医療関係者育成への援助	0.75	0.67	0.78	0.79
医療サービスへの満足	1.08	0.70	1.37	0.93*
老人ホームの必要性	2.22	1.52	2.50	1.41
自宅介護の希望	1.33	1.32	2.28	1.34***
デイ・サービス施設の利用経験	1.25	0.76	1.97	1.29***
ホームヘルパーの利用経験	1.03	0.25	1.15	0.55*
ホームヘルパーの就業希望	1.51	1.15	1.42	1.11
近所の老人の世話	2.13	1.39	2.33	1.23
若者による老人の世話や介護の期待	1.62	1.08	1.78	1.16
老人にとっての住みやすさ	1.84	1.14	2.62	1.20***
緊急時や災害時の避難場所	1.90	0.30	1.84	0.37
緊急時や災害時の講習	1.59	0.50	1.71	0.45
防災訓練への参加経験	1.90	0.30	1.86	0.34
緊急時や災害時の応急処置	0.75	0.67	0.89	0.72
緊急時や災害時の役割分担	0.79	0.86	0.97	0.88
緊急時や災害時の協力体制	0.57	0.88	0.96	1.24*
緊急時や災害時の独居老人への援助	0.81	1.00	1.28	1.24**
移住者増加の希望	2.40	1.50	2.85	1.43*
都市との交流希望	2.65	1.46	2.74	1.49
新しい産業の可能性	1.24	0.86	1.22	0.87
新しい産業の誘致希望	1.62	1.49	1.77	1.59
現行産業への評定	1.22	1.17	1.46	1.21
年齢	50.84	19.54	66.10	16.07***
出生順位	1.43	0.50	1.38	0.49
自己犠牲感	1.37	1.29	1.73	1.47
自己抑制感	1.48	1.29	1.93	1.47*
義理やしきたりの必要性	2.27	1.27	2.67	1.32*
老親を世話する子の責任	2.38	1.26	2.57	1.36
伝統や習慣を守る責任	2.44	1.27	2.85	1.22*
人生満足感	2.06	1.44	2.73	1.10**

*$p < 0.05$, **$p < 0.01$, ***$p < 0.001$

の期待が実現される見込みは低く，おそらく高齢者自身も，現実的な期待ではないことを自覚しているだろう。

このような実情にあって，興味深いのは，「お年寄りにとって，この地区は住みやすいところだと思いますか」に対する定住願望者の肯定的な回答である。現住地を離れられない事情があるにしても，彼女たちに住みやすさを感じさせ，定住させる要因は何だろうか。

定住願望を規定する要因を特定するため，まず，すべての変数を相関分析した。その結果，介護や福祉の人材数，重病者や難病者への医療サービス，医療サービスへの満足，自宅介護の希望，デイ・サービス施設の利用経験，老人にとっての住みやすさ，緊急時や災害時の講習，緊急時や災害時の協力体制，緊急時や災害時の独居老人への援助，移住者増加の希望，年齢，自己抑制感，義理やしきたりの必要性，伝統や習慣を守る責任，人生満足感が，定住願望とのあいだに有意な相関を示した。

そこで次に，これらの変数を独立変数，定住願望を従属変数にして段階的重回帰分析を行った。その結果，年齢，自宅介護の希望，人生満足感を独立変数とする有意な重回帰モデルが得られた（表14-3）。高齢になるほど現住地から離れずにずっと住み続けたいと思うようになるが，それは住みやすさを感じさせる直接的な要因として，老後は老人ホームに入るのではなく，自宅で介護されたいという希望が規定している。自宅介護の希望と老人にとっての住みやす

表14-3　定住願望を従属変数とする段階的重回帰分析結果

($n = 210$)

	独立変数	β	t	R	R^2	F変化量
段階1	年　齢	0.365	5.648***	0.365	0.134	31.905***
段階2	年　齢	0.319	4.977***	0.433	0.188	13.740***
	自宅介護の希望	0.237	3.707***			
段階3	年　齢	0.305	4.888***	0.483	0.233	12.218**
	自宅介護の希望	0.237	3.806***			
	人生満足	0.214	3.495**			

**$p < 0.01$,　***$p < 0.001$

さとは，高い正の相関関係にある（$r=0.309$, $p<0.001$）。自宅介護の希望をもてる高齢者は，地元の住みやすさを感じて，これまでの人生にも満足しながら臨死を迎えるまで現住地から離れず暮らしていきたいと思っているのだろう。

一般に，自宅介護は同居する家族が担うと考えられるので，当該地区の各世帯の家族構成を既婚者についてみておこう。定住願望者の家族構成員数は，$M=3.32$, $SD=1.79$，移住願望者は，$M=3.32$, $SD=1.65$であり，定住願望者と移住願望者とのあいだに家族構成員数の差異はない。同居している家族構成員は，定住願望者の場合，夫（$n=105$），子ども（$n=69$），夫の母（$n=28$），移住願望者についても，夫（$n=40$），子ども（$n=21$），夫の母（$n=15$）がそれぞれ上位を占め両者の違いはみられない。ただし，孫が同居している世帯が，移住願望者（$n=2$）より定住願望者（$n=25$）のほうに多いようである。

年齢や就業状態など，定住願望に関連しそうな他の要因を統制して分析する必要はあるが，家族のなかの対人関係，特に，成人子と老親との関係が，現住地に定住し自宅で介護されたいという老いた女性（母親）の希望に影響していると推察される。男性は妻に世話してもらえるが，イエに嫁いだ女性は，まず，夫の親の老後を世話し，それから夫の世話をして，最後に息子（長男）の嫁の世話になるのに，老母は老いを看取る辛さや大変さを体験しているので，本心と違って家族や周りの人に迷惑をかけまいとするようである（松島 1996）。また，「要介護老人（寝たきり）となった場合，どこでケアを受けたいですか」という問に，別居や疎遠になった子どもの世話になりたくないと，不本意ながら病院や老人ホームを選択せざるをえないという実態の報告もある（日本死の臨床研究会 1995）。

こうした指摘と同様に，現調査地区全戸の家族構成や，この地区に老人ホームが必要だと回答した人が多いことなどから，定住願望を規定している自宅介護の希望は，自宅で介護されたいという高齢女性のあてのない願いであり，虚ろな幻想でしかないといえよう。

4. "私"の幸福

　2015（平成27）年の日本人の平均寿命は男性80.79歳，女性87.05歳である。今日，男女ともに人生80年時代となった日本社会では，一度限りの生涯は自分自身の責任であることを受け容れ，過去を意味ある時間の蓄積とし統合することが発達課題とされる高齢期（Erikson 1959；武田 1993；山本・ワップナー 1992）のすごし方がますます重要になってきた。これまでの人生をふりかえり，その価値と意義を見出せる人は，生涯の終焉近くになったとき，満足し安寧な気持ちでいられるだろう（武田 1993；和田 1979, 1981）。

　そこで，高齢期の人生満足感に影響する日常生活の要因について検討してみよう。現在60代の人たちは，第二次世界大戦敗戦後に生まれた世代であり，1960年代（昭和35〜44年）の高度経済成長期に，都市への人口移動をともなう産業構造の変化を時代背景としている。こうした社会変動下にあって，山中の集落に住み続けた女性たちが調査対象である。調査地に住む既婚女性（$n=156$）の平均年齢は63.08歳（$Me=66.00$，$Mo=76.00$，$SD=14.47$）と高齢である。60歳代になって，人生に満足できる人と満足できない人とでは，家族や地域生活に関する意識にどのような差異があるのだろうか。夫のほうが妻より年長という夫婦間の一般的な年齢差に加え，男性より平均寿命の長い女性が，夫のふるさとでどのように老後をすごし，自身の人生を統合しようとしているのかについて考えてみたい。

　まず，基準変数の人生満足感について，よくわからないと回答した12人を除いて，分析対象者数を$n=144$とした。次に，人生満足感の回答が「1＝満足している」「2＝どちらかといえば満足している」を人生満足群（$n=105$），「3＝どちらかといえば満足していない」「4＝満足していない」を人生不満群（$n=39$）に区分した。このように，全体の27.08％は自身の人生に満足していない。なお，分析対象（$n=144$）の平均年齢は63.37歳（$Me=66.00$，$Mo=76.00$，$SD=14.50$）である。

表 14-4　人生満足感と居住年数との関係

人（%）

	10 年以内	10 年以上 20 年以内	20 年以上
人生不満群（$n=39$）	3（7.7）	3（7.7）	33（84.6）
人生満足群（$n=105$）	7（6.7）	17（16.2）	81（77.1）

$\chi^2=1.722$, $df=2$, $p=0.423$, ns

　最初に、人生満足感の個人差が基本属性と関係しているかを確認しておこう。妻の生育地、夫の生育地に有意差はなかった。夫妻ともに調査地 T 町で生まれ育った人が多く、T 町以外でも愛知県内が大半を占める。ただし、夫に比べ妻は、T 町以外の愛知県内で生まれ育った人がやや多いことから、彼女らには余所に自身のふるさとがあるのかもしれない。

　表 14-4 は居住年数別の集計結果である。居住年数は全般的に長い。彼女たちの大半は T 町に定住している。また、イエの後継者（あととり）との同居については、人生満足感との有意な関係はなかった。各世帯の同居家族数は、人生満足群が平均 3.13 人、人生不満群は 2.92 人で有意差はない。同居している家族の内訳をみると、両群とも夫、子ども、夫の母が多い。同居家族数は本人を含む人数なので、夫以外のもう 1 人の家族として、子か夫の母親のどちらかが同居している世帯が平均的な世帯構成と考えられる。

　長年暮らしているので住み慣れたとはいえ、山中の高齢者ばかりの集落に彼女たちが住み続けるのはなぜかという疑問は、高齢女性の生活観や人生観を知るうえで依然として本質的な問いかけといえよう。表 14-5 は居住理由の集計結果である。人生満足感の個人差にかかわらず、夫と暮らすため、家があるためが主な理由になっている。

　しかし、注意深くみると、人生不満群は「夫と暮らすため」の比率が人生満足群よりやや低く、「先祖代々の土地があるため」が高い。また、少数ではあるが「墓があるため」と回答した人がいる。同じような傾向は、T 町 F と似た生活環境の静岡県浜松市 K での調査結果にもあらわれた。土地や墓など、

表 14-5　居住理由

人 (%)

	人生満足群 ($n=105$)	人生不満群 ($n=39$)
夫と暮らすため	29 (27.6)	8 (20.5)
家があるため	24 (22.9)	9 (23.1)
家族が住んでいるため	12 (11.4)	4 (10.3)
先祖代々の土地があるため	12 (11.4)	6 (15.4)
その他	9 (8.6)	6 (15.4)
夫が仕事を続けるため	6 (5.7)	0 (0.0)
夫の親が住んでいるため	4 (3.8)	1 (2.6)
自分自身の親が住んでいるため	3 (2.9)	1 (2.6)
所有する田畑や山があるため	3 (2.9)	1 (2.6)
墓があるため	1 (1.0)	3 (7.7)
自分自身が仕事を続けるため	1 (1.0)	0 (0.0)
旧友が住んでいるため	1 (1.0)	0 (0.0)

イエにかかわる事物や約束事に拘束され定住している高齢女性の実情を反映しているのかもしれない。

ところで，最近，墓をもてない人，墓の管理費に負担を感じる人，墓を管理する家族や親族がいない人などが話題になり，自然葬への関心が高まっていることから，管理費がかからない樹木葬を選択し樹林墓地に共同埋葬されることを望む人もいる（井上 2003；千坂・井上 2003）。その他にも，墓参り代行，永代供養，離檀料，墓じまいなど，墓をめぐる話題に関心が集まっている。墓はふるさとを想起させ，イエを象徴するひとつの記号といえよう（武田 2008a）。中山間地では先祖を祀るイエの慣習が薄れ，墓を守るあととりが他出したまま，残された高齢女性が最後の墓守の務めをはたしている。

同じ集落に住んでいるのに人生満足感が異なる理由を，地元の生活意識に関する変数について検討した結果，人生満足群と人生不満群とのあいだには表14-6のような差異がみられた。生活環境の将来性や過疎対策の評価のように，個人では対処し難い生活環境をめぐる行政の諸施策への期待は両群ともに低いが，人生不満群の得点の低さがいちじるしい。人生不満群は生活環境の将来を悲観しているようである。また，生活環境の今後に期待できないという思いが，

表 14-6　人生満足群と人生不満群との差異

	人生満足群 ($n=105$)		人生不満群 ($n=39$)	
	M	SD	M	SD
生活環境の評価	1.99	1.02	1.67	0.93
生活環境の将来性	1.38	0.73	0.97	0.49***
老後の不安	2.91	1.23	3.44	0.88**
過疎対策の評価	1.29	0.81	0.90	0.60**
食べ物の分け合い	3.21	0.94	3.13	1.13
隣近所とのつき合い	2.80	0.79	2.74	0.97
地域外への外出	3.26	0.64	2.79	0.80***
地元への好悪	2.91	1.25	1.82	1.49***
都会に住みたい願望	1.48	0.96	1.72	1.15
地域活動の苦役感	2.07	1.05	2.69	1.28**
自己犠牲感	1.80	1.35	1.21	1.20*
自己抑制感	2.03	1.33	1.51	1.41*
義理やしきたりの必要性	2.62	1.16	2.00	1.49*
老親を世話する子の責任	2.31	1.27	2.08	1.48
伝統や習慣を守る責任	2.78	1.12	2.03	1.48**
定住願望	3.69	0.76	3.13	1.22**
年齢	62.54	14.79	65.59	13.61
出生順位	1.50	0.50	1.62	0.49
同居家族数	3.13	1.53	2.92	1.38

*$p < 0.05$, **$p < 0.01$, ***$p < 0.001$

老後の不安をより感じさせるのだろう。

　一方，集落内の交流に両群間の差異はなく比較的に肯定的な関係を形成している。興味深いのは，人生満足群は積極的に地域外へ出かけていることである。人生満足群は，地元地域内の閉じた人間関係だけで生活しているのではなく，地域の外へ出かけて暮らしを活性化しているのかもしれない。

　また，地元を離れ都会に住みたい願望は両群間に有意差はなく，どちらとも低得点である。しかし，地元に定住する願望は，人生不満群より人生満足群のほうが有意に高い。人生満足群の強い定住願望は，T町が好きという素直な感情にも有意な高得点としてあらわれている。一方，人生不満群はどちらかといえばT町が好きではなく，都会ではない余所に住みたいと願っているようである。

どのような理由から，人生不満群はT町を好きになれないのだろうか。この疑問を考えるため，日常生活の規範や価値観に関する変数について両群を比較したところ，地域活動の苦役感，自己犠牲感，自己抑制感，義理やしきたりの必要性，伝統や習慣を守る責任に有意差がみられた。総じて，集落共同体の社会秩序を維持するために守られ共有されてきた人間関係のきまりやしきたりなどを肯定する態度の人生満足群に対して，人生不満群はどちらかといえば否定的な態度である。隣近所とのつき合いに限られた人間関係で暮らしているように思える人生不満群は，集落内の社会統制による秩序づけから解放され自由に生活することを望んでいるのかもしれない。

最後に，人生満足感の規定因を特定するため，まず，生活意識に関する相関係数を求めた。表14-7よると，過疎対策の評価，食べ物の分け合い，隣近所とのつき合い，都会に住みたい願望，老親を世話する子の責任と人生満足感とは有意に相関していないので，これらを除く残り11変数を独立変数，人生満足感を従属変数として重回帰分析した。

表14-7　人生満足感との相関関係

	M	SD	1	2	3	4	5	6	7
人生満足感	2.84	0.90	—						
生活環境の評価	1.90	1.01	0.184*	—					
生活環境の将来性	1.27	0.69	0.205*	0.199*	—				
老後の不安	3.06	1.16	−0.199*	−0.145	−0.158	—			
過疎対策の評価	1.18	0.77	0.133	−0.022	0.300***	−0.144	—		
食べ物の分け合い	3.19	0.99	0.034	0.152	0.160	−0.046	−0.026		
隣近所とのつき合い	2.78	0.84	0.075	0.274**	0.174*	−0.095	0.050	0.193*	—
地域外への外出	3.13	0.71	0.263**	0.018	0.069	−0.144	−0.069	0.123	0.118
地元への好悪	2.62	1.40	0.402***	0.197	0.108	−0.013	0.077	0.239**	0.168*
都会に住みたい願望	1.54	1.02	−0.134	−0.092	−0.071	−0.008	−0.108	−0.095	−0.125
地域活動の苦役感	2.24	1.15	−0.310***	−0.089	0.007	0.069	−0.080	−0.089	−0.056
自己犠牲感	1.64	1.33	0.232**	0.188*	0.198	−0.068	0.050	0.105	0.206*
自己抑制感	1.89	1.37	0.213*	0.246**	0.017	−0.058	−0.001	0.057	0.150
義理やしきたりの必要性	2.45	1.28	0.190*	0.007	0.074	0.124	0.072	−0.051	0.006
老親を世話する子の責任	2.25	1.33	−0.001	−0.071	0.070	−0.099	0.146	−0.185	−0.052
伝統や習慣を守る責任	2.58	1.27	0.174*	0.044	0.244**	0.092	0.115	0.148	0.138
定住願望	3.53	0.94	0.268**	0.337***	0.163	−0.040	0.049	0.087	0.085

*$p < 0.05$, **$p < 0.01$, ***$p < 0.001$

その結果，標準偏回帰係数βの値が高い地域活動の苦役感，地元への好悪，地域外への外出，老後の不安が人生満足感の規定因と考えられる（表14-8）。特に，地域で行う共同作業や役まわりが苦になるという地域活動の苦役感はもっとも高い負のβ値を示し，表14-7から，都会に住みたい願望と有意な正の相関，定住願望とは有意な負の相関がみられる。

　これまで，過疎の集落で共同作業や役回りを務めて高齢期まですごしてきた女性のなかには，そうした活動に従事しなければならない生活から逃れ，都会に住みたいと願う人がいるのだろう。彼女たちは，老いを感じるようになって，人生の充実感や達成感や満足感を凌駕する不満な心理にとらわれているのかもしれない。

　男女の幸福度を比較すると，男性は30歳代から40歳代にかけて低下するが，その後はV字型に上昇し，60歳代以降はますます高くなるのに対し，女性は30歳代から50歳代にかけ男性より一貫して高い水準で推移し，60歳代で頂点に達した後は，男性とは対照的に高齢になるほど低下するという報告がある（小

($n=144$)

8	9	10	11	12	13	14	15	16	17
—									
0.100	—								
-0.003	-0.129	—							
0.013	-0.083	0.184*	—						
0.102	0.185*	0.016	-0.104	—					
0.080	0.346***	0.064	-0.068	0.388***	—				
0.118	0.217**	0.052	-0.073	0.342***	0.160	—			
-0.006	-0.020	-0.080	0.025	0.059	-0.019	0.077	—		
-0.031	0.224**	0.033	-0.080	0.274**	0.235**	0.355***	0.126	—	
-0.023	0.348***	-0.467***	-0.209*	0.072	0.106**	-0.074	0.111	-0.055	—

表 14-8　人生満足感を従属変数とする重回帰分析結果

($n = 144$)

独立変数	β	t
生活環境の評価	0.014	0.185
生活環境の将来性	0.094	1.218
老後の不安	−0.137	−1.857†
地域外への外出	0.202	2.785**
定住願望	0.105	1.278
地元への好悪	0.267	3.238**
地域活動の苦役感	−0.242	−3.321**
自己犠牲感	0.054	0.650
自己抑制感	0.020	0.239
義理やしきたりの必要性	0.069	0.850
伝統や習慣を守る責任	0.052	0.641
R	0.593	
R^2	0.351	
F	6.500***	

†$p < 0.10$,　**$p < 0.01$,　***$p < 0.001$

谷 2012)。このような高齢女性の加齢にともなう幸福感の変化は，キャリアの自由な選択という一般化された理念と，女性をとりまく日本の生活環境の現実との落差を考えるうえで重要な手がかりになると思われる。

　1867（慶応 3）年の大政奉還，王政復古に始まった明治維新から約一世紀半，1945（昭和 20）年の第二次世界大戦敗戦から約 70 年が経った今日，近代化，産業化，工業化，都市化など，日本の社会変動に関する多くの議論の成果を，女性の個人的な視点から"私"の選択や幸福に焦点を合わせて再考すると，女性ばかりでなく男性も含め，生涯キャリア発達，つまり，自分自身の生涯を自由に選択し創造する行為にかかわる貧困があらわになるかもしれない。

むすびに

　加齢という個人的な時間経過は，人の容貌や内面性ばかりでなく，いっしょに暮らす家族や親しい人たちとの関係性，仕事や社会活動を協働する人たちとの交わりやつながりを少しずつ，また，ときには劇的に変容させ，個別の節目を刻印しながらそれぞれの個人史を形成する。一人ひとりの個人的な歴史の複雑な集合体のなかから，一般化しうる法則性を解明しようとする取り組みは，観察者の興味や関心の違いに基づいて主題別に整理することができる。たとえば，人の生涯を連続するいくつかの段階（stage）に区分して記述し説明する取り組み（Erikson 1959；Santrock 1985；武田 1993），個人を取り巻く比較的に安定した生活環境が変化し，新しい生活環境へと移行（transition）する動態に注目する取り組み（山本・Wapner 1992），人は生涯をとおして互いに協力し合う人たち（convoys over the life-course）に取り囲まれ生きていると考え，その構造を明らかにしようとする取り組み（Kahn & Antonucci 1980；Plath 1980），生活構造を設計し組み立てる際の選択行動に焦点を合わせた取り組み（Levinson et al. 1978），過去の対処法では克服し難い困難に直面したとき，保持している個人的な諸資源を有効に活用して問題を解決する過程を体系化しようとする取り組み（Schlossberg 1989），歴史上の変化や出来事を視野に入れ，世代間の関係について家族を対象に検討する取り組み（Elder 1974；Hareven & Langenbach 1978），価値の社会化（value socialization）を鍵概念とし，個人の加齢にともなう成熟，個人の社会化に影響をもたらす歴史背景，それらに全体社会の変動を加えて構成される概念枠組みを構築しようとする取り組み（Bengtson 1975）などがある。

　人の生涯にわたる変化の全貌を把握したいという観察者それぞれの思いから，各取り組みは着実に成果をあげてきているが，成人期に関する断片的な情報は大量にあるのに，成人期の本質については，まだ充分に理解されていない

(Levinson *et al.* 1978)。そのうえ，これまでの研究の大半は，暗黙のうちに男性を対象として行われてきた。そのため，たとえば，女性にとって労働市場が構造的に不利である実態を訴える働く女性の声を集め検討した結果の報告 (Bimrose & Watson 2015) はあるが，女性の生涯に関する探究は，男性に比べ少ないのが現状である。

　従来，日本では，「女性は結婚したら家庭に入り，夫や家族を支える」という社会通念があたりまえで，多くの女性は，家事や育児や夫をはじめ家族の世話に"私"をかかわらせてきた。そのようなかかわりの実績が周囲に承認されて，女性はその存在が経済的・精神的に保障され"私"の居場所を得ることができた。家庭を日常の主な生活領域とし，家事や育児や家族の世話に限られたかかわりは，女性の心身の健康と発達に活用される栄養分の供給を限定する行為かもしれない。それでも，経済成長を一義的に追い求めてきた前世期までは，主に家庭にかかわる女性の存在は，男性や家族や社会全体との共生関係を成立させる合理性がなかったわけではないと思う。

　しかし，経済成長に陰りがみられるようになった今日，心身の健康や発達を持続させる栄養分の量と質が，微妙に変わり始めている状況が現れてきた。一部の経済学者は，残余とみなされていた生活にまつわる感情や価値観など，人の内面性に関する諸変数を組み入れた解析に取り組んでいる。女性ばかりでなく男性も含めて，健康で気持ちよく暮らすため，身の周りのものごとや他人とのかかわりをとおして，私たちはどのような栄養分を吸収したらよいかについて考え直したほうがいいかもしれない。

　仕事や職場集団・組織に"私"がかかわることを制約される環境下にあった女性が，ものごとや他人からこれまで吸収してきた栄養の成分を解明することは，男性や社会全体が，これから新しい共生関係を再形成するうえできっと役立つだろう。

　本書は，さまざまな"私"のかかわりをめぐる選択について，個人的な体験

を語っていただいた女性のみなさんのご協力を得てまとめることができた。彼女たちのかかわりには，成功や失敗，喜びや悲しみ，楽しさや怒りなど，知覚された心の動きが重要な活性栄養素として作用している。その作用をとらえて表現し伝えることを，本書のねらいとした。

　本書の刊行では，学文社の田中千津子社長にお世話になった。以前，拙著の出版をお願いしたときから直にご挨拶する機会に恵まれなかったが，昨年の学会でお目にかかることができ，本書の構想を練るうちにまたご相談させていただきたいと思った。そして，いつもと同じように，厚生労働省大臣官房統計情報部の外山惠美子統計調査分析官には，関連資料を提供してもらい有益な助言をいただいた。記して謝意を表したい。

　2016（平成28）年7月

武田　圭太

引用文献

Alvarez, A. (1981) *Life after marriage: Love in an age of divorce.* New York: Simon & Schuster. (高見安規子訳 (1989)『離婚の研究——人々はどのようにして離婚するか——』晶文社)

Andre, R. (1981) *Homemakers: The forgotten workers.* Chicago: The University of Chicago Press. (矢木公子・黒木雅子訳 (1993)『主婦——忘れられた労働者——』勁草書房)

Argyle, M. & M. Henderson (1985) *The anatomy of relationships: And the rules and skills needed to manage them successfully.* London: Heinemann. (吉森護編訳 (1992)『人間関係のルールとスキル』北大路書房)

Aryee, S. & V. Luk (1996) Work and nonwork influences on the career satisfaction of dual-earner couples. *Journal of Vocational Behavior*, 49, 38-52.

Ashby, W. R. (1956) *An introduction to cybernetics.* London: Chapman & Hall. (篠崎武・山崎英三・銀林浩共訳 (1967)『サイバネティクス入門』宇野書店)

Bailyn, L. (1993) *Breaking the mold: Women, men, and time in the new corporate world.* New York: The Free Press.

Bandura, A. (1977) *Social learning theory.* Englewood Cliffs, New Jersey: Prentice-Hall. (原野広太郎監訳 (1979)『社会的学習理論——人間理解と教育の基礎——』金子書房)

Bandura, A. (1997) *Self-efficacy: The exercise of control.* New York: Freeman. (本明寛・野口京子監訳 (1997)『激動社会の中の自己効力』金子書房)

Baruch, G. K. & J. Brooks-Gunn (Eds.) (1984) *Women in midlife.* New York: Plenum Press.

Baruch, G. K. & R. Barnett (1986) Role quality, multiple role involvement, and psychological well-being in midlife women. *Journal of Personality and Social Psychology*, 51(3), 578-585.

Becker, G. S. (1993) *Human capital: A theoretical and empirical analysis, with special reference to education* (3rd ed.). Chicago: The University of Chicago Press.

Belsky, J. & J. Kelly (1994) *The transition to parenthood.* New York: Delacorte Press. (安次嶺佳子訳 (1995)『子供をもつと夫婦に何が起こるか』草思社)

Bengtson, V. L. (1975) Generation and family effects in value socialization. *American Sociological Review*, 40, 358-371.

Bimrose, J., McMahon, M. & M. Watson (Eds.) (2015) *Women's career develop-*

ment throughout the lifespan: An international exploration. New York: Routledge.
Boyar, S. L., Maertz Jr., C. P., Pearson, A. W. & S. Keough (2003) Work-family conflict: A model of linkages between work and family domain variables and turnover intentions. *Journal of Managerial Issues*, 15, 175-190.
Campbell, A. (1981) *The sense of well being in America: Patterns and trends*. New York: McGraw-Hill.
Carter, J. D., Hall, J. A., Carney, D. R. & J. C. Rosip (2006) Individual differences in the acceptance of stereotyping. *Journal of Research in Personality*, 40, 1103-1118.
Cialdini, R. B. (1988) *Influence: Science and practice*. Glenview, Illinois: Scott, Foresman and Company.（社会行動研究会訳（1991）『影響力の武器―なぜ，人は動かされるのか―』誠信書房）
Covey, S. R. (1989) *The 7 habits of highly effective people: Restoring the character ethic*. New York: Simon and Schuster.（ジェームス・スキナー・川西茂訳（1996）『7つの習慣―個人，家庭，会社，人生のすべて 成功には原則があった！―』キングベアー出版）
Csikszentmihalyi, M. (1975) *Beyond boredom and anxiety: Experiencing flow in work and play*. New York: Jossey-Bass.（今村浩明訳（2001）『改題新装版 楽しみの社会学』新思索社）
Csikszentmihalyi, M. (1990) *Flow: The psychology of optimal experience*. New York: Harper & Row.（今村浩明訳（1996）『フロー体験 喜びの現象学』世界思想社）
Davis, M. H. (1994) *Empathy: A social psychological approach*. Boulder, Colorado: Westview Press.（菊池章夫訳（1999）『共感の社会心理学』川島書店）
Davis, M. S. (1973) *Intimate relations*. New York: Free Press.
Deci, E. L. (1975) *Intrinsic motivation*. New York: Plenum.（安藤延男・石田梅男訳（1980）『内発的動機づけ―実験社会心理学的アプローチ―』誠信書房）
Elder, G. H. Jr. (1974) *Children of the great depression: Social change in life experience*. Chicago: The University of Chicago Press.
Erikson, E. H. (1959) *Identity and the life cycle*. Madison: International Universities Press.（西平直・中島由恵訳（2011）『アイデンティティとライフサイクル』誠信書房）
Eyer, D. E. (1992) *Mother-infant bonding: A scientific fiction*. New Haven: Yale University Press.（大日向雅美・大日向史子訳（2000）『母性愛神話のまぼろし』

大修館書店）
Freedman, J. L.（1978）*Happy people.* New York: Harcourt Brace Jovanovich.
Frey, B. S.（2008）*Happiness: A revolution in economics.* Cambridge, Massachusetts: The MIT Press.（白石小百合訳（2012）『幸福度をはかる経済学』NTT 出版）
Goleman, D.（1995）*Emotional intelligence: Why it can matter more than IQ.* New York: Brockman.（土屋京子訳（1996）『EQ～こころの知能指数』講談社）
Gouldner, A. W.（1960）The norm of reciprocity: A preliminary statement. *American Sociological Review,* 25, 161-179.
Graham, C.（2011）*The pursuit of happiness: An economy of well-being.* Washington, DC: Brookings Institution Press.（多田洋介訳（2013）『幸福の経済学―人々を豊かにするものは何か―』日本経済新聞出版社）
Granovetter, M. S.（1973）The strength of weak ties. *American Journal of Sociology,* **78**(6), 1360-1380.
Gray-Little, B. & N. Burks（1983）Power and satisfaction in marriage: A review and critique. *Psychological Bulletin,* **93**, 513-538.
Hardin, G.（1968）The tragedy of the commons. *Science,* **162**(3859), 1243-1248.
Hareven, T. K. & R. Langenbach（1978）*Amoskeag: Life and work in an American factory-city.* New York: Pantheon Books.
Hochschild, A. with Machung, A.（1989）*The second shift: Working parents and the revolution at home.* New York: Viking Penguin.（田中和子訳（1990）『セカンド・シフト―アメリカ 共働き革命のいま―』朝日新聞社）
Holton, V. & F. E. Dent（2012）*Women in business: Navigating careers success.* New York: Palgrave Macmillan.
Kahn, R. & T. Antonucci（1980）Convoys over the life course: Attachments, roles, and social support. In P. Baltes & O. Brim（Eds.）*Life-span development and behavior*（Vol.3）. New York: Academic Press.
Lave, J. & E. Wenger（1991）*Situated learning: Legitimate peripheral participation.* Cambridge: Cambridge University Press.（佐伯胖訳（1993）『状況に埋め込まれた学習―正統的周辺参加―』産業図書）
Levinson, D. J., et al.（1978）*The seasons of a man's life.* New York: Knopf.（南博訳（1980）『人生の四季―中年をいかに生きるか―』講談社）
Lewin, K.（1951）*Field theory in social science.* New York: Harper & Brothers.
Mead, G. H.（1934）*Mind, self, and society.* Chicago: University of Chicago Press.（稲葉三千男・滝沢正樹・中野収訳（1973）『精神・自我・社会』青木書店）

Morreall, J.（1983）*Taking laughter seriously*. New York: State University of New York Press.（森下伸也訳（1995）『ユーモア社会をもとめて―笑いの人間学―』新曜社）

Newman, B. M. & P. R. Newman（1984）*Development through life: A psychosocial approach*（3rd ed.）. Homewood, Illinois: Dorsey.（福富護訳（1988）『新版　生涯発達心理学』川島書店）

Nielson, T. R., Carlson, D. S. & M. J. Lankau（2001）The supportive mentor as a means of reducing work-family conflict. *Journal of Vocational Behavior*, **59**, 364-381.

Orford, J.（1992）*Community psychology: Theory and practice*. New York: John Wiley & Sons.（山本和郎監訳（1997）『コミュニティ心理学―理論と実践―』ミネルヴァ書房）

Plath, D. W.（1980）*Long engagements: Maturity in modern Japan*. California: Stanford University Press.（井上俊・杉野目康子訳（1985）『日本人の生き方―現代における成熟のドラマ―』岩波書店）

Rubenstein, C.（1998）*The sacrificial mother: Escaping the trap of self-denial*. New York: Lowenstein Associates.（神崎康子訳（1998）『愛しすぎる母親たち―子どものために自己犠牲化する女性―』主婦の友社）

Santrock, J. W.（1985）*Adult development and aging*. Dubuque, Iowa: Wm. C. Brown.（今泉信人・南博文編訳（1992）『成人発達とエイジング』北大路書房）

Scanzoni, J.（1980）Contemporary marriage types: A research note. *Journal of Family Issues*, **1**(1), 125-140.

Schein, E. H.（1978）*Career dynamics: Matching individual and organizational needs*. Reading, Massachusetts: Addison-Wesley.（二村敏子・三善勝代訳（1991）『キャリア・ダイナミクス』白桃書房）

Schein, E. H.（1980）*Organizational psychology*（3rd ed.）. Englewood Cliffs, New Jersey: Prentice-Hall.（松井賚夫訳（1981）『組織心理学（原書第3版）』岩波書店）

Schlossberg, N. K.（1989）*Overwhelmed: Coping with life's ups and downs*. New York: Lexington Books.（武田圭太・立野了嗣監訳（2000）『「選職社会」転機を活かせ』日本マンパワー出版）

Smith, J. W., Smith, W. J. & S. E. Markham（2000）Diversity issues in mentoring academic faculty. *Journal of Career Development*, **26**, 251-262.

Tomasello, M.（2009）*Why we cooperate*. Cambridge, Massachusetts: The MIT Press.（橋彌和秀訳（2013）『ヒトはなぜ協力するのか』勁草書房）

Watson, M. & M. McMahon（Eds.）（2012）*Career development: Global issues and*

challenges. New York: Nova Science Publishers.
Watts, D. J. (1999) Network, dynamics, and the small-world phenomenon. *American Journal of Sociology*, 105, 493-527.
Watts, D. J. (2003) *Six degrees: The science of a connected age*. New York: W. W. Norton.
Watts, D. J. & S. Strogatz (1998) Collective dynamics of small-world networks. *Nature*, **393**, 440-442.
Weick, K. E. (1979) The social psychology of organizing (2nd ed.). Reading, Massachusetts: Addison-Wesley.（遠田雄志訳（1997）『組織化の社会心理学』文眞堂）
White, L. K. (1983) Determinants of spousal interaction: Marital structure or marital happiness. *Journal of Marriage and Family*, **45**(3), 511-519.
Wiener, N. (1961) *Cybernetics: Or control and communication in the animal and the machine* (2nd revised ed.). Cambridge, Massachusetts: The MIT Press.（池原止戈夫・彌永昌吉・室賀三郎・戸田巌共訳（1962）『サイバネティックス―動物と機械における制御と通信―（第2版）』岩波書店）

天野寛子（2001）『戦後日本の女性農業者の地位―男女平等の生活文化の創造へ―』ドメス出版
天野郁夫（1983）『試験の社会史―近代日本の試験・教育・社会―』東京大学出版会
天野郁夫（1992）『学歴の社会史―教育と日本の近代―』新潮社
青山道夫・有地亨編著（1989）『新版 注釈民法（21）親族（1）総則・婚姻の成立・効果―725条～762条―』有斐閣コンメンタール
荒金雅子・川端美智子・森野和子（1993）『地域リーダー力―女性リーダーの育ち方・育て方―』パド・ウィメンズ・オフィス
『朝日新聞』（1999（平成11）年5月15日付）
『朝日新聞』（2014a（平成26）年8月16日付）
『朝日新聞』（2014b（平成26）年9月10日付）
『朝日新聞』（2015（平成27）年12月16日付）
『朝日新聞』（2016（平成28）年3月28日付）
地域づくり団体全国協議会（1998）『女性によるまちづくりハンドブック』ハーベスト出版
千坂嵶峰・井上治代（2003）『樹木葬を知る本―花の下で眠りたい―』三省堂
『中日新聞』（2000（平成12）年9月27日付）

中小企業庁事業環境部企画課調査室（2013）「中小企業の企業数・事業所数」
原ひろ子・我妻洋（1974）『しつけ ふぉるく叢書1』弘文堂
原田智子（2010）「女性の幸せ―専業主婦の今日的意義―」愛知大学文学部 2009（平成 21）年度卒業論文（未発表）
広田すみれ（2003）「農村居住高齢者のコミュニケーション・ネットワークの分析」『社会心理学研究』19(2), 104-115
星野英一（1968）「『家』から家庭へ―民法における家族の変遷―」大河内一男編『東京大学公開講座 11「家」』東京大学出版会, 259-286
今井芳昭（1986）「親子関係における社会的勢力の基盤」『社会心理学研究』1(2), 35-41
井上治代（2003）『墓と家族の変容』岩波書店
加護野忠男・野中郁次郎・榊原清則・奥村昭博（1983）『日米企業の経営比較―戦略的環境適応の理論―』日本経済新聞社
神島二郎（1969）『日本人の結婚観』筑摩書房
唐沢かおり（2006）「家族メンバーによる高齢者介護の継続意志を規定する要因」『社会心理学研究』22(2), 172-179
柏木惠子・平山順子（2003）「結婚の"現実"と夫婦関係満足度との関連性―妻はなぜ不満か―」『心理学研究』74, 122-130
河原利和・杉万俊夫（2003）「過疎地域における住民自治システムの創造―鳥取県智頭町『ゼロ分のイチ村おこし運動』に関する住民意識調査―」『実験社会心理学研究』42(2), 101-119
川井健（2015）『民法概論 5―親族・相続 補訂版―』有斐閣
川島武宜（1954）『結婚』岩波書店
城戸喜子（2000）「共働き・片働き」高梨昌・花見忠監修『事典・労働の世界』日本労働研究機構
北山忍・唐澤真弓（1995）「自己：文化心理学的視座」『実験社会心理学研究』, 35(2), 133-163
国立社会保障・人口問題研究所（2003）「第 12 回出生動向基本調査（結婚と出産に関する全国調査）」
国立社会保障・人口問題研究所（2012）「第 14 回出生動向基本調査（結婚と出産に関する全国調査）」
国立社会保障・人口問題研究所（2013）「日本の地域別将来推計人口―平成 22（2010）～52（2040）年―」
近藤博之（2005）「親の所得と大学教育機会―関連の強さと変化に関する検証―」『大阪大学教育学年報』10, 1-16

厚生労働省雇用均等・児童家庭局（2004）「『男女雇用機会均等政策研究会』報告書について」
厚生労働省雇用均等・児童家庭局（2013）『平成 24 年版 働く女性の実情』
厚生労働省統計情報部（2010a）「平成 21 年雇用動向調査結果の概況」
厚生労働省統計情報部（2010b）「平成 21 年若年者雇用実態調査結果の概況」
厚生労働省統計情報部（2010c）「平成 21 年度離婚に関する統計の概況（人口動態統計特殊報告）」
厚生労働省統計情報部（2014）「平成 25 年人口動態調査」
厚生労働省統計情報部（2016）「平成 27 年賃金構造基本統計調査」
厚生省人口問題研究所（1983）「第 8 次出産力調査〈第Ⅰ報告書〉 日本人の結婚と出産―結婚と出産力に関する全国調査―（人口問題研究所実地調査報告資料）」
小谷みどり（2012）「どんな人が幸せなのか―幸福に対する価値観との関連から―」第一生命経済研究所編『ライフデザイン白書 2011 年』 ぎょうせい
『毎日新聞』（2015（平成 27）年 3 月 31 日付）
『毎日新聞』（2016（平成 28）年 2 月 26 日付）
増田寛也編著（2014）『地方消滅―東京一極集中が招く人口急減―』中央公論新社
松島松翠（1996）『自分らしく死にたい』小学館
文部科学省（2015）「学校基本調査―平成 27 年度（確定値）結果の概要―」
森永壽（1997）「過疎地域活性化における規範形成プロセス―鳥取県八頭郡智頭町の活性化運動 13 年―」『実験社会心理学研究』37(2), 250-264
村本由紀子・山口勧（1997）「もうひとつの self-serving bias：日本人の帰属における自己卑下・集団奉仕傾向の共存とその意味について」『実験社会心理学研究』, 37(1), 65-75
内閣府（2002）『平成 13 年版 国民生活白書―家族の暮らしと構造改革―』
内閣府（2003）『平成 15 年版 国民生活白書―デフレと生活 若年フリーターの現在（いま）』
内閣府（2015a）『平成 27 年版 子ども・若者白書』
内閣府（2015b）『平成 27 年版 少子化社会対策白書』
内閣府男女共同参画局（2015）『男女共同参画白書 平成 27 年版』
内閣府経済社会総合研究所（2009）「無償労働の貨幣評価の調査研究報告書」
内閣府経済社会総合研究所（2013）「家事活動等の評価について―2011 年データによる再推計―」
内閣府政府広報室（1992）「男女平等に関する世論調査」
内閣府政府広報室（2004）「男女共同参画社会に関する世論調査」
内閣府政府統括官（2014）「家族と地域における子育てに関する意識調査報告書」

内閣府政策統括官（1995）「子供と家族に関する国際比較調査の概要」
日本人口学会編（2002）『人口大事典』培風館
日本経済団体連合会（2014）「新卒採用に関するアンケート調査」
『日本経済新聞』（2010a（平成 22）年 5 月 31 日付）
『日本経済新聞』（2010b（平成 22）年 6 月 15 日付）
『日本経済新聞』（2010c（平成 22）年 9 月 6 日付）
『日本経済新聞』（2010d（平成 22）年 9 月 7 日付）
『日本経済新聞』（2014（平成 26）年 8 月 23 日付）
『日本経済新聞』（2015a（平成 27）年 3 月 31 日付）
『日本経済新聞』（2015b（平成 27）年 12 月 16 日付）
日本政策金融公庫総合研究所（2016）「平成 27 年度 教育費負担の実態調査」
日本死の臨床研究会（1995）『死の臨床Ｖ―死の準備―』人間と歴史社
野邊政雄（2005）「地方小都市に住む高齢女性の社会関係における階層的補完性」『社会心理学研究』21(2)，116-132
野辺政雄・田中宏二（1994）「地方都市における既婚女性の社会的ネットワークの構造」『社会心理学研究』10(3)，217-227
野波寛（1993）「自己犠牲的行動スタイルをとるマイナリティが個人の順態度的行動に及ぼす効果」『実験社会心理学研究』，33(1)，31-40
尾高邦雄（1953）『新稿 職業社会学』福村書店
尾嶋史章（2002）「社会階層と進路形成の変容」『教育社会学研究』70，125-142
岡田憲夫・河原利和（1997）「交流時代における中山間地域の外部者参入過程に関する実証的研究―ハビタント概念の例証―」『実験社会心理学研究』37(2)，223-249
岡田尊司（2012）『母という病』ポプラ社
岡田尊司（2014）『父という病』ポプラ社
労働政策研究・研修機構（2012）『子どものいる世帯の生活状況および保護者の就業に関する調査―世帯類型別にみた「子育て」，「就業」と「貧困問題」―』
労働政策研究・研修機構（2015）『ユースフル労働統計 2015―労働統計加工指標集―』
労働省女性局（2000）『平成 11 年版 働く女性の実情』
斉藤耕二（1998）「家族観の変化と家族形態」詫摩武俊監修『性格心理学ハンドブック』福村出版
『産経新聞』（2010（平成 22）年 9 月 4 日付）
佐野勝男・槇田仁・関本昌秀（1987）『新・管理能力の発見と評価―パーソナリティからの新しいアプローチ―』金子書房
佐藤えり（2016）「大学生の学習意欲と環境との関係」愛知大学文学部 2015（平成

27）年度卒業論文（未発表）

佐藤友美子・土井勉・平塚伸治（2011）『つながりのコミュニティ―人と地域が「生きる」かたち―』岩波書店

新谷由里子（2005）「親の教育費負担意識と少子化」『人口問題研究』61(3)，20-38

白波瀬佐和子（2005）『少子高齢社会のみえない格差―ジェンダー・世代・階層のゆくえ―』東京大学出版会

ソニー生命保険（2016）「子どもの教育資金と学資保険に関する調査」

橘木俊詔（2013）『「幸せ」の経済学』岩波書店

高橋伸幸・山岸俊男（1996）「利他的行動の社会関係的基盤」『実験社会心理学研究』，36(1)，1-11

武田圭太（1993）『生涯キャリア発達―職業生涯の転機と移行の連鎖―』日本労働研究機構

武田圭太（1996）「母親の仕事経験と青年後期の子が望む女性の働き方との関係（1）」『産業・組織心理学会第12回大会発表論文集』，36-38

武田圭太（1997）「母親の仕事経験と青年後期の子が望む女性の働き方との関係（2）」『産業・組織心理学会第13回大会発表論文集』，75-77

武田圭太（2003）「母親の仕事経験と青年後期の子が望む女性の働き方との関係（8）」『産業・組織心理学会第19回大会発表論文集』，152-155

武田圭太（2004）「有能感が推進するキャリア発達」外島裕・田中堅一郎編著『増補改訂版 産業・組織心理学エッセンシャルズ』ナカニシヤ出版

武田圭太（2008a）『ふるさとの誘因』学文社

武田圭太（2008b）「生涯発達初期の選択行動（5）―入社前の仕事の想像と入社後の現実―」『産業・組織心理学会第24回大会発表論文集』，37-40

武田圭太（2009）「キャリア発達」白樫三四郎編著『産業・組織心理学への招待』有斐閣

武田圭太（2010a）『採用と定着―日本企業の選抜・採用の実態と新入社員の職場適応―』白桃書房

武田圭太（2010b）「海外・帰国子女の生涯キャリア発達―予備報告28："flexicurity"の意味合い―」『愛知大學文學論叢』142，135-142

武田圭太（2010c）「生涯発達初期の選択行動（7）―1989（平成元）年から2009（平成21）年までの仕事満足感の変化―」『産業・組織心理学会第26回大会発表論文集』，145-148

武田圭太（2015a）『かかわりを求める女性心理』ナカニシヤ出版

武田圭太（2015b）「地方都市の小零細企業による新規学卒者の採用と育成」『産

業・組織心理学会第31回大会発表論文集』，97-100
武田圭太（2015c）「海外・帰国子女の生涯キャリア発達—予備報告38：学歴による職業生活意識の差異—」『愛知大學文學論叢』152，89-98
武田圭太（2016）「在米日本人大学生の潜在性に関する仮説探索」『愛知大學文學論叢』153，63-89
俵実男（1980）『キャリア開発入門』日本経済新聞社
時子山ひろみ（1996）「共働き世帯の家計構造」『生活の設計』，184，21-26
戸室健作（2016）「都道府県別の貧困率，ワーキングプア率，子どもの貧困率，捕捉率の検討」『山形大学人文学部研究年報』13，33-53
東京大学学生委員会学生生活調査室（2013）「2012年（第62回）学生生活実態調査の結果報告書」
和田修一（1979）「社会的老化と老化への適応—人生満足度尺度を中心として—」『社会老年学』11，3-14
和田修一（1981）「『人生満足度尺度』の分析」『社会老年学』14，21-35
脇田彩（2011）「結婚による生活満足度の変化」（東京大学社会科学研究所 パネル調査プロジェクト ディスカッションペーパーシリーズ No.44）
山田順子（1988）「青年期の母子関係」『心理学評論』31(1)，88-100
山田昌弘（2000）「結婚の現在的意味」善積京子編著『シリーズ〈家族はいま…〉①結婚とパートナー関係：問い直される夫婦』ミネルヴァ書房
山田昌弘ほか（2013）「夫婦の出生力の低下要因に関する分析—「少子化と夫婦の生活環境に関する意識調査」の個票を用いて—」（内閣府経済社会総合研究 Discussion Paper Series No.301）
山口一男（2005）「少子化の決定要因と対策について—夫の役割，職場の役割，政府の役割，社会の役割—」『季刊 家計経済研究』66(Spring)，57-67
山本和郎（1989）「コミュニティとストレス—地域生活環境システムの影響—」『社会心理学研究』4(2)，68-77
山本多喜司・S. ワップナー編著（1992）『人生移行の発達心理学』北大路書房
山村賢明（1971）『日本人と母—文化としての母の観念についての研究—』東洋館出版社
『読売新聞』（2016（平成28）年2月19日付）
吉田正昭（1970）「日本人の道徳意識」依田新・築島謙三編『現代心理学シリーズ2 日本人の性格』朝倉書店
善積京子（2000）「非法律婚のライフスタイル」善積京子編著『シリーズ〈家族はいま…〉①結婚とパートナー関係：問い直される夫婦』ミネルヴァ書房
湯沢雍彦（1994）「現代型結婚は成熟するか」『家族社会学研究』6，29-36

人名索引

ア 行

我妻洋　4
アシュビー（Ashby, W. R.）　i
天野郁夫　40
アルヴァレズ（Alvarez, A.）　136
アントヌッチ（Antonucci, T.）　231
アンドレ（Andre, R.）　28
ウィーナー（Wiener, N.）　i
ウェンガー（Wenger, E.）　ii
エリクソン（Erikson, E. H.）　231
エルダー（Elder, G. H. Jr.）　231

カ 行

カーン（Kahn, R.）　231
神島二郎　119
川島武宜　116
グールドナー（Gouldner, A. W.）　22
ケリー（Kelly, J.）　136

サ 行

サントロック（Santrock, J. W.）　231
シャイン（Schein, E. H.）　63
シュロスバーグ（Schlossberg, N. K.）　231

タ 行

武田圭太　64
田中宏二　211
チクセントミハイ（Csikszentmihalyi, M.）　77
チャルディーニ（Chialdini, R. B.）　22
デイヴィス（Davis, M. H.）　29
デシ（Deci, E. L）　183

ナ 行

ニューマン（Newman, B. M.）　197
ニューマン（Newman, P. R.）　197
野邊政雄　220

ハ 行

バーネット（Barnett, R.）　155
原ひろ子　4
バルク（Baruch, G. K.）　155
ハレーヴン（Hareven, T. K.）　231
バンデューラ（Bandura, A.）　183
プラース（Plath, D. W.）　231
ベイリン（Bailyn, L.）　141
ベッカー（Becker, G. S.）　38
ベルスキー（Belsky, J.）　136
ベングッソン（Bengtson, V. L.）　4, 231
星野英一　1
ホックシールド（Hochschild, A.）　28

マ 行

ミード（Mead, G. H.）　ii

ヤ 行

山村賢明　22
山本和郎　202
山本多喜司　231
湯沢雍彦　116

ラ 行

ランゲンバーク（Langenbach, R.）　231
レイヴ（Lave, J.）　ii
レヴィンソン（Levinson, D. J.）　231

ワ 行

ワップナー（Wapner, S.）　231

事項索引

あ行

家　1
ウィン‐ウィン関係　194
M字型就業率曲線　139
夫への利他的行為　7
おとな　216
親の恩　4
親への報恩　4
恩　30

か行

外発的動機づけ　183
学歴主義（credentialism）　40
学歴上昇婚　128
家族の神話　28
家族法　116
活動の状況性　ii
家族内世代間連鎖　157
家督相続　2
間接差別　50
機会費用法（opportunity cost method：OC法）　171
教育投資（investment in education）　38
教育費の負担感　200
共感（empathy）　29
協調（accomodation）　141
共有地の悲劇説（the tragedy of the commons）　194-195
義理　156
結婚相手に求める条件　123
結婚の利点　120
兼業主婦願望　147
兼業主婦期待　147
現実ショック　63
現代型結婚　116

孝　2
合計特殊出生率　123
幸福感（psychological well-being）　79
戸籍　1
子どもの貧困率　168

さ行

再婚禁止期間　134
再婚件数　133
最適経験（flow）　77, 185
産業間賃金格差指数　35
自己効力感　183
自己探索　105
自己分析　90
自己への気づき　107, 112
事実婚　117
しつけ　1
若年無業者　198
集合知　192
出生数　123
主任クラス研修　88
主婦業（home making）　28
準正　131
生涯賃金　32
昭和の商談　59
女性活躍推進法　51
所定内給与額　34
素人目線　61
人的資本（human capital）　38
生活環境　97
専業主婦（homemaker）　166
専業主婦願望　147
専業主婦期待　147
戦前型結婚　116
選択的夫婦別氏制度　117
選択的夫婦別姓制度　117

た 行

大学進学の費用　35
大学等進学者数　31
大学等進学率　31
大学の卒業証書　39
待機児童数　169
第二の勤務（the second shift）　28
男女雇用機会均等法　50
男女同一賃金の原則　50
男女の賃金格差　32
地域生活環境システム　202
嫡出子　130
嫡出推定　131
忠　2
つき合い　209
角のない牛　2
転機　85
同情（sympathy）　29
同棲　117
同調圧力　192
共働き世帯　9

な 行

内縁　117
内発的動機づけ　183
仲人婚　116
人情　156
年齢間賃金格差指数　34

は 行

パートナーシップ　119
墓　226
母の観念　22

PDCA（plan do check act/action）　56
非嫡出子　131
ヒヤリ・ハット　57
貧困率　168
不自由婚　116
フロー経験　185
文脈内存在者（person-in-context）　214
平均希望結婚年齢　122
平均初婚年齢　122
返報性（reciprocity）　22
法律婚　117
母性（maternity）　166

ま 行

まちづくり　187
見合結婚　115
無償労働の貨幣評価額　171
無駄話　189
滅私奉公　3
モラル・マゾヒズム　4

や 行

結い　216
余所者　208

ら 行

離婚件数　133
離婚率　133
利他性（altruism）　30

わ 行

私たち性（we-ness）　29
笑いの理論　186

著者紹介

武田圭太（たけだ・けいた）

現在：愛知大学文学部教授
専攻：産業・組織心理学，社会心理学，生涯キャリア発達論
主著：『生涯キャリア発達―職業生涯の転機と移行の連鎖―』（日本労働研究機構，1993年）
　　　『ふるさとの誘因』（学文社，2008年）
　　　『採用と定着―日本企業の選抜・採用の実態と新入社員の職場適応―』（白桃書房，2010年）
　　　『かかわりを求める女性心理』（ナカニシヤ出版，2015年）

"私"を選択する女性心理

2016年11月10日　第一版第一刷発行

著　者　武　田　圭　太
発行者　田　中　千　津　子

発行所　株式会社　学　文　社
〒153-0064 東京都目黒区下目黒 3-6-1
電話 03(3715)1501 代・振替 00130-9-98842
FAX 03(3715)2012　http://www.gakubunsha.com

（落丁・乱丁の場合は本社でお取替します）　検印省略
（定価はカバーに表示してあります）　印刷／新灯印刷
ISBN 978-4-7620-2678-2
© 2016 TAKEDA Keita Printed in Japan